VIVRE DEBOUT

www.editions-jclattes.fr

Nicolas Bounine

VIVRE DEBOUT

ou l'équilibre retrouvé

JC Lattès
17, rue Jacob 75006 Paris

Dessins : Hélène Crochemore

À ma famille.
À ceux que j'aime.

« Être un homme complet, équilibré, c'est une entreprise difficile, mais c'est la seule qui nous soit proposée. Personne ne nous demande d'être autre chose qu'un homme. Un homme, vous entendez, pas un ange ni un démon ! Un homme est une créature qui marche délicatement sur une corde raide, avec l'intelligence, la conscience et tout ce qui est spirituel à un bout de son balancier, et le corps et l'instinct et tout ce qui est inconscient, terrestre et mystérieux à l'autre bout. En équilibre ce qui est [...] difficile. »

Aldous Huxley

Sommaire

II. La clé de l'équilibre : le bassin Approches symbolique et somatique des pathologies

III. Pour une nouvelle hygiène de vie

Introduction

Au commencement de ce troisième millénaire, l'être humain est plus que jamais en quête d'harmonie, et cela malgré une espérance et une hygiène de vie apparemment bien meilleures que celles de ses aïeux. La société moderne et sa mondialisation, avec leurs effets positifs comme négatifs, la suprématie de la matière sur l'esprit sont autant d'éléments qui fragilisent au quotidien les repères fondamentaux d'équilibre de vie. Par ailleurs, et bien que notre société ait fait du concept de la communication une sorte de référent qualitatif, les ruptures de dialogue, d'écoute, d'échanges et de compréhension entre individus, ou groupes d'individus, se multiplient de manière endémique.

Les problèmes environnementaux, les pollutions de tout ordre, qu'elles soient atmosphériques, alimentaires ou celles de la pensée ; le stress, compagnon de vie au quotidien devenu inéluctable et ravageur ; les peurs de manquer, d'aimer et de ne pas être aimé, comme les fractures émotionnelles et affectives ; ou encore les angoisses liées au chômage ou à la précarité de l'emploi – la liste est loin d'être exhaustive – font que celles et ceux qui viennent me voir en consultation sont, dans la majorité des cas, en rupture d'équilibre.

Leur arbre de vie, les reliant initialement entre terre et ciel, est en souffrance. L'énergie ne circule plus ou peu ou prou. Ils sont « cassés », fatigués, déprimés. Ils souffrent souvent de ce mal de dos universel. « Ils en ont plein le dos » de leurs problèmes ou de leur quotidien. Leur confiance et leur espérance s'étiolent au fil de difficultés et de pressions diverses. Des doutes s'installent subrepticement, une brèche s'ouvre, des douleurs apparaissent, puis augmentent ou deviennent récurrentes. Une spirale infernale ou une descente aux enfers, selon les témoignages, s'amorce.

Au fil de mes vingt-cinq années de pratique, de rencontres et de recherches personnelles, il m'est apparu fondamental d'accorder un intérêt particulier à la lecture et à l'interprétation des souffrances exprimées par le corps.

En outre, il me semble également indispensable, pour aider le patient dans sa démarche de guérison, qu'il puisse comprendre le pourquoi de son mal. Cela lui permettra de faire le tri entre les causes réelles et les circonstances du déclenchement de son traumatisme. Cet éclairage salutaire lui permettra de mieux se connaître et de cheminer avec un tout autre état d'esprit dans son processus de guérison.

Certains thérapeutes ont établi des synergies entre les maux exprimés par le corps et ceux relevant du domaine psychologique, psychosomatique ou émotionnel. Ces angles de vue sont intéressants et justifient l'ouverture de nouveaux horizons.

Mon exercice professionnel ne m'impose pas systématiquement ce type de vision, mais je reste convaincu qu'un problème de santé (mécanique ou organique) est toujours une invitation à se poser, à regarder en soi, à s'interroger sur ses choix de vie et sur ses comportements, ses pensées et ses propos. Cette invitation, si elle est considérée comme telle par le patient, peut vite devenir un tremplin à des prises de conscience et à des ouvertures d'esprit puis à des transformations...

« Il n'est pas de mal dont il ne naisse un bien », disait Voltaire.

La méthode dont je témoigne aujourd'hui est une nouvelle manière de se re-mettre en équilibre ou, pour certains, de se mettre debout.

D'ailleurs, l'homme debout n'est-il pas celui qui dans une certaine perfection initiale était relié à la terre par ses pieds et au ciel par sa tête, doté d'une circulation harmonieuse de l'ensemble et d'un équilibre de vie entre ses pensées et ses actes, entre son environnement et lui-même, entre son âme, son esprit et son corps ?

Aujourd'hui, dans ce monde en folie, nos pathologies, migraines, lumbagos, arthroses ou autres, ne seraient-elles pas en partie le reflet contrarié de notre soif d'harmonie perdue, soif d'absolu, de paix et d'espérance en un monde différent et meilleur ?

Si on traite la cause du mal – somatique ou psychologique – et non ses seuls effets mécaniques, nous attaquons le mal à sa racine. Nous désamorçons une bombe, ou nous déprogrammons, en quelque sorte, les virus de notre disque dur, émotionnel et corporel. Cette approche permet d'optimiser les soins, et d'asseoir leurs bénéfices dans la durée.

Être à l'écoute de chaque être en souffrance est un élément essentiel dans la compréhension et dans la connaissance du patient. Être à son écoute, c'est aussi le responsabiliser en lui permettant de se mettre en position de départ, de se poser et se placer dans les starting-blocks de sa quête ou de sa marche vers la guérison de ses blessures.

Le principe fondamental de cette méthode repose sur deux concepts : la mémoire du corps que je travaille dans le tissu osseux et l'équilibre du bassin, dénominateur commun de toutes les pathologies décrites dans ce livre.

J'ai fait le choix d'étayer mes propos de nombreux témoignages. S'ils sont authentiques, les prénoms et noms qui y sont cités sont eux, en revanche, pure invention à l'exception de quelques-uns. Je remercie à cette occasion chacun de mes patients de la confiance qu'il me donne et de tout ce qu'il m'apporte dans ce travail commun.

Efficiente sur les traumatismes classiques, cette méthode s'applique également à des pathologies plus lourdes comme celle par exemple de la sclérose en plaques.

Elle peut être considérée comme un complément à des démarches thérapeutiques classiques. Elle peut être une valeur ajoutée, un « must » dans des démarches alternatives, mais dans l'ensemble et sans prétendre être une panacée, elle permet à bon nombre de personnes qui souffrent, de retrouver l'espérance d'une possible réversibilité fonctionnelle de leurs maux. Cette méthode leur permet également de se sentir plus libre et de retrouver la joie de vivre l'équilibre au quotidien.

I.

Genèse et principes de la méthode
Cheminement entre terre et ciel

« Notre corps est au-dessous du ciel
et le ciel est au-dessous de l'esprit. »

Léonard de Vinci

1. Rupture de l'équilibre : fractures du corps, fracture de l'âme

« Quand quelqu'un désire la santé, il faut d'abord lui demander s'il est prêt à supprimer les causes de sa maladie. Alors seulement est-il possible de l'aider. »

Hippocrate

Introduction

En Occident, l'imaginaire collectif considère souvent le corps comme une machine qui a besoin d'être alimentée d'une part (de nourriture, d'eau, etc.) et entretenue de l'autre dans l'espoir d'une activité optimale et durable. Si quelque chose ne fonctionne pas, ladite machine peut être réparée de façon mécanique, dès lors fait-on appel à la chirurgie, à la radiothérapie, ou aux médicaments. La partie incriminée est ainsi traitée par la chimie ou le scalpel, et la vie, en apparence, continue comme auparavant.

Dans ce contexte, la médecine occidentale, médecine classique, conventionnelle et allopathique, fonctionne merveilleusement bien, ponctuant son évolution de découvertes capitales. Parallèlement, cette approche mécaniste a éloigné l'individu de sa relation avec son propre corps. Et si nous sommes désormais capables d'appliquer nombre de méthodes curatives, nous semblons perdre le sens de la vie nichée à l'intérieur de cette machine, comme la valeur de l'énergie qui la fait fonctionner.

Est-ce la conséquence d'une culpabilité originelle elle-même issue d'une mauvaise interprétation de notre culture judéo-chrétienne qui, à travers son enseignement, sa morale et ses dogmes, et cela pendant des centaines d'années, a favorisé cette subtile séparation entre corps et esprit ? Menace pour la vertu, il fallait contrôler ou, au mieux, dissimuler ce corps pour les plaisirs qu'il pouvait donner ou recevoir. À l'exception du « devoir conjugal », bien sûr, louable et hypocrite organe de la procréation, sensualité et désirs inacceptables devaient être réprimés, ou libérés uniquement en de secrets et obscurs moments. Nourri de telles considérations et réduit à sa seule contingence, le corps n'a pu que très tardivement être reconnu comme le réceptacle des mondes psychologique et émotionnel.

Notre culture et notre éducation nous ont entraîné vers le manifeste, le perceptible, vers le visible et le tangible. De surcroît, nous vivons aujourd'hui dans une société qui invite davantage à s'extérioriser qu'à s'intérioriser. Une société qui a peur de l'individu et de son intimité, qui favorise le jeu de l'apparence, des ressemblances et encourage la superficialité. Une société qui tend à désacraliser les êtres, la vie et sa nature profonde.

Pourtant, en Extrême-Orient (au Japon et en Chine, notamment), le corps n'est pas assimilé à une machine, mais envisagé comme un système alliant plusieurs énergies. Fondée sur une carte très détaillée de la circulation de ces mêmes énergies dans le corps humain, la médecine orientale étudie chaque patient selon les spécificités à la fois négatives et positives des différents éléments : la terre, l'eau, le bois, le métal et l'air. Quant à la maladie, elle est considérée comme un déséquilibre ou un blocage de la circulation d'énergie provoqué par des habitudes néfastes, un stress ou des émotions négatives.

Aujourd'hui, un peu partout dans le monde, l'acupuncture et les méthodes de thérapie alternatives appréhendent également le patient comme un système énergétique vivant et donc en constante mutation. Elles tiennent compte à la fois des influences extérieures et des conditions de vie du patient, de son état d'esprit, de ses sentiments et, surtout, de leur interaction.

Dans un tout autre contexte, mais pour compléter ce tableau, sachez que, dans la culture amérindienne, le médecin est à la fois thérapeute de l'âme et du corps. Bien qu'il n'ait aucune formation médicale officielle, le chaman ou le sorcier apprend comment interpréter les événements quotidiens et ceux de « l'autre monde » dans le but de comprendre les causes spécifiques de la maladie.

Ces dix dernières années ont vu d'importantes recherches entreprises en Occident pour comprendre comment l'esprit et le corps se répondent l'un l'autre. Leurs résultats affirment que les états émotionnels et psychologiques influencent les réactions dans l'équilibre chimique du corps, et cela particulièrement dans le système immunitaire. Ce nouveau domaine de la recherche scientifique est connu sous le nom de psycho-neuro-immunologie (PNI). Cette compréhension ne dénie pas les causes organiques de la maladie – les germes, les bactéries, les micro-organismes – mais tient compte également des déchets toxiques, de la radioactivité et de l'hérédité qui provoquent eux aussi des maladies.

Au bureau, tout le monde ne tombe pas malade si une épidémie de grippe se déclare. D'ailleurs, une maladie n'a pas toujours les mêmes symptômes selon les personnes atteintes. Aujourd'hui, il apparaît clairement que nos états psychologiques et émotionnels initient et influencent la manifestation et les ravages de la maladie, autant que notre capacité de guérir.

Quand le système immunitaire est affecté pour des raisons psycho émotionnelles, d'autres parties du corps le seront systématiquement et c'est donc l'état de santé dans sa globalité qui le sera.

Il est fascinant de voir tous les liens qui unissent le corps et l'esprit, pour former ce que l'on peut appeler une intelligence du corps. Pouvoir écouter, voir, sentir, comprendre les ponts subtils entre les microévénements de nos vies quotidiennes et leurs incidences sur notre mental, notre psyché, et notre corps, puis saisir les interactions entre ces différentes parties, permet de trouver ou de retrouver véritablement le sens de sa vie. Et de conclure : « La machine humaine » vit, respire, communique et forme un tout avec l'univers et le vivant.

Les chocs émotionnels ou affectifs, comme les émotions les plus simples, ont des énergies ou sont des énergies qui ne peuvent pas être indéfiniment contenues ou réprimées. Quand nous ne pouvons pas, ou choisissons de ne pas exprimer ce qui se passe à un niveau émotionnel ou psychologique, le sentiment s'incarne (et nous le gardons, la plupart du temps, au plus profond de nous-mêmes) jusqu'à ce qu'il explose et se manifeste à travers le corps physique.

La molécule chimique H_2O communément appelée « eau » existe à l'état liquide (la pluie, la mer, le sang...), solide (la glace), gazeux (la vapeur), et pourtant, il s'agit toujours de la même molécule H_2O ; de même nos sentiments s'expriment à travers notre comportement, nos actes, notre voix, ou les différents systèmes à l'intérieur de notre corps, mais il s'agit toujours des mêmes sentiments. Si une douleur dans une partie du corps est réprimée ou ignorée, elle se manifestera tôt ou tard dans une autre partie du corps.

Par le biais de la maladie, le corps nous envoie un message. Il nous signale que quelque chose ne va pas, qu'il y a un déséquilibre. Il ne s'agit pas là d'une punition suite à un mauvais comportement, mais d'une manière « naturelle » de chercher à retrouver un équilibre. Au lieu d'être submergé par le désespoir et la culpabilité de se sentir responsable de tout ce qui nous arrive, nous pouvons considérer la maladie comme un extraordinaire appel et une réelle occasion de nous éveiller, de nous libérer d'anciens modèles de pensées, comme de vieux schémas d'enfermements... En réalité, nous pouvons et nous devrions écouter attentivement les messages du corps pour participer avec lui à retrouver cet état d'équilibre perdu.

Le mot symptôme vient du grec *syn* = ensemble et *piptein* = tomber. Intériorisés, troubles, difficultés et conflits de toute sorte, mettront parfois des jours, des mois, voire des années avant de finalement « tomber ensemble » et de créer un symptôme. En prenant garde à l'historique du symptôme et à ses effets, nous commençons à découvrir des causes plus profondes et subtiles, lesquelles détiennent invariablement la clef de notre guérison. D'où la nécessité de comprendre le langage de notre intelligence du corps car, de même que nous avons tous une manière unique de parler, chaque corps possède ses propres moyens d'expression. Le sentiment que nous n'obtenons pas le soutien dont nous avons besoin ou que nous croulons sous le poids des responsabilités, par exemple, peut se manifester par des problèmes de dos, de genoux ou de cheville.

« Qu'est-ce que mon corps peut-il bien avoir à me dire ? » C'est en ces termes que Lise Bourbeau [1] anime ses conférences internationales : écouter son corps, c'est écouter ses vrais besoins au niveau physique (dormir, manger, éliminer, respirer, etc.), au niveau émotionnel

1. Voir bibliographie page 311.

(beauté, affection, confiance, etc.) et au niveau mental (respect, sécurité, vérité, etc.). Écouter ses besoins est synonyme de s'aimer. S'aimer, aimer les autres et se laisser aimer… Ne serait-ce pas cela notre raison première d'être sur terre ! Faire de l'argent, accroître sa fortune, satisfaire sa gloire personnelle, avoir ou chercher le pouvoir sont-ils les véritables motifs de notre « incarnation ». Il est naturel que le corps nous aide à atteindre ce but. C'est pourquoi il nous envoie des messages tels que les malaises, les maladies, les accidents de toutes sortes, les émotions (peurs, culpabilités, etc.), les problèmes de poids, le manque d'énergie, les problèmes de sommeil, les besoins de drogues, de boissons, de cigarettes, etc., et cela chaque fois que nous n'écoutons plus nos vrais besoins. En réalité, « le corps physique est là pour attirer notre attention sur ce qui se passe au-delà du physique », précise Lise Bourbeau.

Nous sommes chacun riche de nos différences, de nos qualités, de nos croyances, à des niveaux de conscience différents, bien sûr, mais c'est ce qui fonde le principe de la communication entre les êtres humains, rend les rencontres passionnantes et fécondes, et donne un sens à notre évolution personnelle. En outre, nous avons un dénominateur commun, notre liberté : la liberté d'être. Selon notre cadence de respiration, notre tempo de réactivité, les valises que nous portons (héritage plus ou moins pesant), nous avons le choix de vivre ou de nous détruire, de nous soigner ou de nous guérir, de subir ou d'agir, de nous ouvrir ou de nous fermer, d'accepter ou de refuser, de dire oui ou de dire non. L'entre-deux, la position intermédiaire, la plus commune, restant pour le moins assez inconfortable…

Quatre témoignages...

Les quatre cas suivants composent, parmi d'autres, un florilège de révélations intimes, mais ô combien caractéristiques, survenues en consultation dès lors que nous nous sommes interrogés ensemble, mes patients et moi-même, sur la véritable signification de leurs pathologies. Chacun est venu me consulter pour un problème strictement mécanique, espérant être soulagé de sa douleur : Mme Rose souffrait « officiellement » d'une hernie discale, Alexandre d'asthme, Mme White d'une dépression post-partum et Mme S. d'une lombosciatique chronique. En réalité, tous découvrirent que les causes de leurs souffrances physiques étaient liées à une fracture bien plus profonde.

Mme Rose : « J'ai mal à mon père »

Je soigne Mme Rose depuis trois ans. Lors de notre première rencontre, elle souffrait d'une hernie discale avec une sciatalgie gauche (une douleur sciatique) et une bascule de son bassin d'un bon centimètre.

Au fil des séances, son état s'améliora, mais une instabilité résiduelle persista. Puis vint la séance du « chaînon manquant » au cours de laquelle elle lâcha : « Mon dos, c'est important bien sûr et j'aimerais ne plus en souffrir, mais en réalité, ma préoccupation est autre. Cela fait plus de cinq ans avec mon mari que nous essayons d'avoir un enfant ! » Elle me précisa par la suite qu'elle avait effectué plusieurs tentatives de fécondations in vitro.

À la suite de cette confidence, nous avons fait un test de kinésiologie[1] pour vérifier si son passé ne recelait pas de choc affectif ou autre événement qui puissent interférer dans cette conception. Simultanément, une idée me traversa l'esprit. Pourquoi, à un stade inconscient, cette hernie ne symboliserait pas l'œuf, l'enfant que Mme Rose a toujours désiré porter ? La pensée en tête, je lui fis le test. Celui-ci révéla en effet un blocage émotionnel à dix-huit mois, manifestement lié, m'apprit-elle, à la mort de son père survenue à cet âge-là. Un père qu'elle a donc peu connu.

Une autre pensée me vint à l'esprit et je lui confiais cette fois : « Vous vous interdisez d'avoir un enfant car vous imaginez que cet enfant pourrait se retrouver dans la situation que vous avez vécue. »

En accord avec ma remarque, elle m'avoua ressentir une profonde ambivalence : il y avait bien en elle un refus inconscient d'avoir un enfant, mais sur un plan social, relationnel et familial, elle exprimait très consciemment son désir d'être mère. Je lui suggérai alors d'écrire à son père comme s'il était vivant, de lui rapporter tout ce qu'elle aurait aimé lui dire en tant que fille, et de lui révéler tous ses manques. Je l'encourageai même à lui demander pardon de lui en vouloir car, sur un certain plan, la mort d'un parent ou d'un être cher est, consciemment ou non, synonyme d'abandon. Et, dans le cas de cette femme, il y avait ressentiment, peut-être même une rancœur, car cet abandon n'avait pas été accepté.

Puis, comme je la savais croyante, je lui conseillai de s'en remettre au Père céleste, et lui

1. Voir kinésiologie page 107.

proposai : « Priez le Père du Ciel pour vous réconcilier avec votre père terrestre et, *in fine*, vous réconcilier avec l'homme. » Sur ces entrefaites, notre séance se termina.

Deux mois plus tard, elle était enceinte !

Je l'ai revue avec son bébé âgé de trois mois. Aujourd'hui, la petite fille en a dix-huit, et Mme Rose, en paix, est heureuse.

Cet exemple souligne bien comment le dos peut servir d'exutoire à des souffrances antérieures. Il nous montre également ce que les blocages et les souffrances d'ordre psychologique peuvent entraîner sur le plan physiologique, au niveau de la véhémence ou de l'autorégulation d'un corps. Inscrit dans nos cellules, notre passif émotionnel ou affectif va inévitablement à un moment ou à un autre contrarier les projets ou les actions que nous aimerions entreprendre avec notre corps. Voilà ce qui milite pour les démarches préventives...

Alexandre : jeune homme asthmatique

Quand il vient me voir pour la première fois, Alexandre a dix-neuf ans. Étudiant en électronique, grand et superbe jeune homme, très réservé et peu sûr de lui, il souffre d'asthme depuis quatre ans. Sa mère et sa grand-mère, me l'envoyant conjointement, m'apprirent que cet asthme s'était déclaré au moment où ses parents prenaient la décision de se séparer.

Au cours de la consultation, tout en lui travaillant son bassin et son dos, je l'interrogeai sur ce qu'il vivait ou plutôt ce qu'il ressentait depuis ces quatre années, et cela en lui suggérant que l'asthme était une pathologie directement liée à une fracture émotionnelle. Inévitablement, il me parla du divorce de ses parents, cause tacite et visible en première analyse, mais qui, en réalité, n'était pas la seule. Au fur et à mesure de notre entretien, il s'ouvrit à son ressentiment bien plus subtil à l'égard de son père. Éprouvant une vive rancœur à son endroit, il le jugeait responsable à part entière de leur drame familial. Cet homme n'avait-il pas trahi sa mère et abandonné ses enfants !

N'ayant d'autre solution que celle de juger indigne l'attitude de son père, Alexandre fut pris dans une spirale de souffrances et finit par lui fermer définitivement sa porte…

Notre conversation prit alors un autre visage. Je lui expliquai que les difficultés engageant les couples étaient souvent bilatérales et la responsabilité d'une séparation à partager entre les deux parties. Nous sommes convenus que, dans la mesure où il ne détenait pas toutes les informations concernant la vie du couple de ses parents, il ne pouvait pas s'ériger en juge de son père, ni le condamner, ni non plus se priver de cette relation nécessaire à son équilibre et à sa construction d'homme.

La langue française dans sa subtilité apporte une aide précieuse à la compréhension de l'évolution de nos vies. Le mot « maladie » n'évoque-t-il pas la notion du « mal à dire ». Nous tombons malade parce que nous ne supportons plus de ne pas dire, ni exprimer ce qui se passe en nous.

Dans le cas de ce jeune homme, sa maladie, cet asthme, révélait son asphyxie, son étouffement intérieur. Il vivait sans l'idée qu'il pouvait à tout instant exprimer à son père ce qu'il ressentait au fond de lui, c'est-à-dire témoigner de son quotidien d'adolescent brisé. Je l'ai donc invité à entreprendre cette démarche. Il l'a fait. L'entrevue a eu lieu. Et il en est sorti très heureux car libéré de ce passif étouffant, emmagasiné, sinon entretenu, depuis quatre ans. Puis, cette première rencontre en a généré d'autres. Et, aujourd'hui, père et fils se sont véritablement retrouvés et pardonnés.

L'asthme a disparu. Alexandre a retrouvé confiance en lui et, reconnu pour ses compétences en électronique, voyage désormais dans le monde entier.

Mme White : dépression post-partum

Cette personne vient en consultation depuis de nombreuses années, mais notre dernière séance remontait à l'année 2000. Au printemps 2004, elle arrive pourtant au cabinet : « Pouvez-vous m'aider ? me demanda-t-elle. Je n'ai plus mal au dos, mais depuis mon accouchement, tout va mal ! Je me sens dépressive. Quand je regarde ce bébé, je n'éprouve même plus la sensation d'être sa mère. Je n'ai pas envie de m'en occuper. J'ai perdu la joie que j'éprouvais pendant la grossesse. »

Elle aurait pu avoir mal au dos, comme par le passé, mais non ! Son bassin avait tenu et, pendant toute sa grossesse, elle n'en avait jamais souffert.

Tout en revenant et en travaillant sur son bassin, je la questionnai sur sa propre enfance, la grossesse de sa maman et sa vie de famille de l'époque. Instantanément, elle me confia les difficultés que traversait le couple de ses parents et la fréquence de leurs discordes auxquelles se greffaient des tensions liées à cette grossesse. Puis, elle ajouta que sa mère était dépressive... !

Trente ans plus tard, la naissance de sa fille remettait Mme White dans la résonance de sa propre souffrance et de la non-vie imprimée dans ses propres cellules. Un transfert, un vrai « copié-collé », comme l'on dit dans le jargon informatique !

Tout semblait donc se renouveler pour elle, comme sa mère l'avait vécu. Je la rassurai alors en lui disant que la prise de conscience que nous venions de partager, associée au travail que j'allais me proposer de lui faire, allait la rétablir, au sens propre comme au sens figuré. Pour moi, il s'agissait de repositionner son sacrum et son coccyx, fortement déplacés au cours de l'accouchement. Le coccyx, véritable connexion énergétique reliant la colonne vertébrale à la terre, ne remplissait plus son rôle chez Mme White à cause du décalage subi par rapport à l'axe de sa colonne.

Après notre séance de travail, son soulagement fut évident. La spirale infernale interrompue, elle était de nouveau « connectée » et « centrée ». Je lui proposais néanmoins de finaliser ce processus de libération sinon par une démarche psychothérapique du moins en tentant de renouer un dialogue avec sa propre mère.

Mme S. : un cauchemar médical

« J'ai cinquante ans et j'ai vécu l'enfer durant les dix dernières années : crises de dos épouvantables, récurrentes et progressives, hospitalisations fréquentes, infiltrations, anti-inflammatoires, morphine, IRM, scanner et scintigraphie des lombaires.

Puis, j'ai enfin su ce que j'avais : une discopathie étagée sur quatre niveaux.

Ensuite ont suivi de nombreuses consultations chez de grands spécialistes, rhumatologues, chirurgiens ; certains envisageaient une lourde

> opération avec greffe d'os, plaques et vis, suivie de trois mois d'immobilisation ; d'autres voulaient me plâtrer durant deux mois, avec des séances de rééducation, gym, kiné et ostéopathie durant des années. Jusqu'au jour où l'on m'a conseillé de consulter M. Bounine. J'y suis allée sans trop y croire, mais déterminée à essayer une méthode nouvelle.
>
> À la vue de mon état, il m'avait prévenue que cela pouvait être long, mais il est toujours resté très optimiste quant aux résultats. Cela fait maintenant deux ans que je le vois régulièrement et j'ai vraiment l'impression de revivre. Ma vie de tous les jours a complètement changé et mon moral également.
>
> Il m'arrive parfois de travailler à nouveau, d'une façon ponctuelle, de danser, de faire du jardinage et même de prévoir des voyages. Tout cela en continuant, bien sûr, à faire attention et à m'entretenir avec des mouvements appropriés et une gymnastique douce. »

Pourquoi citer le cas de Mme S. ? Peut-être parce qu'il illustre bien, à sa manière, toute la problématique de la guérison mécanique en résonance avec l'état d'être du patient. Quand il y a deux ans cette femme est arrivée à mon cabinet, elle était immergée dans une spirale infernale de douleurs, de peurs, de doutes, lui ôtant tout espoir d'amélioration, à court ou long terme.

Dans ce cas bien précis, mon challenge était double. Recréer tout d'abord l'équilibre et remettre en place la structure. Pour cela, quelques séances suffirent. Puis, dans une seconde phase plus délicate, pérenniser ce nouvel équilibre qui à plusieurs reprises s'était déjà rompu au cours des années de soins précédentes. Pourquoi ces ruptures ? Eh bien, à cela une raison simple. La dimension psychologique occupe une part importante dans la précarité de ce travail d'équilibre. Les dix années assimilées par cette patiente à un cauchemar médical lui avaient littéralement coupé les racines de l'espérance, en lui concoctant un avenir bien sombre. C'est ce que je nommerai un vrai et profond « bug » émotionnel ou, plus simplement, un virus dans cet ordinateur si exceptionnel qu'est le corps de l'homme. Cette femme, bien que désireuse de s'en sortir, souffrait d'angoissantes interférences créées par son doute de guérir et par la peur du retour de la douleur. Des appréhensions si subtilement inscrites en nous qu'elles agissent à l'insu de notre conscience. Dans le cas présent, leur travail de sape se traduisait par une bascule du bassin. J'ai donc accompagné Mme S. dans la « déprogrammation » de sa mémoire douloureuse.

La notion du temps est tellement subjective que deux années de soins peuvent sembler longues à certains. Mais pour ma patiente qui aujourd'hui a retrouvé une vie normale dans son quotidien, une harmonie dans l'intimité de son couple, des projets d'avenir, des activités professionnelles (l'organisation de festivals, tout de même !), ses deux années sont bien peu au regard d'un nouvel avenir plein de promesses.

J'ajouterai que, dans ce cas précis, à aucun moment nous n'avions abordé « son histoire », l'histoire de la vie de Mme S. Ce n'est que bien plus tard, à l'occasion d'une anodine conversation téléphonique entre deux patients, que je lui demandai si elle avait cherché à comprendre le pourquoi de ces dix ans de cauchemar. Je l'entends encore me répondre : « Oh non, monsieur Bounine, je ne vois pas pourquoi ! Je n'avais pas de problème particulier. » Pourtant, une petite voix me disait d'insister. Finalement, avant de raccrocher, elle réalisa qu'il y avait peut-être un lien avec le décès brutal de son père, un homme exigeant et sévère, un lien peut-être avec son premier mariage, union malheureuse où épouse battue, elle avait fui en prenant son bébé sous le bras, un lien enfin avec le cancer doublé d'une polyarthrite évolutive de sa mère. Dès lors, pour Mme S., n'y avait-il pas dans l'accumulation de ce passif familial, affectif et émotionnel matière à réflexion ?

Se soigner ou se guérir

Le corps ne ment pas. Il est notre ami dans un processus d'exploration de notre monde intérieur, un ami qui nous mènera aux portes de la guérison. Celui qui se soigne par habitude et sans conscience peut passer sa vie entière à la recherche de la guérison sans jamais la rencontrer parce qu'il cherche à l'extérieur de lui la solution. Il passe ainsi d'un médicament à l'autre, d'un médecin à l'autre, d'une thérapie à l'autre, d'une drogue à l'autre. Celui qui se soigne sans conscience risque de déplacer son problème, ses symptômes ou sa pathologie, sans jamais les résoudre, sans jamais utiliser ce qu'ils induisent comme questionnement pour transformer sa vie.

Se guérir, c'est aller à la rencontre de sa douleur première et de tous les mécanismes d'enfermement bâtis autour de cette blessure fondamentale, en comprendre le sens pour libérer les facteurs profonds qui la sous-tendent et renaître à soi-même. Se guérir, c'est permettre que la douleur et les symptômes de la maladie nous transforment. Que nous entrions à la rencontre de ce que nous fuyons, tant consciemment qu'inconsciemment, c'est-à-dire notre monde intérieur, notre vraie nature, l'essentiel de ce que nous sommes.

Dans ce monde qui est là, à l'intérieur de nous, se terre une blessure profonde que certains nomment rejet, abandon, non-reconnaissance, trahison, abus, humiliation. Peu importe son nom, mais elle crée en nous une douleur si intolérable que beaucoup préféreront mourir plutôt que de la ressentir à nouveau. C'est une blessure face à l'amour, face à la vie. Elle est une lame de fond de notre océan psychique qui a lacéré notre âme et notre personnalité.

Bien logée dans notre corps physique, cette souffrance se répercute et s'insinue dans les articulations charnières du crâne, les vertèbres cervicales, les épaules, les coudes, les doigts, dans les côtes, le bassin, les articulations des hanches, des genoux, des chevilles ou des pieds. La douleur associée à cette blessure intime est là. Elle fait mal. Elle n'est ni grande, ni petite, elle est. « Elle ressemble à ce dragon que l'on tente d'enfermer dans une cave de notre château intérieur. Plus on l'enferme, plus il veut se faire entendre. Plus on croit qu'il est monstrueux, plus il devient un monstre crachant des flammes car il est agressé par notre peur et notre déni. » M.-L. Labonté[1].

Mais, par ailleurs, nous avons tous en nous une force de vie qui nous habite, un potentiel de guérison inhérent à notre être. Elle est innée, naturelle et toujours présente. On la nomme indifféremment : force spirituelle, chi, Kundalini, élan vital, énergie, ou encore amour. Peu importe son nom, elle est là, dans nos profondeurs, elle aussi, nourrissant le corps, l'âme et l'esprit. Elle fait de nous un être incarné. Logée au sein du corps physique, elle émane du plus profond vers la surface, du centre à la périphérie.

Cette force se partage et se transmet. Elle n'est pas nécessairement perçue par tous, mais peut l'être par certains ; cela dépend de l'ouverture de conscience de chacun.

Nichée dans notre colonne vertébrale, dans nos muscles, dans notre tissu conjonctif le plus profond, elle nourrit chacune des cellules de notre corps, et par là même tous nos centres d'énergie, nos glandes, nos organes

---

1. Voir bibliographie page 312.

internes, notre système nerveux central, notre sang, nos nerfs. Libre, elle accompagne et favorise la réalisation de l'être. Enfermée ou retenue, elle se tourne contre elle-même, s'épuise et se détruit.

Dans un mouvement de construction, elle est vie ; dans un mouvement de destruction, elle est mort. Il n'y a pas de jugement. La vie, la mort sont la même force inhérente à tout être.

« Se soigner, c'est porter de l'attention, de l'énergie, c'est se préoccuper de la manière dont on peut supprimer ou éventuellement faire taire le symptôme qui peut exister dans notre corps et qui rend le quotidien inconfortable, on se préoccupe là de la manifestation. Alors que se guérir, c'est aller chercher une dimension bien au-delà de cela, une dimension qui va essayer de trouver ce qu'il y a derrière le symptôme, quelle en est la cause réelle. Il est parfois utile de se soigner pour des pathologies graves et qui peuvent mettre en péril la vie de la personne, mais, sur le temps, se soigner n'est jamais suffisant. Se guérir, c'est aller au-delà de l'action de se soigner, pour inscrire cette manifestation du corps dans une dimension plus vaste et dans une réalité plus profonde. La guérison suppose donc le fait d'aller "toucher" à ce que l'on nomme la dimension spirituelle, c'est-à-dire celle qui donne un sens à la réalité de l'être humain dans sa vie », souligne Michel Odoul [1].

En se soignant, on délègue à d'autres, à travers des méthodologies et des outils extérieurs (l'apport de substances, de plantes, etc.), le soin de se préserver ; alors que dans la guérison s'inscrit une nécessité personnelle d'effectuer un travail intérieur plus intime. Derrière cette idée de guérison, s'inscrit la capacité d'admettre que l'on puisse sortir de la fatalité d'état de victime. La possibilité de comprendre que si l'on est atteint par quelque chose, on y a pris part. Ce n'est pas reconnaître une culpabilité mais

1. Voir bibliographie page 312.

révéler une responsabilité. Une idée partagée par nombre de thérapeutes aujourd'hui dont le psychosociologue Jacques Salomé[1] qui précise dans le livre de M.-L. Labonté que « guérir au-delà des soins apportés supposerait de permettre au malade d'entendre enfin ce qu'il ne peut dire avec des mots et exprime avec des maux, en relation avec une blessure ou une violence reçue dans son enfance ou à une période cruciale de son développement. La médecine devient de plus en plus opérationnelle et fonctionnelle et de moins en moins relationnelle et intimiste.

Guérir est une tentative pour réconcilier un être humain avec les situations inachevées de son histoire, pour le libérer des violences engrangées autour des pertes et séparations anciennes ou récentes, l'inviter à lâcher prise sur les conflits intra personnels qu'il entretient, bref pour l'aider à ne pas cultiver en lui, dans son histoire ancienne ou récente, tout ce qui est à l'origine des somatisations ou des mises en maux ».

Les souffrances du corps ou l'expression des souffrances de l'âme

Parfois quand nous nous déshabillons, nous découvrons sur un bras ou sur une jambe un bleu, des bleus dont on ne se souvient pas forcément l'origine (quid de la table basse ou du coin de bureau...).

« Les bleus à l'âme » sont là eux aussi, et nous avons tendance à tout faire pour les masquer, ne plus les voir, ni nous en souvenir. En réalité, nous sortons de notre enfance avec une carapace de « survie », une muraille de protection déjà bien installée. Parfois elle se lézarde, le temps d'une rencontre fortuite, d'une difficulté, d'une épreuve, d'une colère, d'une angoisse, etc., mais se referme

1. Voir bibliographie page 312-313.

vite parce que tout simplement on a peur. On a peur de l'effet miroir ! Peur que tel sentiment ou telle situation renvoient à du déjà vu, à cette souffrance trop familière inscrite dans la mémoire de nos cellules ! N'ai-je pas été rejeté(e) ? N'ai-je pas été abandonné(e) ? N'ai-je pas été humilié(e) ? N'ai-je pas été trahi(e) ? N'ai-je pas subi d'injustice ? Suis-je reconnue ? Suis-je aimé(e) ? Autant de questions que chacun est en droit de se poser car le rejet, l'abandon, l'humiliation, la trahison, l'injustice, sont de vraies fractures intérieures, communes à tous et dont les racines plongent souvent dans notre vie intra-utérine et notre petite enfance.

Exemples :

« Ma mère ne voulait plus d'enfant », « mon père voulait un fils » : que ressentira une petite fille dans ce cas-là ? Devrait-elle se battre pour avoir le droit d'exister ? Et si elle n'y parvenait pas, ne se sentira-t-elle pas rejetée à la moindre critique, doutant de soi et ponctuant sa vie par des : « Je suis nulle. » Une fuite de soi-même qui plus tard pourrait se figer dans l'alcool, la drogue, un comportement alimentaire contrarié par l'anorexie...

« Mon père est parti », « ma mère a dû travailler dur » : le sentiment d'abandon sera fréquent dans ce cas. Souvent le corps sera long, mince et mou manquant de tonus, la boulimie sera une manière de compenser un vide... et souvent celui qui en souffre se mettra en état de dépendance.

« Il fera Polytechnique » ou bien « sera un brillant avocat ». Que deviendra ce frêle garçon rêvant devant les papillons et la beauté des fleurs, balbutiant quand on l'interroge et accumulant les mauvaises notes, quand il sentira la honte qu'éprouve son père à son égard, cet homme que ses enfermements (ou souffrances) aveuglent au point de ne plus pouvoir lire les vraies qualités de son fils ? Souvent le masochisme devient le pendant de ces sentiments de honte ou d'humiliation, se punir soi-même avant que les autres ne le fassent. Tout est dans le trop et, si ce n'est pas assez, c'est honteux.

En réalité, avant même que l'on soit né ou que l'on ait toutes nos dents, nous subissons une somme de projections parentales ou familiales : « ce sera un fils », « il sera rugbyman comme tous les hommes de la famille », « elle sera belle et intelligente »… une somme de transmission, une somme de peurs. Quand je promène mon chien, un magnifique et adorable golden retriever couleur sable, je devine au comportement des enfants que je croise quels parents ont la phobie des chiens…

Tout cela se prolonge dans les actes du quotidien, des situations où par exemple la mère est omniprésente et dirige tout à la place du père. L'enfant confronté à ces circonstances subira le manque de responsabilité de son père, le manque de « re-père », la déception ! Un processus de trahison se mettra en place insidieusement, véhiculant la peur de la dissociation et de l'échec, la difficulté à gérer les surprises, la peur d'être séduit, le besoin d'avoir le dernier mot, de se mêler des affaires des autres…

Quant à l'enfant qui vit une situation d'injustice, il aura en lui la blessure qui l'empêche d'intégrer son « Je suis ! » Souvent les parents de ce type d'enfant seront distants, froids et rigides. L'enfant, lui, sera enclin à rechercher la perfection dans la matière, dans le « faire ». Pour lui, tout doit être sous contrôle. Les mâchoires serrées, les bras croisés. Et la rigidité s'installe elle aussi subrepticement.

Quant aux secrets de famille ou aux non-dits, attention danger ! Puisqu'on ne doit ni les dire, ni les entendre, ils restent secrets… mais ils sont bien là et s'inscrivent dans la mémoire cellulaire de la filiation.

Un événement-choc, traumatisme mal vécu par un aïeul, peut être transmis et véhiculé de génération en génération. Cette transmission, même inconsciente, concernera le thème du secret, ou le lieu ou encore le moment, déclenchant dans ce dernier cas ce que l'on appelle des syndromes d'anniversaires.

Les principales thématiques de ces non-dits sont de nature sexuelle (inceste, viol, adultère, homosexualité), ou « en partie » sexuelle (avortements, enfants illégitimes, enfants nés sous X), violente (mort, assassinat, torture) ou encore pécuniaire (vol, héritage, fraude).

Différents auteurs [1], ainsi que des chercheurs et praticiens du décodage biologique intègrent cette approche dans leur démarche. J'ai rencontré également des psychothérapeutes qui travaillent à partir de l'analyse trans-générationnelle, ou encore de l'analyse psycho-organique (pour aider la personne à trouver sa place au sein de sa famille, et avec les autres. C'est un travail de processus, de thérapie, d'accompagnement pour libérer et dénouer des problématiques familiales) et enfin qui pratiquent la psycho-généalogie (avec une approche psycho-corporelle de l'arbre généalogique). De nombreux témoignages sont éloquents sur ce thème des pathologies en relation avec des secrets de famille bien qu'il n'existe pas encore d'explications définitives ni de théorie scientifique. Freud parlait d'inconscient personnel, C. G. Jung d'inconscient collectif, aujourd'hui s'ouvrent des portes sur l'inconscient familial.

Ce rapide tour d'horizon de certains stéréotypes n'a bien entendu pas la vocation d'un traité de psychologie, mais il est une simple invitation à s'interroger sur soi-même. On ne souffre pas dans notre corps par hasard. L'idée n'est pas de se retourner sur son passé ni de se transformer en statue de sel, comme il est écrit dans la Genèse, mais de simplement comprendre d'où l'on vient pour aider à découvrir qui l'on est, en vérité. Quelle est

1. Voir bibliographie page 311.

notre vraie nature, quelles sont nos vraies aspirations, quel sens donnons-nous à notre existence ? Et si le cours de la vie nous a fait prendre des chemins de traverse ou des tangentes, demandons-nous si telle pathologie n'est pas en train de nous remettre sur le bon chemin ?

Décoder le langage de notre corps

La maladie nous donne la chance d'étudier notre comportement et notre manière de vivre, mais également de découvrir nos véritables sentiments et ce que nous voulons en faire. Reconnaître les significations de nos symptômes renvoie à entamer un voyage, à effectuer le premier pas vers une plus profonde compréhension de nous-mêmes. Mais cette démarche de guérison sera entravée si, inconsciemment, nous tenons à rester malades pour des raisons plus subtiles. S'engager sur le chemin de la guérison nous donne le courage de changer.

En fait, la maladie est un moyen qu'utilise notre corps pour nous envoyer un message. Le message diffère selon la partie du corps affectée. Pour le déchiffrer, arrêtons-nous sur la ou les fonctions de la partie touchée auxquelles l'arrière-plan psychologique et émotionnel est habituellement relié, et interrogeons-nous sur le lien de cette ou de ces fonctions avec notre vécu au quotidien, ou bien ce que cela contrarie dans notre vie... Prenons l'exemple de l'arthrite qui se manifeste au niveau des articulations. Cette maladie empêche les parties flexibles du corps de demeurer souples. Dans ce cas, ne sommes-nous pas invités à nous interroger sur la nécessité de devenir plus flexibles avec nous-mêmes, d'apprendre à nous faire plaisir plutôt que de tout accomplir par obligation, par devoir ou par recherche de perfection ?

Autre exemple : le dos. Il a pour fonction de soutenir le corps. Avec des problèmes de dos, notre corps ne nous dit-il pas que nous en prenons trop sur... notre dos justement, que peut-être nous assumons des responsabilités qui ne sont pas les nôtres.

Prenons aussi le temps de nous interroger sur la nature du problème : entorse ou fracture, infection ou maladie, mal de tête ou migraine, torticolis. Quelle pensée nous empêche de tourner la tête, etc. Que s'est-il passé qui nous mette en colère, nous rende vulnérable, dépressif, triste, seul, coupable... ? Du mal à digérer : bien sûr cela peut être un problème de nourriture, mais n'y aurait-il pas quelque chose ou quelqu'un qui nous mine de l'intérieur ? Endolori : y a-t-il quelqu'un ou quelque chose qui nous a blessé, ou est-ce nous-même ?

Les symptômes peuvent être subtils et non déchiffrables à première vue. Dans ce cas, arrêtons-nous sur les mots que nous utilisons pour tenter de les décrire. Si nous avons des crampes musculaires, comment les ressentons-nous ? Est-ce les mêmes mots qui décrivent la rigueur et la restriction que nous ressentons dans notre vie quotidienne ? Si nous avons la sensation qu'un marteau nous tape sur la tête, avons-nous quelqu'un qui nous « tape sur le système » ou soi-même, ne « nous prenons-nous pas un peu trop la tête » ?

Si telle ou telle pathologie nous oblige à nous immobiliser, y a-t-il un événement à l'extérieur de notre maison qui nous fait peur, une spirale infernale d'autodestruction à arrêter ou simplement était-il nécessaire d'être stoppé net pour se poser, se re-poser, ou dé-poser ses soucis ou ses armes, ou bien peut-être encore était-ce tout simplement pour nous protéger d'un accident X ou Y ?

Les accidents, d'ailleurs, n'arrivent pas non plus par hasard ! Prenons le temps de nous rappeler des circonstances et de l'état d'être ou d'esprit dans lequel nous nous trouvions au moment où cela s'est produit. Prenons le temps de regarder également ce que cela a modifié ou transformé dans notre comportement ou dans nos choix de vie.

Pour finir, prenons le temps de nous regarder dans une glace et observons notre corps, laissons-nous porter par les informations que nous recevons : quelle partie est plus dominante ? La ligne d'épaules est-elle horizontale ou penche-t-elle plus d'un côté ? La moitié supérieure de votre corps est-elle plus importante que la moitié inférieure ? Le haut du corps est fort, les jambes sont fines… problème de base, manque d'assurance ? La tête est-elle plutôt penchée ou droite ? Les hanches sont-elles très larges ? Est-ce que j'aime cette image dans la glace ou est-ce qu'elle m'insupporte ?…

La symbolique de la latéralité

L'hémisphère droit du cerveau contrôle la partie gauche du corps et réciproquement. Les nerfs se croisent et changent de côté entre la tête et le corps. Nos enfants l'apprennent à l'école…

L'hémisphère gauche du cerveau est le côté logique, rationnel, concerné par le travail quotidien, l'assurance personnelle et le pouvoir de décision. Alors que l'hémisphère droit est le côté créatif et intuitif, concerné par la vie de famille, les relations affectives, les sentiments et la vision du monde. Cette répartition s'applique également à l'ensemble du corps, notamment si un côté a tendance à être plus blessé que l'autre.

À la lecture de toutes les souffrances que je rencontre dans ma vie professionnelle, je remarque que dans la plupart des cas les pathologies du côté droit sont en relation avec une problématique liée au masculin, que se soit chez l'homme ou chez la femme. Ce côté refléterait nos sentiments envers notre masculinité ou nos qualités masculines aussi bien qu'envers nos relations avec les hommes, notre père, notre frère, notre compagnon, notre fils et tous les conflits que nous pouvons vivre dans toutes ces relations ou envers les hommes en général.

En toute logique, le côté gauche sera en relation avec le féminin, la féminité, et tout le champ relationnel que nous avons avec les femmes en général, notre mère en particulier, nos sœurs, compagnes, filles...

Cette symbolique de la latéralité me permet surtout d'affiner un diagnostic, ou du moins de réunir des informations sur les causes des pathologies exprimées.

Trouver le juste équilibre n'est pas chose facile, surtout à travers l'évolution de notre société au cours de ces dernières décennies et ses changements constants de repères. La femme, par exemple, est non seulement la mère au foyer, douce, aimante et accueillante... mais elle est devenue également une femme au travail avec tout ce que cela induit. L'homme, quant à lui, s'implique davantage dans la vie quotidienne de son foyer... Toutes choses que nous avions cru immuables et qui bouleversent notre paysage social, affectif et émotionnel, et par résonance notre corps physique.

Comprendre les émotions qui affectent notre santé est une formidable opportunité pour transformer nos souffrances et celles de nos proches. C'est une invitation à s'aimer enfin un peu plus, ou un peu mieux, à s'accepter comme nous sommes, à se pardonner et à pardonner à ceux qui nous ont fait souffrir.

Nous parlions précédemment de l'effet miroir, Carl Gustav Jung disait, lui, que « nous percevons chez les autres les milles facettes de nous-mêmes ». Bien souvent nous reprochons aux autres ce que nous sommes nous-mêmes. Ou bien encore, nous reprochons à l'autre ce que nous n'aimons pas chez nous. Jeu de dupes ! Ce n'est pas toujours facile à admettre, mais quand on s'abandonne à cette idée, cela ouvre de vraies portes sur notre propre apprentissage de nous-mêmes, comme sur le respect que l'on a de soi et des autres. De fait, cela permet d'éviter de se faire mal, de faire mal ou de tomber malade…

2. Cheminement et genèse de la méthode Bounine

« Connais-toi toi-même et tu connaîtras l'univers et les dieux. » Intemporelle, cette maxime de Socrate a traversé les siècles depuis l'Antiquité et sa sagesse semble plus que jamais d'actualité.

Je ne crois pas au hasard, comme je ne crois pas que l'espèce humaine descende du singe. L'homme que je suis devenu est à des années-lumière du jeune et fringant diplômé de kinésithérapie, enorgueilli de son fragile savoir, limité par son héritage social et culturel, ligoté dans les méandres d'une éducation judéo-chrétienne, et pourquoi pas embourgeoisé par la matière.

Une bonne fée veillait sans doute sur ma destinée. Même si ma vie n'a pas été sans douleur, je réalise l'orchestration divine des rencontres et des événements qui m'ont permis de devenir un homme debout et un citoyen du monde. Mon jardin n'est plus clos de murs, il s'est révélé le microcosme du macrocosme.

« Connais-toi toi-même et tu connaîtras l'univers et les dieux. » Cette maxime n'offre-t-elle pas le meilleur procédé à celui qui souhaite développer sa santé, son bien-être, sa joie de vivre et le potentiel immense de connaissance et d'amour qui sommeille au plus profond de lui-même.

D'ailleurs, j'écris ce livre aujourd'hui pour partager mon expérience professionnelle, fusionnée à l'évolution et à la transformation qui se sont opérées en moi en tant que thérapeute, mais également en tant qu'homme. La découverte de l'énergie, associée à cette alchimie de rencontres, d'épreuves, de recherche, d'études, d'échanges, de succès, d'échecs, de voyages, mais aussi de foi et de providence, me permet aujourd'hui de mettre au point une méthode qui peut soulager l'être humain à tous les âges de sa vie, du petit d'homme au vieillard.

Ainsi, ces trente années écoulées depuis mon « bachot » se partagent en deux temps, séparés par une année sabbatique au Mexique dont la portée se fait toujours sentir.

La première période est avant tout placée sous le signe des études : deux années en faculté de médecine, puis l'école de kinésithérapie à laquelle s'ajoutent quatre ans de formation en ostéopathie, et enfin une formation Mézières. Le tout enrichi par deux années à l'hôpital et sept à l'INSEP (Institut national des sports, Vincennes).

Ce qui m'a le plus touché dans cette première décennie est ce que j'ai vécu en gériatrie. Y côtoyer la mort de près, partager les derniers instants de vie de certains patients, découvrir de telles solitudes, découvrir aussi en moi le désir d'écouter, d'apaiser par un mot, par un sourire, par un geste, bref approcher la souffrance d'un peu plus près, la vivre parfois, pour la comprendre un peu plus avec le cœur et un peu moins avec la tête…

L'hôpital m'a également révélé la force de la vie, ou plus subtilement, la force du désir de vivre. Notamment lorsque j'ai travaillé en réanimation. J'ai réalisé combien certaines personnes hospitalisées se battent pour se sortir de problèmes graves.

Il est un cas qui a plus compté que les autres. Celui d'un jeune homme de vingt-cinq ans accidenté de la route, hémiplégique, coma 2 dépassé… Cet homme est revenu à la vie, il a retrouvé toutes ses fonctions. Un miracle comme la vie en réserve parfois. J'avais passé des heures à son chevet, à lui parler à voix haute, à lui parler d'âme à âme, à lui tenir la main. Il m'avait été donné également de le travailler en crânien selon les techniques ostéopathiques. Cette rencontre m'a ému et m'a beaucoup appris. J'ai découvert, entre autres, l'action du thérapeute à travers des actes d'amour, qui ne sont pas forcément enseignés sur les bancs de la faculté, mais qui, lorsqu'ils accompagnent des techniques de soins, permettent d'ouvrir des portes sur le grand mystère de la vie.

Les années « INSEP », quant à elles, m'ont fait côtoyer les sportifs de haut niveau pendant sept ans. J'y ai fait là l'apprentissage d'une kinésithérapie de qualité, très pointue dans ses exigences ; le cahier des charges des sportifs internationaux étant à la hauteur de leurs défis, de leurs forces comme de leurs fragilités.

Parallèlement à ma vie professionnelle, nous envisagions avec mon épouse un projet de voyage au Mexique, pays de connaissances. Nous n'avions alors « que » deux adorables petites têtes blondes et notre logistique était encore assez souple pour tenter l'aventure.

L'aventure mexicaine ou la conscience de l'énergie

Nous sommes alors en 1987, une opportunité se présente et nous décollons tous les quatre pour Mexico city. En réalité, nous y sommes restés une année, mais cette année a compté pour dix car nous nous sommes investis comme ceux qui émigrent pour la vie, et rien ne nous laissait présager que nous serions de retour en France un an plus tard. Tout ce que nous y avons vécu fut si dense. Un saut dans le vide où les repères et les schémas explosent, où il faut aller au-delà de soi-même car rien n'est comparable entre notre « vieille » Europe et cette terre volcanique.

Cette nation, riche d'un passé prestigieux d'où ont émergé une connaissance et un savoir tant astronomique qu'archéologique, artistique que culturel, médical que spirituel, a bouleversé ma vie, mes croyances et ma pratique professionnelle.

Cette année-là fut donc pour moi une véritable initiation autant qu'une véritable ouverture. Une ouverture de cœur et de conscience.

D'abord, fouler cette terre, c'était découvrir et, plus que cela, ressentir une vibration, une énergie, une force... l'existence et l'importance du tellurisme. Puis vivre sur cette terre mexicaine, mais aussi parcourir d'autres terres de ce continent latino-américain (cette année-là, bien sûr et régulièrement depuis) m'a réellement éveillé à la conscience de ce que représentent l'énergie tellurique et le concept même de l'énergie en tant qu'entité vibratoire.

Cette « révélation » a, bien entendu, modifié mon approche de thérapeute en me permettant d'accéder différemment à la cause et à la compréhension de certaines souffrances, et de parvenir ainsi à une vision plus élargie des problèmes de santé.

L'écoute que j'avais du corps humain et des individus a, de fait, pris une nouvelle dimension et, à partir de là, se sont développées en moi une sensibilité, une perception et une intuition au point même de ressentir les mouvements des tissus organiques : leur vie, leurs blocages ou leurs restrictions.

À Mexico, que ce soit en soignant des joueurs de tennis, ou en consultation, je me suis rendu compte que j'obtenais des résultats sur certaines pathologies bien plus rapidement que ce que j'obtenais en France à pathologie égale.

Exemple. Un après-midi, j'avais été appelé en urgence auprès d'un ministre étranger, bloqué dans sa chambre d'hôtel par une hernie discale. Après une heure de travail, son disque est revenu en position normale ! Quelques heures après il signait les contrats qui justifiaient son voyage et, le soir, il fêtait le double événement dans une boîte de nuit à la stupéfaction de son entourage.

Il a donc fallu m'éloigner de ma terre natale de neuf mille kilomètres pour découvrir une autre réalité du monde et, pourquoi pas, un autre monde... Les rencontres « fortuites » d'hommes, agronomes, archéologues, médecins, amérindiens, écrivains, anthropologues et ethnologues ont toutes enrichi cette formidable aventure.

Ces rencontres, ajoutées aux consultations que j'ai pratiquées, m'ont irrémédiablement ouvert à cette conscience de l'énergie. Nous sommes un corps matière, mais nous avons un corps énergie. Tout le vivant, qu'il soit humain, végétal ou animal est vibration, est énergie.

Cette découverte à travers ces cultures précolombiennes constitua un véritable choc. J'ai été, et je le suis pour toujours, émerveillé devant la richesse de ces civilisations qui ont laissé « quelques traces » de leur passage à travers ces milliers de pyramides et sites archéologiques. Et naturellement ce coup de cœur m'amena à explorer leur histoire, leur culture et leur conception du monde... La lecture d'ouvrages d'anthropologie, en particulier *Textos de medicina Nahuatl* d'Alfredo Lopez Austin, me permit d'approfondir ma compréhension de leurs croyances et surtout de leurs pratiques thérapeutiques. Retenez, par exemple, que les Nahuas ou Aztèques, comme on les appelle plus communément, considéraient la santé comme un état d'équilibre que l'homme avait pour mission d'entretenir entre le cosmos, la nature et la société. Chacune de ces entités représentant des forces ou des énergies que l'homme se devait de maintenir en équilibre. La maladie résultait d'une rupture de cet équilibre. La cause de la maladie était aussi importante au regard du thérapeute que sa manifestation propre. Cela l'amenait à réaliser un interrogatoire approfondi du malade portant sur la relation à son entourage, son alimentation, les lieux par lesquels il était passé au moment de la contagion… afin de pouvoir réaliser son diagnostic et déterminer ce qui avait occasionné la rupture. Puis le thérapeute proposait un traitement spécialement adapté à son patient consistant principalement en des rituels, une sorte de balayage du corps du malade avec des plantes et des fumigations, puis la prise de tisanes et d'aliments spécifiques…

Dans un autre livre, *Cuerpo humano e ideologia*, A. Lopez Austin précise encore ce lien entre le corps humain et le cosmos. Pour les anciens Nahuas, l'homme, le petit d'homme, était considéré comme élément central du cosmos par lequel transitaient les forces cosmiques et telluriques. Il représentait le microcosme du macrocosme, la surface de la terre lui était destinée. Sa vie était régie par le calendrier aztèque ; chaque jour avait une symbolique particulière qui marquait sa destinée d'enfant, sa chance et sa force. Si le jour de sa naissance était considéré comme néfaste, alors un jour plus bénéfique était choisi pour le rituel du baptême par l'eau. Ce rituel correspondait à une seconde naissance, un nom lui était donné et il recevait le *tonalli* (énergie ou force vitale). Ce rituel du bain confirmait le lien entre le cosmos, les dieux et l'enfant.

La force du *tonalli* imprimait à l'individu son tempérament particulier et guidait sa conduite au cours de sa vie. S'il était en harmonie avec lui-même, il tirait le meilleur de cette force vitale. Le *tonalli* pénétrait par la tête et se diffusait dans tout l'organisme par le sang avec une prédilection pour la tête (d'où l'importance de la fontanelle !). Croyances qui perdurent au Mexique avec les festivités autour de la « chute de la fontanelle ».

D'autres sortes d'énergies alimentaient également le corps humain comme le *teyolia* qui siégeait dans le cœur de l'individu. Cette entité animique déjà présente dans le ventre de la mère n'abandonnait jamais l'individu et cela jusqu'à sa mort, à la différence du *tonalli* qui, lui, pouvait « voyager » à condition de regagner le corps. Comme le *tonalli*, le *teyolia* nécessitait une nouvelle naissance à travers l'eau afin de nettoyer tout ce que l'enfant avait absorbé de mauvais au cours de sa vie intra-utérine. À la mort, il repartait dans la demeure des dieux. D'ailleurs, ces fluides vitaux se recevaient comme un don des dieux à travers le rituel du bain du baptême.

Une troisième force dénommée *ihiyotl* avait pour centre animique le foie. De nature différente, il était considéré comme une émanation gazeuse qui avait la propriété d'influencer les êtres de façon bénéfique ou maléfique. Positive, cette énergie était liée à la joie et au plaisir ; négative, à l'envie, à l'avarice et à la colère avec l'écoulement de la bile, à l'agitation émotionnelle ou encore à l'épuisement physique.

Le *teyolia* constituait la forme d'énergie la plus importante, régissant les autres. Le *tonalli* avait une nature plus « raisonnable », de l'ordre de l'intelligence et du courage et l'*ihiyotl* plus passionnelle ; de l'équilibre de ces entités dans le corps de l'individu résultaient l'équilibre et l'harmonie.

Le concept d'équilibre composait donc l'élément central des croyances des anciens Mexicains. Un déséquilibre d'ordre affectif ou social se traduisait immédiatement par un déséquilibre physique menant à la maladie et à la rupture du lien social et familial.

C'est une évocation très personnelle de cette épopée mexicaine, j'en conviens, mais qui pourrait se prolonger encore dans maints souvenirs comme cette rencontre merveilleuse avec un vieil homme sage, passionné d'archéologie et historien d'art réputé, Alexander Von Wuthenau, malheureusement décédé aujourd'hui. Il vivait à Tepozlan, à quatre-vingts kilomètres de Mexico, où nous passions souvent nos week-ends. Un endroit de rêve, un village colonial encore préservé, au pied d'une majestueuse barrière rocheuse où il fait bon aller s'oxygéner quand on vit dans une des villes les plus polluées de la planète.

Cet homme nous avait pris sous son aile et nous mena notamment sur les sites précolombiens du Yucatan. Là, des trésors de connaissance et des passeports pour de grands voyages remontent le temps et témoignent combien nous sommes ces enfants du cosmos, nourris des énergies du Ciel et de la Terre, et combien notre corps est le temple de notre âme. Quand on est à Monte Alban par exemple, site archéologique aux portes de Oaxaca, haut lieu médical en son temps, on comprend que la guérison du corps passait par celle de l'âme, et comment les malades y faisaient systématiquement un travail intérieur et spirituel pour accompagner les traitements associés à leurs maladies.

Qui suis-je entre terre et ciel ?

Une autre rencontre, celle avec Augusto Leiva (ancien chef de clinique de l'hôpital Marie-Lannelongue, docteur en cardiologie à Paris, médecin à Bogota, chercheur depuis un quart de siècle en bioénergie), a compté pour moi. Nous nous sommes rencontrés en Colombie et nos chemins se sont croisés depuis, au Mexique, en France et en Espagne. Pour lui, et je le cite : « Pour comprendre la relation intime des êtres vivants avec leur environnement, il est bon de se rappeler l'inscription que les Égyptiens de l'Antiquité gravaient sur la façade de leurs temples : “Rien n'est inerte, tout est vibration, tout vibre.” » Ce principe, en apparence philosophique, mystique ou religieux, constitue une vérité scientifique pour un homme d'aujourd'hui et ses fondements sont reconnus depuis l'apparition de la physique moderne, de la mécanique quantique, de la théorie ondulatoire, de la théorie de la relativité et de l'holographie par exemple. Pourtant, à l'aube du XXIe siècle, l'immense majorité ne le connaît pas, et, plus grave encore, ceux qui devraient le connaître, le comprendre, le développer et le diffuser, les hommes de science qui sont partie prenante avec la matière vivante, ne le connaissent pas toujours ou le mésestiment.

Et c'est cet antique principe, « Rien n'est inerte, tout est vibration, tout vibre », qui est l'équivalent du legs magnifique d'Einstein, $E = MC^2$, où l'énergie est égale à la masse par la vitesse de la lumière au carré.

Comme l'énergie est une onde, elle est vibration. Et comme tout dans l'univers est énergie, tout l'univers est vibration. En outre, comme l'univers ne peut faire abstraction du vivant, tous les êtres vivants sont eux-mêmes énergie, sont eux-mêmes vibration. La matière n'est rien d'autre qu'une forme condensée d'énergie.

L'ignorance, volontaire ou non, de principes scientifiques si élémentaires fait qu'aujourd'hui, à l'échelon mondial, les responsables de la santé (humaine, animale, ou végétale) restent uniquement soumis aux principes de matière, d'anatomie et d'histologie, de fonctions, ou de physiologie mécanique, de nombres ou de formules chimiques ou stéréochimiques qui se présentent systématiquement comme les plus grandes avancées des sciences biologiques conventionnelles. Et cela, jusqu'à la prochaine découverte ! Ces mêmes responsables de la santé n'arrivent pourtant pas à transmettre l'idée du grandiose et permanent dynamisme de la cellule, et de ses constituants, molécules, atomes et particules sub-nucléaires.

Autre paradoxe, encore plus signifiant peut-être ! Alors que nous sommes au beau milieu d'un monde de progrès, progrès de toutes sortes d'ailleurs, et dont on ne cesse de vanter et les mérites et la finalité, mais qui pourtant semble dénier la véritable et unique réalité de l'homme, comment donc ne pas s'étonner que les héritiers des cultures précolombiennes fondent encore leurs conceptions philosophiques, religieuses, ainsi que leur vie quotidienne sur ce même principe : « Rien n'est inerte, tout est vibration, tout vibre. » Parce que ce sont des sauvages, peut-être ! Pourtant, ils ont parfaitement assimilé les différentes dimensions des êtres vivants et la connexion de ceux-ci avec tout ce qui existe dans l'univers. De là leur respect pour le vivant, la nature en général et le corps de l'homme en particulier ; de là également leurs pratiques naturelles de guérison, leur attachement à l'écologie, leur amour du cosmos, leur adoration et dévotion pour le « Tout universel ».

Aujourd'hui, conforté par les découvertes de la physique et de la biophysique, j'ose affirmer que les Égyptiens, Mayas, Aztèques, Incas, Chibchas, Peaux Rouges, comme les Indiens Kogis de Colombie, les aborigènes d'Australie et les Maoris de Nouvelle-Zélande, connaissaient, et connaissent encore pour certains, bien mieux la nature et les lois de l'univers que ce que nous enseigne l'histoire écrite par l'homme moderne dit « civilisé ».

« Tout dans l'univers est énergie », « Rien n'est inerte, tout est vibration, tout vibre », voilà des principes qu'aujourd'hui nous tous, scientifiques, médecins, chimistes, pharmaciens, biologistes, géologues, écologistes, ingénieurs, prêtres, militaires, gouvernants, agronomes devons garder à l'esprit : ce qui pouvait passer pour un argument ésotérique ou un acte de foi a maintenant trouvé sa pleine justification physique et mathématique. Cela nous dévoile et nous montre que les mécanismes de la vie sont régis non par la matière, qui en est seulement la conséquence, mais par quelque chose de complètement immatériel, l'énergie, avec ses ondes et ses champs de forces. Aujourd'hui, on considère ces champs comme des sortes de manettes qui meuvent et orientent les phénomènes apparemment mécaniques et matériels de l'univers, en harmonie avec l'action de la puissante force de gravitation universelle et d'autres forces, récemment découvertes, les interactions nucléaires fortes ou faibles.

À l'heure actuelle, les physiciens cherchent avec ardeur les équations qui leur permettront de découvrir, en accord avec la théorie en vogue de la grande unification, la « super force » intégrant les quatre forces fondamentales déjà connues : la gravitation, l'électromagnétisme, le nucléaire fort et le nucléaire faible. Je crains cependant que cette « super force » ne soit pas découverte de sitôt malgré la sophistication renouvelée de leurs laboratoires. En revanche, peut-être la trouverions-nous dans l'humble laboratoire intérieur de l'homme, lorsqu'il atteint sa véritable nature, son individualité, son moi intérieur ; une rencontre qui conduit immanquablement à la conscience de l'unique réalité, celle dont tout procède. Alors, cette « super force » à laquelle tous aspirent, scientifiques et autres, ne pouvons-nous pas l'appeler la grande unité énergétique et universelle du Tout, ne pouvons-nous pas l'appeler Dieu !

Voilà que se présente maintenant plus clairement l'importance de l'écologie, l'indispensable nécessité de défendre le milieu ambiant naturel dans lequel nous sommes nés. Nous comprenons que l'homme actuel attente à l'existence des formes de vie sur la planète Terre, et cela dans un authentique acte d'autodestruction. Si nous observons l'être vivant sous la loupe de la physique quantique et moléculaire, nous apercevons comment nous procédons de l'énergie cosmique et qu'elle fut la cascade de transformations nécessaires pour devenir matière.

L'apparente solidité des organes de l'homme est une illusion puisque même le tissu osseux présente, dans la réalité, une dynamique incessante de sorties et d'entrées d'atomes, d'ions et de molécules à travers les membranes de ses cellules.

Alors, si l'homme est énergie, c'est par ce moyen que nous devons le traiter. De là les différentes thérapeutiques fondées sur la bioénergie, mal nommées « médecines alternatives » : l'acupuncture, l'homéopathie, la chromothérapie, l'auriculothérapie, l'aromathérapie, etc.

« Dieu ne joue pas aux dés », disait Einstein. Les dernières théories sur le chaos et le hasard semblent le prouver. En effet, ni les noyaux, ni les électrons qui se relient pour constituer un atome ou produire des molécules, ni ces dernières qui forment de grandes chaînes moléculaires afin de construire les cellules qui, à leur tour, fabriquent les tissus et organes pour arriver jusqu'à l'homme, ne le font par hasard. C'est impossible. Il existe donc une force qui ordonne et provoque ce que nous pouvons appeler la programmation universelle.

Tout astrophysicien peut confirmer l'existence du cosmos et que nous en sommes une partie. *Kosmos*, le mot grec, signifie ordre. Nous vivons donc dans un ordre et nous en faisons partie. Tout ordre, par essence, est soumis à des lois, sinon ce ne serait pas un ordre, ce serait un chaos (mot signifiant désordre, en grec).

La loi de la causalité

Elle est contenue dans les textes de toutes les religions. C'est la loi de cause à effet, ou bien celle de l'adage « on récolte ce que l'on sème », ou bien encore, pour les matérialistes et les athées, « qui sème le vent récolte la tempête ».

L'énergie en soi est sans valeur. Il dépend de nous qu'elle devienne positive ou négative, c'est-à-dire que nous l'utilisions à des fins constructives ou destructrices. Cela signifie que ce que nous souhaitons, nous pouvons l'obtenir ; ce qui, en soi, est légitime. La création nous a donné le libre arbitre pour que nous puissions expérimenter la vie dans toute sa plénitude. La vie ne nous ordonne pas d'expérimenter seulement ce qui est beau ou agréable. Nous sommes absolument libres d'expérimenter ce que nous désirons. Reste à prouver que nous désirons toujours ce que nous avons souhaité une fois que nous l'avons obtenu.

L'énergie générée par une pensée est un ordre aussi bien pour notre inconscient que pour le cosmos. On peut comparer le cosmos à un grand ordinateur qui fonctionne selon des lois parfaites. Vous le programmez avec vos pensées (input) et il va imprimer ce qui est programmé (output). Einstein ne disait-il pas : « Ce que tu penses tu le crées. »

La loi d'analogie

« Ce qui est en bas est comme ce qui est en haut. Et ce qui est en haut est comme ce qui est en bas », selon Hermès Trismégiste.

Certains connaissent la phrase : « Sur la terre comme au ciel. » Les mêmes lois régissent le macrocosme aussi bien que le microcosme. Un exemple référent : l'atome, l'un des éléments constitutifs le plus petit qui nous soit connu dans la matière physique. Une photographie du noyau de l'atome (qui mesure un pico mètre) correspond à la photographie de la Terre prise à un million de kilomètres, et à celle de la voie lactée prise à dix millions d'années-lumière.

Le champ magnétique humain tournant sur lui-même a exactement l'aspect de notre galaxie tournant sur elle-même. On constate donc que tout est construit selon un système parfait qui n'est pas forcément reconnaissable au premier coup d'œil, mais qui devient évident si l'on regarde de plus près. La vie elle-même est soumise, comme le microcosme et le macrocosme, à des lois parfaites.

Ces lois, nous les trouvons partout dans notre système solaire, dans les cellules de notre sang, dans l'électricité et dans le magnétisme. Et puisque la matière est maintenue et déterminée par des forces électromagnétiques, nous les hommes, qui sommes aussi matière, sommes soumis à ces lois, comme celles de l'attraction et de la répulsion.

La loi d'analogie n'est fondée que si nous sommes prêts à reconnaître l'univers comme un cosmos. Ce sont les lois qui déterminent un cosmos, il n'y a donc pas de place pour les hasards. Le hasard en tant qu'événement imprévisible et non conforme à la loi transformerait tout cosmos (ordre) en un chaos (désordre). Pourquoi donc seul l'homme devrait-il être exposé aux hasards alors que toute vie en nous et autour de nous est soumise à un rythme régulier. Les pierres tombaient déjà bien avant que nous soit connue la loi de la pesanteur.

« Homme, connais-toi toi-même et tu connaîtras l'Univers et les Dieux ! »

La loi de la résonance

L'homme est soumis à la loi de la résonance comme le diapason ou le récepteur radio. Un récepteur réglé sur les ondes courtes ne peut recevoir ni les moyennes ni les grandes ondes. Pour l'homme, c'est pareil. Une personne agressive ou pleine de haine n'est pas réceptrice à l'amour. Chacun ne peut percevoir des aspects de la réalité que ceux avec lesquels il est en résonance ; chacun ne voit que ce qu'il veut voir. « Qui se ressemble s'assemble. »

On a coutume de dire également que notre entourage nous renvoie notre propre reflet.

Si je mens, on me mentira. Si j'ai peur, je serai confronté à mes peurs. Si je suis bagarreur, je serai constamment mêlé à des bagarres. Si je suis tout amour, j'attirerai l'amour. Si je vis dans la joie, je trouverai toujours motif à me réjouir.

Ce ne sont pas les grands actes politiques, mais bien les petits manquements à l'amour de la vie quotidienne qui ont leur importance. De la qualité de nos pensées, de nos paroles, de nos actes, de nos désirs dépend la qualité de notre vie, ce que nous y générons. Le dehors est comme le dedans. Le corps est le reflet de l'âme. La dysharmonie règne-t-elle au fond de moi, dans mon esprit, elle sera alors visible également dans mon corps qui me le fera savoir par la maladie.

Les hommes ont pris cette habitude d'accuser le monde entier pour tout ce qui arrive et qui ne devrait pas arriver, c'est-à-dire tout ce qui ne leur convient pas ! Nous y trouvons toute la gamme des coupables, des membres de la famille jusqu'au gouvernement, certains vont même jusqu'à accuser Dieu.

Cette répartition des fautes n'est plus possible à partir du moment où nous croyons aux lois cosmiques et spirituelles que nous venons d'aborder. Ces lois prouvent que tout ce qui existe et la façon dont cela existe ne sont que la manifestation de ce que l'homme a lui-même provoqué. Peu importe que cela concerne un état extérieur ou intérieur, une maladie, un accident ou la situation de notre terre avec ses habitants. C'est nous qui en sommes la cause et nous avons à en répondre.

« Au centre de la trame du monde se tient l'homme. Petit par sa taille, il est néanmoins rendu puissant au contact des forces en son âme. La tête dirigée vers le haut, les pieds reposant sur la terre ferme, il est capable de mettre en mouvement les choses d'en haut, comme les choses d'en bas… Ô homme regarde l'homme ! En lui se trouvent réunis le ciel et la terre, et tout ce qui a été créé demeure caché en lui », écrivait en son temps Hildegarde de Bingen[1].

Alors, pourquoi nos ruptures d'équilibre ne seraient-elles pas liées à une rupture avec toutes les lois cosmiques ? Pourquoi nos ruptures d'équilibre ne seraient-elles pas liées à une rupture avec Dieu ? Notre conscience d'être spirituel, notre identité divine, animée du désir d'aimer, n'a-t-elle pas été aspirée par le gouffre

1. Figure du XIIe siècle, prolixe en chefs-d'œuvre artistiques, scientifiques et médicaux, révolutionnaire par sa conception holistique de l'univers, fondée sur l'unité du corps et de l'esprit, elle place l'homme au centre du cosmos. Sa théologie visionnaire et son expérience du cosmos formaient un tout inséparable.

abyssal créé par cette folie de la matière, par ce « Dieu argent », qui gère les affaires du monde aux dépens trop souvent de la dignité humaine et de la sacralisation de l'existence ?

« L'homme par l'homme », grand concept de nos sociétés modernes, ne s'est-il pas privé d'un grand capital ; l'essence même de la vie, la parcelle divine logée en chacun d'entre nous ? Et l'état du monde aujourd'hui n'en est-il pas une conséquence aussi grave qu'angoissante ?

Ces interrogations sont pour moi une opportunité pour s'interroger sur une autre loi, une des lois d'amour que le Christ a apporté à notre humanité, « Aime ton prochain comme toi-même », un héritage universel qui touche tout être humain athée ou croyant, quel qu'il soit. Il suffit de s'arrêter un instant, d'observer notre humanité, ou notre inhumanité : force est de constater les tensions, pour ne pas dire les guerres qui sévissent en nous-mêmes, dans les couples, dans les familles, dans les fratries, dans les bureaux ; entre certains peuples, certaines races, certaines nations… et cela pour simplement accepter de lire notre difficulté à aimer notre prochain, donc nous-mêmes.

Si nos corps expriment des douleurs ou des blocages, c'est aussi peut-être pour cette même raison. L'aimons-nous ce corps ? Le respectons-nous ? La question est ouverte.

L'évocation du Christ m'amène à confier que je crois en Dieu. J'ai la foi, c'est-à-dire j'ai la certitude d'être enfant de Dieu. J'ai la certitude d'être aimé de Lui, comme je vis dans la certitude d'être conduit et protégé. La vie spirituelle qui m'habite me donne force, joie et espérance au-delà de tout ce que je vois et de tout ce que j'entends. La prière me nourrit, m'aide à mieux aimer et à assumer ma responsabilité d'homme, de père, de thérapeute et de citoyen, au quotidien. Bon nombre de mes patients ignorent la part de Dieu dans ma vie, je ne fais pas de prosélytisme il est vrai, mais un certain nombre la ressente et d'autres la partagent. La foi partagée est aussi une valeur ajoutée dans les processus de guérison ou simplement de transformation.

« Quand l'âme et le corps fonctionnent en excellente harmonie, ils reçoivent la récompense suprême de la joie et de la santé. » Hildegarde de Bingen.

Lendemains mexicains et réalité : équilibre et mémoire

Je suis donc revenu en France enrichi de cet apprentissage et animé par la curiosité et le désir d'explorer plus en profondeur ce que le Mexique avait ouvert.

Ma petite famille rapatriée s'était entre-temps agrandie avec l'arrivée de notre troisième fille. Chose étonnante d'ailleurs, cette enfant, conçue en Colombie et attendue au Mexique, avait une physionomie complètement imprégnée de la vibration latino-américaine. J'entends encore la remarque de notre ami gynécologue demandant à ma femme, entre deux fous rires, si j'étais bien le père. Elle avait la peau basanée, les cheveux aussi noirs que *los niños mexicanos*. C'était inouï, mais en même temps, comme un clin d'œil sur l'existence de ce monde invisible fait de vibrations et d'énergie que l'on capte et que l'on véhicule à notre insu. Peut-être même, finalement, ne s'incarne-t-on pas par hasard dans tel ou tel foyer, ou dans telle ou telle nation ?

Après toutes ses émotions, je me suis installé en libéral. J'ai posé ma plaque, tout en poursuivant des études et des formations (notamment en micro kinésithérapie et en kinésiologie, nous y reviendrons par la suite).

C'est paradoxalement un échec dans le traitement d'une patiente qui a été l'élément déclencheur, ou le point de départ, de ma réflexion sur la méthode que j'appellerai plus tard la méthode MPO.

Durant les six mois qui avaient précédé mon départ au Mexique, une femme était venue me voir à l'INSEP en consultation externe. Pianiste de profession, elle souffrait de tendinite et de névralgie aux mains et aux bras, et ne pouvait plus jouer du piano. Je l'ai traitée en ostéopathie, je lui ai fait de la kinésithérapie et de la gymnastique Mézières. Rien n'y faisait ! Je suis parti au Mexique dans la foulée.

À mon retour, à l'occasion d'une visite, je la rencontre par hasard dans les couloirs de l'INSEP. Elle m'apprend qu'elle est guérie et que c'est à un dentiste qu'elle doit sa guérison ! Cet homme avait trouvé l'origine de ses problèmes : une mauvaise occlusion dentaire ! Ce problème occlusal avait généré des douleurs dans ses chaînes musculaires maxillo-faciales et brachiales...

Piqué au vif et presque furieux, je me suis interrogé sur cet échec en me disant qu'il n'y avait qu'une alternative possible :

— ou bien je l'avais aidée, mais cela n'avait pas suffi et le dentiste avait terminé le travail ;

— ou pour elle, je n'avais rien fait et c'était le travail occlusal effectué sur l'équilibre maxillaire qui avait permis de régler son problème.

Mes réflexions furent les suivantes : notre corps bénéficie de deux appuis. Le premier, quasi constant en dehors de nos périodes de sommeil, se situe au niveau des ischions en position assise ou sur les pieds en prolongement des jambes en position debout, c'est celui du bassin. Le second est celui de la mâchoire ; quand le maxillaire supérieur prend appui sur le maxillaire inférieur par l'intermédiaire des articulations temporo-mandibulaires. Cet appui s'opère en moyenne 1 500 fois par jour ; pour le corps, il est donc très secondaire par rapport au premier.

La différence importante entre ces deux équilibres réside en réalité dans... l'usure des dents, usure qui implique une modification des appuis et des pertes progressives de l'équilibre. Cela s'associe également avec un déplacement plus ou moins marqué des deux articulations temporo-mandibulaires. Alors que côté bassin, si les jambes n'ont rien perdu de leur longueur l'une par rapport à l'autre pour cause de maladie ou de traumatisme, la modification de l'équilibre s'opère uniquement au bassin justement. Que fait le dentiste ? Il travaille sur la denture dans le travail occlusal pour l'adulte ou sur la dent formée. Il va limer et parfois installer des gouttières pour rééquilibrer.

Dès lors, ma question était : « Peut-on travailler le bassin dans le même esprit ? » Et la réponse fut affirmative. C'est effectivement possible sur l'ossature, et cela quel que soit l'âge du patient, à travers les points osseux émergents que sont les épineuses ou les crêtes par exemple. J'ai alors tenté sur moi ce travail de modelage et, en me remettant debout sur mes deux pieds, j'ai eu à ce moment-là la certitude que l'on pouvait rééquilibrer son bassin autrement que par les techniques déjà apprises.

Cette journée, marquée d'une croix blanche, est restée gravée en moi comme la pierre angulaire de la création de la méthode MPO.

Je pouvais donc conclure avec certitude :

— l'équilibre est récupérable en travaillant le tissu osseux ;

— l'os n'est pas inerte, il est dense, élastique et surtout vivant ;

— des points importants, saillants, permettent de retrouver un équilibre parfait comme s'ils étaient doués de mémoire. Ces points, correctement sollicités, vont aider les os à se repositionner dans l'espace comme ils étaient ou auraient dû être à l'origine.

Évidemment interpellé par le problème occlusal de cette patiente, j'ai désiré comprendre plus en profondeur le domaine de l'occlusodontie. En 1994, à un colloque, j'ai eu la chance de rencontrer un chirurgien-dentiste passionné par cette nouvelle discipline. Avec les années et la résonance de nos travaux respectifs, cet homme est devenu un ami. Désiré Ohlmann (installé à Strasbourg) se définit comme dentiste holistique. Pour lui, tout individu fonctionne sur trois plans : le plan psychologique, le plan biologique et le plan physique ; le plan biologique ou énergétique étant l'interface entre le plan psychique et le plan physique.

Le système occlusal est un système de compensation au niveau du système neurovégétatif. Il est sous la dépendance des sens, de la statique, du géostress, de l'alimentation, des émotions et de tout ce qui peut perturber le système neurovégétatif.

Les dentistes comme D. Ohlmann sont amenés à travailler en relation pluridisciplinaire (avec des ostéopathes, des acupuncteurs, des auriculomédecins, etc.), car la dysfonction occlusale a des causes multifactorielles (le déchaussement, les migraines, les cervicalgies, le mal de dos, les bourdonnements d'oreille, etc.), où prime également le choix des matériaux dentaires.

Grâce à nos échanges, cet homme m'a également mis sur la piste de la géobiologie, cette science qui s'interroge sur les effets de l'environnement sur l'homme. C'est un domaine tout à fait passionnant qui nous remet sur le théâtre des rayonnements et champs énergétiques provenant du cosmos, issus de la terre, résultant des interactions entre terre et ciel au niveau de l'atmosphère.

Pourquoi la foudre tombe-t-elle souvent au même endroit ? Combien de fois nous est-il arrivé de rencontrer des rangées d'arbres présentant tous les mêmes excroissances malsaines ? Pourquoi, sur certaines routes droites, y a-t-il fréquemment des accidents d'automobiles inexplicables ? Pourquoi un chat affectionne-t-il certaines places et en évite-t-il d'autres ? Il semblerait que seule la géobiologie[1] puisse répondre d'une façon satisfaisante à ce type de questions.

Quoi qu'il en soit, cette ouverture de conscience m'a également aidé à comprendre certaines situations dans lesquelles des patients souffraient d'insomnies, de courbatures, de malaises, et autres pathologies, et sur lesquels rien ne fonctionnait, jusqu'au jour où la question de la situation de leur logement était soulevée, ou celle des matériaux qui le composaient, ou encore celle de la découverte d'une cave sans aération ou d'un puits fermé, etc. Les exemples sont aussi nombreux que surprenants parfois. Il y a plusieurs publications éclairantes sur le sujet.

Ce phénomène de résonance de l'environnement sur l'homme, je l'ai également vécu sur le plan collectif. Prenons pour exemple la fameuse tempête qui en décembre 1999 traversa la France d'ouest en est. On s'en souvient car sa force et sa double manifestation avaient provoqué tout le long d'une large bande (une sorte de couloir) des dégâts terribles et notamment l'arrachage ou la mutilation de milliers d'arbres. Eh bien ! Figurez-vous que dans les jours qui ont suivi cette tempête, mon cabinet, et ceux de confrères ont été envahis de personnes qui « tombaient »... comme ces milliers d'arbres. Leur dénominateur commun semblaient être le manque de... racines. Ils étaient fragilisés. L'arbre étant la représentation de l'homme debout, la vision de ces arbres centenaires, souvent connus sinon aimés et violemment terrassés, en a ébranlé plus d'un. Quand je dis racines, j'entends aussi bien les racines

1. Née des recherches médicales du Dr Hartmann, à l'université d'Heidelberg en 1935, cette science étudie les effets nocifs ou bienfaisants des influences cosmiques et telluriques sur la santé de l'homme : les rotations du globe terrestre sur lui-même et autour du soleil génèrent des variations de rythme et d'intensité du rayonnement électromagnétique. Notre planète se comporte comme l'armature négative d'un immense condensateur dont l'autre partie, le cosmos, serait de charge positive. Ce rayonnement électromagnétique prend sa source au centre du globe et s'exprime sous la forme d'un vaste filet invisible couvrant toute la surface de la terre, bien connu sous l'appellation de « réseau Hartmann ».

corporelles, la bonne vitalité, que les racines affectives, psychologiques et émotionnelles... et tout cela indépendamment du milieu socioculturel. Tous étaient réduits à la même enseigne.

Autre exemple, celui-ci d'ordre international : la guerre du Golfe a provoqué chez nombre de mes patients l'apparition ou une recrudescence de pathologies d'ordre viscéral (constipation, météorismes, crampes, douleurs...).

Dues à des désordres neurovégétatifs, elles étaient liées de toute évidence au stress et aux peurs associées au conflit. L'inconscient collectif relié à des conflits antérieurs (Seconde Guerre mondiale, guerre d'Algérie ou autres...) agissait sans aucun doute sur la sphère digestive.

Les messages de l'eau

J'ai poursuivi mes recherches à travers des lectures, des voyages et en participant à des colloques.

À l'un d'entre eux, se trouvait Augusto Leiva. Ce jour-là, il prit la parole pour évoquer les avancées de la physique quantique, des travaux sur la mémoire de la cellule et sur celle de l'eau. « La molécule d'eau par sa structure éminemment énergétique est synonyme d'informations », précisa-t-il.

Aborder la question de l'eau n'est pas l'objet central de ce livre, mais je souhaite pourtant en évoquer un aspect important, celui du concept de mémoire. Le comprendre permettra de faire le pont avec ma pratique puisque l'os est lui aussi doué de mémoire.

Pour ce faire, revenons sur (ou découvrons pour certains) les travaux de Masaru Emoto, auteur en 2002 d'un saisissant ouvrage intitulé : *Le Message de l'eau*[1]. Son livre, recueil de ses expériences, montre que l'énergie vibratoire humaine, nos pensées, paroles et idées, comme la musique, affectent durablement la structure moléculaire de l'eau.

1. Voir bibliographie page 312.

Substance très malléable, l'eau compose plus de 70 % du corps humain et couvre la même proportion de notre planète. Sa forme physique s'adapte facilement à l'environnement, mais son aspect physique n'est pas le seul à changer. En effet, l'énergie ou les vibrations de l'environnement peuvent également en modifier la forme moléculaire. Dans ce sens, l'eau n'a pas seulement la capacité physique de refléter l'environnement tel un miroir, mais elle en est également le reflet moléculaire. Source de vie sur cette planète, sa qualité et son intégrité sont donc d'une importance vitale. Notre corps, lui, ressemble à une éponge, formé de trillions de cellules contenant du liquide. La qualité de notre vie est directement liée à la qualité de notre « eau intérieure », comme, évidemment, à la qualité de l'eau à l'extérieur de nous-mêmes.

Dans son laboratoire, et cela grâce à des techniques photographiques sophistiquées, M. Emoto a pu constater les changements moléculaires de l'eau. En congelant des gouttelettes, il en examine ensuite les cristaux à l'aide d'un microscope à chambre noire. Pour lui, « le cristal d'eau est le visage de l'eau ». Et pour nous, ses travaux montrent très clairement la diversité de la structure moléculaire de l'eau et l'effet de l'environnement sur elle : l'eau des ruisseaux et des sources de montagne les plus pures forment des géométries d'une extrême beauté. Inversement, les eaux contaminées et toxiques des zones industrielles ou urbaines, ou encore les eaux stagnantes, figurent toutes des structures complètement dénaturées et rarement cristallines.

Emoto travailla également sur les effets de la musique sur la structure de l'eau. Techniquement, il plaça une bouteille d'eau distillée entre deux haut-parleurs. De Beethoven à la musique Heavy Metal, l'enseignement est identique au précédent : des images de cristaux cohérentes et d'une grande beauté pour *La Pastorale* de Beethoven, et déstructurées pour la musique Heavy Metal.

Après ces champs d'études, il poursuivit sa recherche sur l'interaction entre les modes de pensées, les paroles et la cristallisation de l'eau. Et là encore, le résultat fut probant ! Les photos correspondant au nom Adolf Hitler sont à l'opposé de celles associées à Mère Teresa. Quant au contraste entre les vocables « âme » et « démon », il ferait succomber les plus réfractaires à ce type d'expériences !

Toutes ces photos témoignent des extraordinaires réponses de l'eau aux vibrations et énergies de son environnement. Dès lors, ne sont-elles pas également une invitation à ouvrir nos consciences sur d'autres modes de fonctionnement ou de pensées ? Et pour être plus précis, ne sont-elles pas une invitation à changer d'état d'esprit ? Pour Emoto : « L'eau est le miroir de l'âme. » Pourquoi pas ! Quoi qu'il en soit, il l'affirma après une expérience consistant à envoyer des pensées d'amour à de l'eau courante de la ville de Tokyo. Devant la beauté du cristal obtenu, il fut bouleversé réalisant comment la pensée consciente des êtres humains pouvait changer la qualité de l'eau.

Pour prolonger son étude, M. Emoto fit une autre et étonnante expérience avec un grand prêtre du Temple de Jyuhouin. Elle eut lieu sur le barrage de Fujiwara. L'image du cristal de l'eau recueillie sur place était horrible, ressemblant à un visage souffrant à l'agonie. Pourtant, le jour de l'expérience, le prêtre se mit en prière pendant une heure au bord dudit barrage et, quelques instants après la fin du rituel, l'eau du bassin était devenue splendide aux yeux de tous ceux qui étaient présents, mais le plus étonnant résidait dans la sublime beauté des cristaux. Le commentaire que l'on peut lire dans le livre est le suivant : « Nous n'avions jamais vu de photo d'où émanait une énergie aussi puissante et positive que celle-ci. Au milieu de la structure hexagonale de base, il y a un autre petit hexagone. Celui-ci est “une œuvre d'art” de lumière entourée d'une aura. La partie centrale semble elle aussi avoir un halo autour d'elle. Les gens disent que cette image leur fait ressentir en leur âme une force et une énergie incommensurable, basée sur la conscience des hommes. Pourquoi une chose aussi merveilleuse semble aussi déraisonnable : l'énergie créée par l'amour et la gratitude des êtres humains peut s'harmoniser avec l'eau ? »

Serait-ce des preuves évidentes, ou pour le moins de forts indices, que nous pouvons nous guérir et transformer de façon positive les pensées que nous choisissons d'avoir comme les manières de les mettre en action, tant au niveau individuel qu'à l'échelon de la planète ?

La mémoire de l'os : Témoignage de Madeleine

Avec cette ouverture donnée par cette approche de l'eau qui relativise le regard commun que nous portons sur notre environnement et pose le sens de notre responsabilité, le concept de la mémoire de l'os devint pour moi un élément central de ma vie de thérapeute.

> Un exemple parmi d'autres peut aisément l'éclairer : Madeleine est une belle femme, bien plantée, ayant d'importantes responsabilités dans une grande société. Elle me consulte pour son dos qui la fait souffrir au niveau des lombaires et, au bout de dix minutes d'un travail sur son bassin, je découvre un fort blocage de son sacrum. À peine ai-je touché le centre du sacrum que, trente secondes après, ma patiente fond en larmes. Elle me dit ne pas comprendre pourquoi une telle émotion lui arrive à ce moment-là, mais finit par avouer que celle-ci pouvait être liée à un avortement effectué contre son gré sous la pression de son compagnon. Lui précisant que le sacrum et l'utérus sont en parallèle et que du sacrum émergent des racines nerveuses qui, à leur tour, innervent les

voies génitales, je l'informe qu'une mémoire est inscrite dans son utérus, elle-même inscrite dans la structure osseuse correspondante.

Voilà un exemple de relation entre la structure osseuse, les organes et la sphère émotionnelle. Preuve que nous pouvons avoir des blocages dans notre structure osseuse aussi bien liés aux émotions, aux chocs mécaniques, qu'aux deux à la fois.

Tout ce parcours et ces réflexions sur les concepts d'énergie, de mémoire (cellulaire, eau, os) de vibration, etc., m'amènent à me poser certaines interrogations. Quel est le rôle de ces énergies sur les atomes ? Qu'est-ce que l'énergie de fusion ? Que transforme-t-elle à l'échelon atomique ? Et s'il existe une énergie de fission qui a donné la bombe atomique, n'existe-t-il pas de même une énergie de fusion qui provoquerait l'inverse et qui serait amour ? Quel serait alors son rôle sur nos cellules ? C'est sans doute un défi pour la science, mais également une perspective d'espérance pour le quotidien du thérapeute que je suis.

> « Adieu dit le renard. Voici mon secret. Il est très simple : on ne voit bien qu'avec le cœur. L'essentiel est invisible pour les yeux. »
>
> *Le Petit Prince*
> Antoine de Saint-Exupéry

3. Principes de la méthode

Riche de mon aventure mexicaine, de ma rencontre avec cette culture amérindienne et nourri par cette approche de l'énergie, il m'est apparu évident que je ne pouvais plus me contenter d'une vision figée du corps comme de l'être humain. De fait, mon échelle de valeur implosa, ou explosa…

Découvrir la connexion entre la terre et le ciel m'a ouvert des horizons nouveaux pour mieux appréhender la souffrance humaine, qu'elle soit morale, psychique, organique, mécanique, spirituelle ou qu'elle soit la somme de tout cela.

L'homme, posé entre terre et ciel, entre yin et yang se nourrit d'énergie. Cette énergie qu'il porte en lui vient du soleil. Elle lui est transmise par la lumière. L'étymologie du vocable énergie nous enseigne que ses racines proviennent du grec *Energia*, signifiant « force en action ». L'énergie représente la vie qui structure, qui nourrit et qui anime toute chose. Elle permet tous les échanges vitaux, véritable microcosme de l'univers environnant. Elle procède à la fois du visible et de l'invisible, du matériel et de l'immatériel, du corps et de l'esprit. C'est ce qui nous permet d'exister, de respirer, d'aimer. C'est la vie.

Ce que l'Amérique latine m'a enseigné, la médecine chinoise en est également la remarquable expression.

Pratiquée depuis cinq mille ans, cette médecine est désormais reconnue depuis 1987 par l'Organisation mondiale de la santé comme pratique médicale efficace et acceptée. Elle repose sur trois piliers indissociables : l'acupuncture, l'équilibre mental et physiologique (méditation), et la nutrition. L'acupuncture est l'expression, pour ne pas dire « la matérialisation », de ce corps énergie qui nous habite.

David Servan-Schreiber dans son livre *Guérir* évoque sa rencontre avec un praticien de l'Institut de médecine tibétaine, à Dharamsala, en Inde. Je cite : « Les symptômes émotionnels et physiques sont simplement deux aspects d'un déséquilibre sous-jacent dans la circulation de l'énergie, le "Qi" (prononcer "chi"). Contrairement à vous, Occidentaux, qui faites une différence entre les deux [...] vous avez une vision à l'envers des problèmes émotionnels. »

Selon cette médecine, le Qi est l'énergie vitale qui circule dans les différents méridiens, le souffle qui anime toute chose vivante. C'est ce qui fait la différence entre la vie et la mort. Le Qi constitue donc la grande clé de la médecine chinoise. La médecine allopathique, comme évoqué au premier chapitre, considère le corps comme une entité autonome, séparée de l'esprit. Le corps n'est que la somme de ses parties : chair, os, sang, etc. Il est une machine merveilleuse certes, mais une simple machine. Lorsqu'elle se détraque, le médecin prescrit un médicament qui, dans bien des cas, neutralise les symptômes de la maladie. Par ailleurs, côté recherche médicale, si l'on s'interroge sur les causes de la maladie, les hypothèses et les découvertes relèvent toujours du domaine strictement biologique, et les causes nécessairement génétiques, virales, immunologiques, etc. Jamais l'éventualité de liens entre l'esprit et le corps n'est envisagée. En revanche, dans la médecine chinoise traditionnelle, la conception du corps est très différente car celui-ci est perçu comme partie intégrante de l'univers qui, tout comme les astres, les végétaux et toute chose vivante, vibre avec l'énergie qui l'entoure. Le corps physique obéit donc aux mêmes lois qui régissent l'ensemble de l'univers. Telle une antenne, il reçoit l'énergie du ciel et de la terre, puis la diffuse autour de lui et la redistribue à sa façon. Ainsi, corps et esprit sont en symbiose permanente, parfaitement intégrés l'un à l'autre. Le corps, manifestation du « Grand Tout » ou « Tao », se fond en toutes choses.

De fait, la médecine chinoise s'identifie à une médecine essentiellement préventive. Elle consiste, avant tout, à harmoniser l'énergie qui circule dans le corps afin d'assurer le bon fonctionnement des différents organes. Son but premier est de renforcer l'équilibre naturel pour conserver à l'individu sa bonne santé. D'ailleurs, dans la Chine traditionnelle, le médecin était payé tant, et aussi longtemps, que son patient demeurait en bonne santé. Si ce dernier tombait malade, on considérait que le médecin avait failli à sa tâche et on cessait de le rétribuer.

Le yin et le yang rencontre des forces tellurique et cosmique

Toutes les structures physiques, les os, les articulations, la physiologie, les fascias (ou tissus), les muscles, ainsi que nos pensées, nos actes répondent de cette énergie. Voilà pourquoi le fait de stabiliser cette énergie dans sa dualité yin/yang nous permet d'agir sur tous les équilibrages des fonctions du psychisme, des émotions et des structures osseuses.

Avant d'aborder les fondements mécaniques et structurels de ma méthode, revenons précisément en quelques mots au principe universel du yin et du yang, énergies fondamentales, contraires l'une à l'autre, mais complémentaires.

Ces deux énergies censées circuler harmonieusement dans notre corps témoignent de notre équilibre. Lorsque l'une prédomine sur l'autre, il en résulte soit un affaiblissement, soit une hyperactivité de l'un ou l'autre de nos organes. Et, selon la tradition chinoise, la maladie s'explique toujours par un déséquilibre énergétique du corps.

Beaucoup d'ouvrages y ont été consacrés, mais je n'en citerai qu'un, celui de Michel Odoul : « Dis-moi où tu as mal, je te dirai pourquoi [1]. » Pour lui, je résume, l'homme est nourri d'une force, ou énergie électromagnétique, dite « essentielle » qui est son carburant brut. Il reçoit cette force de cette bipolarité yin yang totalement complémentaire et la combine avec une autre énergie, dite « ancestrale », comme un additif de carburant automobile, pour se doter finalement d'un super carburant personnel : son énergie vitale. La pensée taoïste enseigne que cette énergie « ancestrale » porte en elle les mémoires des ancêtres, nos ascendants, mais également celle de l'humanité que nous retrouvons dans l'inconscient collectif. La quantité de cette énergie est déterminée une fois pour toutes pour chacun d'entre nous. C'est un réservoir qui se vide progressivement tout au long de notre vie et qui détermine notre longévité. Dès lors, et au détriment de notre énergie vitale composée de ces deux énergies « essentielle » et « ancestrale », si nous ne pouvons pas nous recharger correctement grâce à de bonnes règles d'hygiène alimentaire, physique et mentale, nous accélérons la consommation de notre réserve d'énergie « ancestrale ».

L'étude du corps souffrant de mes patients m'a souvent révélé que la perte d'équilibre du bassin provoque une inexorable rupture de l'alimentation énergétique de l'être et accumule en cela un véritable déficit d'énergie

1. Voir bibliographie page 312.

« essentielle », déficit variant selon la date de la déclaration de la pathologie.

Inconsciemment, le corps compense ces ruptures d'équilibre, mais finit toujours par payer ses adaptations de fortune, et, au final, l'accumulation de toutes ses compensations devient nuisible à son énergie vitale. *A contrario*, un corps dont les équilibres sont en harmonie vivra l'instant présent dans une dynamique parfaite de régénérescence à travers ses courants yin et yang.

C'est en partie la raison pour laquelle nombre de mes patients se rétablissent rapidement, en deux ou trois séances. Puisqu'ils sont à nouveau en mesure de se recharger en énergie « essentielle », ils ne puisent plus dans leur réservoir de façon excessive et retrouvent une gestion saine de leur énergie vitale.

Le yin

Sur le plan symbolique, le yin représente la relation à la terre, au tellurique. Énergie négative, il est aussi lié à la lune, à l'obscurité, au froid, à l'humidité, à la passivité et à la femme. Il correspond à une manière de vivre consciente, volontaire et incarnée.

C'est notamment le cas des sports d'origine orientale, les arts martiaux comme le Tai chi chuan, le Qi kong, ou la plupart des pratiques tournées vers un ancrage au sol.

Sur le plan corporel, la représentation yin concerne l'espace du bassin et, pour la femme, la matrice, lieu de la vie intra-utérine de l'enfant.

Pour nous thérapeutes, il s'agit d'une boîte triangulaire contenant les organes génitaux, une partie des organes digestifs, des muscles et des terminaisons nerveuses. Ce socle de trois côtés est maintenu par des « haubans » fibreux ligamentaires et musculaires plus élastiques. Par ailleurs, nous considérons ce volume comme une boîte malléable. Elle se transforme chez la femme enceinte et permet le « passage » du bébé grâce à l'écartement de ces trois segments (les iliaques et le sacrum).

Dans la vie courante, elle se déforme à chacune de nos chutes, mais se reforme ensuite, jusqu'au jour où un blocage demeure et que l'on observe une torsion de l'espace du bassin. J'insiste et j'insisterai toujours à propos du bassin, notre yin à tous, pour faire comprendre que si notre corps est un édifice flexible, possédant des zones plus ou moins souples, il n'en a pas moins des fondations figurées par la ligne jointe de nos deux articulations sacro-iliaques. Une zone d'appui représentée soit par les ischions, c'est-à-dire les deux os saillants sur lesquels nous reposons en position assise, soit par les pieds sur le sol, en position debout.

Lorsque nous partons en vacances, nous faisons réviser notre voiture pour ne pas tomber en panne, n'est-ce pas ! Alors pourquoi ne pas interroger ses patients et leur demander le plus simplement du monde : « Et vous, votre bassin, combien de révisions a-t-il eues depuis que vous marchez ? » La réponse, malheureusement, n'est pas l'expression d'un réflexe de prévention... Surtout ne culpabilisez pas ! Nous sommes tous semblables : nous partons en vacances avec les chaussures de jogging, la raquette de tennis, les clubs de golf, le vélo, etc., et, durant cette période de relâchement et de prétendu repos, nous surconsommons de l'activité physique. Nous nous limitons d'ailleurs à des activités essentiellement yin, sollicitant peu l'intellect, laissant le plus souvent à la ville les soucis et les préoccupations d'ordre professionnel ou culturel.

Et beaucoup d'entre nous s'étonnent encore de se trouver bloqués un jour alors que tout allait bien depuis quarante ou cinquante ans. J'aimerais leur répondre : « Remerciez plutôt d'avoir tenu jusque-là ! » En réalité, nous respectons bien mieux les choses matérielles que notre propre corps. Mais un jour, de guerre lasse, notre équilibre yin, notre bassin bascule et peu importent alors les années de tricheries et de compensations physiques, notre corps, lui, n'en peut plus.

À titre d'exemple, je suggère à ceux qui ne comprennent pas, de couper les pieds droits ou gauches d'une de leurs commodes ou ceux de leur table de salle à manger, puis de constater ce qu'il advient ! Le résultat semble évident : les tiroirs de la commode deviennent impossibles à ouvrir, quant à manger sur une table inclinée et voir rouler des petits pois, l'insolite de l'image parle de lui-même. Pour un bassin basculé, la problématique est identique. Les tiroirs vertébraux ne réagissent plus de la même manière et, juste au-dessus, le dos souffre, grince et peut se tordre.

Le professeur Yves Rocard, directeur du laboratoire de physique à l'École normale supérieure de 1945 à 1973, insiste dans ses travaux sur la radiesthésie sur l'existence dans le corps humain de six zones de réception de l'électromagnétisme terrestre : les arcades sourcilières, le cou, le pli des coudes, les attaches lombaires, le creux des genoux et la plante des pieds. Une zone sur laquelle j'insisterai volontiers. Elle permet en effet au patient de retrouver cet état d'homme debout, un homme planté dans le sol et « en connexion » avec celui-ci.

Les anciens, nos aïeux, nous indiquaient déjà la voie à travers le thermalisme. Puiser à la source l'eau régénératrice porteuse des qualités de la terre, s'y tremper et recevoir des applications de boue aux vertus thérapeutiques, constituaient autant d'éléments qui permettaient de se recharger, voire de guérir.

Dans le prolongement des thermes, j'ouvre ici une parenthèse sur le lien potentiel entre les forces telluriques et certaines pathologies. Voyons ce que l'on observe chez certains enfants nés en Bretagne et en Auvergne ou, parfois, simplement d'ascendances bretonne ou auvergnate : quelques-uns présentent en effet les symptômes de la luxation congénitale. Ces symptômes (torsion pelvienne ou bascule du bassin ; autrement dit une rotation des iliaques par rapport à l'axe reliant les deux articulations sacro-iliaques) apparaissent bien souvent dès la naissance. Le tellurisme granitique de ces régions en serait-il la cause ? Le Pays bigouden, notamment, est très souvent cité pour cette caractéristique. Comment cela se passe-t-il, que se transmet-il ? Pour l'instant il n'existe pas encore d'explications, mais le constat est établi. Et, pour le thérapeute, un « travail » sur la représentation yin des patients s'appliquera donc sur ce type de pathologies observées à la naissance.

De même, dans l'attitude scoliotique, un rétablissement rapide s'effectuera en une ou deux séances, prolongées par une surveillance annuelle, parfois biannuelle pour les enfants dont la croissance pourrait s'accélérer d'un coup.

Ou encore dans la même famille de pathologie, le rhume de hanche, dû notamment à une luxation non traitée ou à une bascule vers l'âge de huit-dix ans, se traitera assez rapidement (en deux ou trois séances avec une fréquence d'une séance par mois en moyenne).

Enfin, en ce qui concerne l'arthrose de la hanche chez l'adulte, lorsque l'os n'a pas été abîmé, un soin efficace arrivera à stabiliser l'évolution. Le patient remarchera normalement en rééquilibrant son bassin et en retrouvant un balancement identique sur les deux jambes.

Ainsi un traitement efficient permettra à chacun de retrouver son ancrage originel dans le sol, ancrage aussi bien mécanique qu'énergétique. C'est le nécessaire retour à nos fondations perdues, les racines de notre arbre de vie.

Pour conclure sur le yin, voilà qu'un jour une maman désespérée de l'évolution du comportement de son fils l'emmène à mon cabinet. Il s'agit d'un garçon nerveux qui ne peut pas se tenir tranquille, assis en classe, sans bouger de sa chaise. N'arrivant pas à se concentrer, il n'est plus attentif aux propos de la maîtresse qu'il dérange ainsi que ses camarades. Évidemment, ses notes s'en ressentent et son père le prend tellement en grippe qu'il sera même tenu d'aller habiter une bonne partie de son temps chez ses grands-parents.

L'ajustement de son bassin, fortement bousculé lors d'une chute à vélo un an auparavant, lui permettra d'être à nouveau assis tranquillement pour suivre ses cours et retrouver son niveau scolaire. Bien sûr, tout rentra dans l'ordre sur le plan familial.

Cet exemple d'une déstabilisation à tous les niveaux est l'archétype d'une perturbation violente de l'équilibre yin (une chute rompant les connexions avec les forces terrestres) venant perturber l'équilibre yang (l'état moral).

Le yang

Le principe yang correspond à la force cosmique, celle du soleil. On l'associe aux forces positives de l'univers, à la chaleur, à la sécheresse, à l'action et au sexe masculin. Certains considèrent qu'il est l'expression de la force de vivre. On pourrait aussi l'appeler la force intérieure, celle qui permet de désirer aller mieux et de croire en la guérison. La force qui permet de se battre, de chercher, d'oser se mettre en relation avec le monde extérieur, de communiquer avec les autres, proches ou moins proches, de parler à ses thérapeutes médicaux, paramédicaux, psychothérapeutes. D'avoir conscience de l'échange comme d'une force vive. Avec cet état d'esprit, certains trouveront une force dans le yoga, la méditation. Pour d'autres, cela sera dans la prière ou la pratique d'une religion, pour d'autres encore cela prendra la forme d'une philosophie de vie, un mode de libre pensée : positiver, croire en l'homme...

Voilà en particulier l'environnement idéal des pathologies des maux de tête et des migraines ! Elles sont en effet typiquement yang dans leurs problématiques car elles représentent souvent notre difficulté à accepter certaines pensées, ou idées, ou encore sentiments qui nous dérangent et qui représentent une contrainte. Par ailleurs, certaines pensées sont de véritables parasites pour notre métabolisme. D'où la nécessité de changer d'état d'esprit. Mais, pour y arriver, encore faut-il d'une part en avoir conscience et d'autre part avoir l'humilité de balayer devant sa porte, et donc d'effectuer comme un arrêt sur image pour repartir autrement.

Le yang c'est également, à l'aide du travail crânien appris en ostéopathie, l'espace qui permet de re-dynamiser les patients, c'est-à-dire de re-lancer l'énergie de la tête vers les pieds. En effet, le mécanisme respiratoire primaire anime tout le corps par les fascias (ou tissus) à partir de la boîte crânienne. Dans cette boîte crânienne se trouvent le cerveau, le liquide céphalo-rachidien et les membranes qui se conjuguent pour donner le mouvement en deux phases appelées respiration primaire, deux phases ressenties sous nos mains comme une extension rétraction. Appelée la dure-mère, une sorte de forte membrane assure la relation entre les os du crâne et ceux du sacrum.

Le yang, c'est bien sûr la relation avec le soleil, ou l'énergie solaire qui aide à synthétiser la vitamine D, élément indispensable à l'édification du squelette et, de ce fait, rempart contre le rachitisme.

Le yang, c'est donc la lumière, source de toute énergie sur la terre, mais dont l'homme ne capte en fait qu'une partie. En effet, il emmagasine son énergie par les produits de la photo synthèse. Il n'y a pas d'assimilation directe pour l'homme de l'énergie solaire. C'est donc dans sa nourriture composée de végétaux et d'animaux que l'humain puise cette énergie. Comme le monde animal est constamment plongé dans un bain cosmo tellurique, il reçoit les photons des ions négatifs et des molécules odoriférantes, facteurs de vitalité. C'est donc un apport essentiel de la nourriture de l'être humain et, par conséquent, justifie d'avoir conscience de notre hygiène alimentaire...

Prenons pour exemple de déficit yang celui de cette jeune femme, cavalière professionnelle, venue me consulter pour des douleurs généralisées dans les membres. La première hypothèse d'une maladie de Lime avait été fort heureusement écartée après analyses (maladie provoquée par l'empoisonnement d'une tique). Une seconde hypothèse, une spondylarthrite ankylosante (maladie rhumatismale inflammatoire), fut elle aussi écartée après examen.

Je lui fis donc une première séance. Indispensable pour le réglage du bassin, elle ne résolut rien, mais permit d'obtenir une base de travail saine pour la suite. Les deux séances suivantes débloqueront la situation par un travail crânien de dynamisation du liquide céphalo-rachidien. Agissant comme une mer intérieure dans le corps, celui-ci est perpétuellement mobile, fluctue et conditionne les mouvements des os du crâne. Par ailleurs, il protège le système nerveux, masse les tissus, véhicule les substances et évacue les déchets. Sa fluctuation est influencée par les pulsations du cerveau et par le jeu ininterrompu des membranes internes du crâne. Dans le cas de cette patiente atteinte bébé de craniosténose (soudure inopportune des os du crâne), une opération avait été nécessaire pour la pose de cales métalliques dont la présence empêcha la soudure totale des os du crâne au niveau de leurs sutures. Aucun travail crânien ne lui avait jamais été prodigué depuis cette opération. Ce fut chose faite, ce qui lui permit de ressentir, depuis le crâne jusque dans les pieds et les mains, la circulation d'un courant sous forme de fourmillements. La séance suivante objectivera l'installation de ce courant, de ce flux vital et sa circulation en un temps d'environ dix secondes : le mouvement respiratoire primaire était relancé.

À travers cet exemple, nous constatons que la libération du yang (blocage du crâne, donc des énergies du ciel) peut entraîner la libération du yin (connexion avec les membres inférieurs).

Le yin et le yang

Pour moi, yin et yang sont deux forces électromagnétiques opposées qui nourrissent et régissent le corps, deux forces qui permettent au patient de remonter son seuil immunitaire, de recouvrer ses forces propres et d'impulser des processus de vie, de mieux être, voire de guérison.

Le cas de la sclérose en plaques[1] relève typiquement de ce principe. Elle peut se traiter par un travail du bassin d'une part, afin que ceux qui en pâtissent ne se fatiguent pas outre mesure, grâce à cette stabilisation sur le sol, et à travers un travail yang de dynamisation crânienne d'autre part, pour relancer les énergies jusqu'aux pieds. Dès l'instant où ces deux « courants » sont à nouveau en phase, le patient peut envisager une stabilisation de sa pathologie.

Mes années de consultation et de recherche m'amènent à penser qu'inévitablement, à plus ou moins long terme, chacun de nous sera concerné par ce travail. Et, en tout état de cause, les pathologies classiques rencontrées dans mon cabinet passent et passeront par ces deux normalisations.

Il est évident qu'un nouveau-né sera d'abord et exclusivement traité au crâne. Les problèmes qu'il aura rencontrés dans sa vie intra-utérine (j'entends par là les difficultés, voire les épreuves morales, psychologiques ou physiques qu'aurait pu connaître sa mère au cours de sa grossesse) ou ceux qu'il vivra à sa naissance (passage difficile, cordon autour du cou, forceps, césarienne, etc.) laisseront des traces que l'on retrouvera dans le rythme crânien.

1. Voir page 193.

Par la suite, l'enfant fait l'apprentissage de la marche et « s'incarne ». En posant les deux pieds sur terre, il va trébucher, chuter et tomber à maintes reprises. Événements ou micro événements, l'histoire de ses chutes jalonnera sa croissance. À cela suivra la pratique des sports qui à son tour générera tensions, lésions, et autres blocages... il y aura des atteintes crâniennes bien sûr, mais le bassin, première pierre de l'édifice vertébral, s'il n'est pas traité aura à supporter des séquelles qui provoqueront en amont et en aval d'autres pathologies ; c'est donc un travail et, yang et yin et yin et yang que nous devons exécuter.

Deux exemples de ce travail :

— la scoliose : parfaite manifestation de la rencontre d'un déséquilibre yin et d'un déséquilibre yang, cette torsion du dos est la résultante d'un vissage crânien et d'un « contre vissage » pelvien (ou l'inverse). Par un travail spécifique, la correction interviendra rapidement et de manière spectaculaire parce qu'un maintien solide du bassin aura été obtenu en premier lieu. Ce qui permettra par la suite au travail crânien d'être particulièrement efficace.

— la lombalgie : aiguë ou chronique, est au départ d'ordre yin car elle est provoquée par une bascule torsion du bassin. Toutefois, même avec un bassin stabilisé, d'autres lésions se révéleront au grand jour, celles inscrites dans la mémoire de l'os, en amont, muettes jusque-là et compensatrices de ce déséquilibre, et qui, elles, sont d'ordre yang.

Conclusion

L'ostéopathie et la thérapie manuelle ont montré le lien entre le sacrum et le crâne lors des mouvements respiratoires du mécanisme cranio-sacré. Les deux opposés sacrum et crâne sont assimilables à la dualité chinoise yin et yang de la création et notamment à la dualité corps et esprit qui correspond à deux côtés opposés, complémentaires, indissociables qui se répondent et s'engendrent mutuellement.

Ainsi tout kinésithérapeute attentif pourra-t-il facilement observer qu'un très grand nombre de lésions sacro-iliaques sont consécutives à des tensions, des stress, des perturbations émotionnelles ou psychiques.

L'énergie peut circuler librement et le tonus des structures musculo-ligamentaires s'harmoniser en replaçant la sacro-iliaque dans sa position physiologique.

Rappels anatomiques pour une autre vision du corps

Pour faciliter la compréhension de cette méthode sur le plan mécanique et rendre plus lisibles les chapitres suivants consacrés aux pathologies, voici une brève présentation bio mécanique des parties du corps qui, à mes yeux, constituent les pierres angulaires de la thérapie proposée :

1. le bassin
2. la 5e lombaire
3. le crâne, sa base et les deux premières cervicales
4. les diaphragmes
5. les genoux
6. les chevilles
7. les muscles spécifiques : les spinaux, les abdominaux, le psoas iliaque, le pyramidal.

Le bassin

Planté debout, bien stable sur vos deux pieds, face à un miroir grandeur nature, les mains posées sur les hanches, vous pourriez être surpris de constater que vos mains ne sont pas à la même hauteur !

Certains professionnels de la santé affirment que ce déséquilibre révèle un problème de longueur de jambe, mais alors, dans ce cas, nombre de nos congénères ont une jambe plus courte que l'autre. Hérésie totale ! Que les fabricants de talonnette me pardonnent, tout autant que les prescripteurs... Ce décalage se situe en réalité à hauteur du bassin et, de façon plus précise, au niveau des crêtes iliaques.

Explication : vu de face, le bassin est constitué des deux os iliaques encadrant le sacrum. Imaginez les deux ailes et le corps d'un papillon ! Les bases des os iliaques s'appellent les ischions et servent d'appuis en position assise.

Le sacrum, formé de cinq vertèbres soudées, se prolonge vers le bas par le coccyx, lui-même composé de trois ou quatre vertèbres selon les individus.

De profil, sacrum et coccyx figurent le gant d'une main dont le creux regarde vers l'avant. Entre les os iliaques et le sacrum se nichent deux articulations sacro-iliaques avec leurs ligaments, véritables amortisseurs pour les bipèdes que nous sommes. Sur la partie antérieure du bassin, ces deux iliaques s'articulent au niveau du pubis où se fixe le ligament pubien. Prenons un exemple ! Quand une femme accouche, son bassin s'écarte pour laisser passer l'enfant. Ce phénomène peut s'opérer physiologiquement grâce aux ligaments qui s'étirent comme deux élastiques.

Enfin, de la partie inférieure des iliaques, appelée ischion, naissent deux formations musculaires qui, tels des haubans, s'accrochent à la pointe du coccyx : les muscles ischio-coccygiens.

Ces termes barbares pour le néophyte demeurent indispensables à la compréhension et à la visualisation de ces deux zones qui constituent le corps de notre papillon : une zone souple avec le coccyx ; une zone plus rigide et plus dense avec le sacrum et les deux os iliaques. Cette bonne appréhension du bassin vous permettra d'une part de mieux percevoir mes arguments quand je dénoncerai certaines pratiques et, d'autre part, de mieux comprendre les solutions ou les propositions de mon approche thérapeutique.

Démonstration : les deux os iliaques, dans la position idéale d'équilibre, ont pour mission de protéger le coccyx. Quand nous tombons, notamment sur le coccyx, les parties atteintes se résument, essentiellement, à la charnière entre le sacrum et le coccyx, et aux ischions. Le coccyx, si souvent injustement soupçonné, n'est, lui, réellement affecté que lors d'impacts d'objets saillants ou contondants. Lors d'une chute, nous tombons donc généralement sur un ischion ou sur les deux, mais rarement avec une symétrie parfaite et une intensité identique. La répercussion du choc, quant à elle, se prolongera dans les ligaments sacro-iliaques et pubiens, créant une véritable torsion du bassin dans l'espace.

Notez que le bassin est une boîte à trois côtés, triangulaire et déformable. Quand un enfant chute, la souplesse de ses ligaments et leur élasticité permettent un juste repositionnement du bassin à l'équilibre. En revanche, à l'âge adulte, le grippage du bassin est la conséquence des multiples chutes qui, avec le temps, génèrent ce que je nomme des « bascules/torsions » du bassin, elles-mêmes de plus en plus intenses et qui finissent par se fixer. Le bassin se fige alors et devient fibreux. Il perd de son efficacité, de sa solidité, de sa souplesse et, au final, son équilibre.

Par voie de conséquence, la rigidité de notre principale zone d'appui va, par résonance, induire des compromis dans les régions anatomiques périphériques qui, en amont comme en aval, vont devoir s'adapter et tricher.

Dès lors, pour le thérapeute, les zones à libérer en priorité sont dans l'ordre : les sacro-iliaques, le sacrum et enfin le coccyx, c'est-à-dire un traitement hiérarchisé qui part de la zone la plus dense vers la zone la plus souple. Raison pour laquelle je désapprouve totalement les techniques directes exercées sur le coccyx, et tout particulièrement celles opérées par voie anale, justifiées par certains praticiens soi-disant pour remettre le bassin en équilibre. C'est d'un illogisme déconcertant et, au-delà de l'hérésie technique, constitue une véritable agression physique voire psychologique pour beaucoup de jeunes filles et de femmes dont j'ai recueilli le témoignage.

Si nous revenons maintenant à notre position devant le miroir, la différence de hauteur des mains sur les hanches va donc signifier pour le thérapeute que la crête d'un os iliaque est plus haute que l'autre.

L'observation anatomique de l'os iliaque de profil pourrait être comparée à la photographie d'une oreille dont le pavillon (partie supérieure de l'oreille) serait plus proéminent vers l'avant.

Lors de nos chutes sur les fesses, l'impact sur les ischions provoque une rotation postérieure des os iliaques. Toutefois, nous tombons la plupart du temps sur un côté plus que sur un autre. Avec les années, la somme des chutes créera une inégalité de positionnement des deux os iliaques, impliquant une différence de hauteur au niveau de la taille. L'iliaque qui sera en rotation postérieure plus marquée aura son articulation sacro-iliaque plus basse et sa crête au niveau de la taille plus haute.

Paradoxalement, une crête plus haute va donner une fausse jambe courte et inversement une crête plus basse une fausse jambe longue. Quel que soit le côté, Mesdames les couturières, enfilez votre dé ! Il est des ourlets de pantalons à reprendre !

Toutes ces erreurs de mesure nous amènent inéluctablement et malencontreusement vers la prescription de la fameuse talonnette.

Voici deux exemples pour illustrer l'importance du discernement thérapeutique : talonnette, avec ou sans... et conséquence.

« *Talonnette et ischionnette* »

Avant tout, que l'on ne se méprenne pas sur ce qui va suivre ! Les talonnettes sont indispensables dans les cas de réelles différences de longueur des membres inférieurs, constatées notamment lors de certaines fractures ou pour des maladies comme la polio.

En revanche, pour corriger les maux de dos d'origine rhumatologique par exemple, le port des talonnettes ne s'appuie sur aucun postulat scientifique. Pourquoi donc maintenir les patients en constant déséquilibre alors que l'étude de l'anatomie nous enseigne clairement l'existence d'un équilibre naturel dans notre bassin ? N'est-ce pas jouer avec le feu que d'user de talonnettes de manière systématique quand on sait que le port injustifié de talonnettes provoque des compensations par résonance dans d'autres zones de l'organisme qui, à leur tour, pourront avoir des effets secondaires.

Mon objectif à travers ce livre est de démontrer que ce sont les articulations sacro-iliaques qui sont à l'origine de la plupart des désordres du bassin. De fait, mesurer un membre depuis la crête iliaque est une erreur d'autant plus grave que lorsque ce membre inférieur (la jambe) est situé du côté de la crête iliaque la plus haute, il est alors considéré, souvent à tort, comme le plus long. La conséquence directe de cette erreur est que la talonnette est appliquée… du mauvais côté !

En effet, comme nous l'avons vu précédemment, la rotation de l'os iliaque peut tout fausser. D'ailleurs, en poussant l'absurde un peu plus loin, l'observation de la « bascule/torsion » du bassin étant identique en position debout comme en position assise, il serait logique de proposer aux patients possédant une talonnette de compléter leur panoplie avec la mise en place d'une « ischionnette » en position assise ?

Et c'est ainsi que j'ai invité nombre de mes patients souffrant d'un déséquilibre du bassin à se débarrasser de leur talonnette. Effectuant sur eux un travail de rééquilibrage, les résultats, sans surprise, ont été éloquents.

Monsieur S.

Monsieur S. est autrichien. Marié à une femme d'origine française, il partage son temps entre la France et l'Autriche. Alors que son épouse préfère se faire soigner dans l'hexagone, lui est resté fidèle à ses médecins autrichiens. Un jour où, comme à l'ordinaire, il accompagne son épouse à mon cabinet, il me témoigne de ses douleurs de dos, anciennes et récurrentes, et de son genou qui le gêne depuis un an. J'apprends qu'il est suivi par un orthopédiste de son pays qui, impuissant, souhaiterait l'hospitaliser pour comprendre sa spirale de douleurs ! Puis, il me dit n'avoir eu aucun antécédent traumatique aux membres. Enfin, quand il me parle de la pose d'une talonnette sous sa jambe souffrante, je lui propose un bilan du bassin en l'observant en position debout, puis en position assise.

Je constate alors une inclinaison de la ligne joignant les articulations sacro-iliaques et quand je lui demande de quel côté est posée sa talonnette, je découvre avec stupéfaction que c'est sous la fausse jambe longue ! Après lui avoir fait part de l'erreur commise, il ose m'avouer qu'en réalité il souffre du genou de cette même jambe depuis un an, et plus précisément depuis la pose de la talonnette !

Pour le coup, sa « fausse » jambe longue était devenue une « vraie » jambe longue ! Dès lors, pour protéger son dos et rendre à cette jambe une taille plus normale, il avait, de lui-même et inconsciemment, triché en fléchissant le genou, créant alors un conflit entre la rotule et le fémur.

La suppression de la talonnette et les réglages, tant du bassin que du genou, lui enlevèrent toutes ses douleurs. En revanche, son dos avait entre-temps, et par compensation, développé un problème discal. Exemple typique de l'hérésie dénoncée ! Le travail positif d'équilibrage du bassin et la disparition des douleurs du genou avaient révélé cette douleur discale que nous avons pu ensuite libérer. Six mois, six séances auront été nécessaires pour tout corriger, douleurs et compensations...

Monsieur N.

Autre exemple aussi édifiant, mais d'une tout autre nature...

Monsieur N., jeune informaticien de trente ans, a déjà visité trois services orthopédiques parisiens sans que l'on puisse ni supprimer, ni soulager ses souffrances. Il vient donc me consulter chargé d'un passé manifeste de douleurs et de blocages : dix ans de lombosciatique et deux opérations de hernie discale !

À l'interrogatoire, il me révèle un antécédent de fracture du fémur avec perte de substance osseuse, soit la perte d'un centimètre de longueur d'os. Et pour compenser ce déficit de matière osseuse, rien ne lui avait été prescrit !

Je lui propose donc d'équilibrer son bassin pour qu'il puisse travailler normalement en position assise, et sans fatigue, face à son écran d'ordinateur, bien posé sur ses deux ischions (les pointes osseuses sous les fesses). En revanche, pour la position debout, je lui ai demandé de porter une talonnette bien adaptée pour compenser la différence bien visible entre ses deux jambes.

Un mois après, lors d'une séance de contrôle, il me témoignait ne plus souffrir du tout.

La 5e lombaire

La « fameuse L5 » reste en tête du palmarès des manipulations. Si souvent replacée, elle bénéficie rarement d'un complément de travail au niveau du bassin. Trop négligé, celui-ci se déplace de nouveau à la moindre occasion. Par manque de solidité et de souplesse, il se réinstalle dans ses lésions. Pourtant, le bassin constitue véritablement le plancher sur lequel repose cette vertèbre clé.

Sur un plan biomécanique, on dit couramment que tout le poids du tronc repose sur la 5e lombaire. C'est faux ! Un maximum de contraintes s'exerce sur les 2e et 3e lombaires car la ligne de gravité passe en réalité au centre de leurs corps vertébraux. En dessous, au niveau de la 4e lombaire et bien sûr de la 5e, une partie de ce poids va être absorbée par deux ligaments puissants, les ligaments iliolombaires, reliant les os iliaques à ces deux vertèbres (L4, L5). De profil, le sacrum est incliné vers l'avant ; c'est donc sur cette pente que prendra appui la courbure lombaire.

Imaginez ces ligaments comme deux bretelles empêchant les deux vertèbres de partir vers l'avant. Si les deux os iliaques sont au même niveau, ces deux ligaments, de tensions équivalentes, auront alors un rôle de stabilité essentielle, une sorte de verrou mis en place pour justement nous protéger.

Quant à la 5e lombaire, considérez-la comme un roulement à bille et imaginez-la lors de la marche, ou bien à l'occasion d'une course, effectuant des circonvolutions sur le plateau du sacrum comme le ferait le pied d'un patineur dont le patin est figuré par le disque lombo-sacré L5/S1 (5e lombaire/1re sacrée).

Désormais, n'appréhendez plus le blocage de cette « fameuse L5 » comme une finalité en soi, mais bien comme une indication ou plutôt une sonnette d'alarme émise par le corps pour annoncer, voire corriger d'autres désordres !

Voici, pour illustration, un cas typique de 5e lombaire en souffrance et « sur » manipulée, sans que le bassin ait été au préalable ni rééquilibré, ni stabilisé dans la durée.

Arnaud Tournant

Arnaud Tournant, cycliste sur piste, onze fois champion du monde, une fois champion olympique et doublement médaillé aux derniers Jeux d'Athènes.

C'est son entraîneur, Gérard Quintyn qui, ayant eu vent de cette méthode, prit rendez-vous. Son poulain vint pour la première fois en février 2003. Il sortait d'une période de repos obligatoire prescrite médicalement et souffrait d'une sciatique du côté gauche jugée insuffisamment invalidante pour être opérée. Il est vrai qu'à son niveau de compétition, toute opération représente une prise de risque réelle, celle de ne plus pouvoir atteindre les sommets.

Au bout de quelques mois, l'option choisie du repos forcé ne portant pas ses fruits, aucune amélioration ne se faisant sentir et son bassin ne s'en trouvant pas remis pour autant, Arnaud Tournant arrive à mon cabinet pour une première visite. Je dénote d'emblée une bascule du bassin d'un centimètre et demi. À cela s'ajoute son témoignage : il souffre depuis trois ans de lombalgie et a subi des manipulations fréquentes de la 5e lombaire, manipulations censées repositionner la vertèbre. C'est un homme d'une musculature impressionnante. En développé couché, il porte des charges de plus de 100 kg ! Quant aux squats (flexions/extensions des genoux, effectuées debout), leurs charges sont proches de 200 kg !

Pour moi, le diagnostic est clair : la « fuite » de sa 5e lombaire résulte de l'inclinaison de son bassin à laquelle s'ajoute une musculature très puissante, le tout menant logiquement vers une hernie discale. Pensez à une cerise coincée entre deux de vos doigts ! Plus vous la pressez, plus vite le noyau va gicler !

Entre février et mars, je le vois à cinq reprises et ses douleurs, lombaires et sciatiques, disparaissent totalement. Puis, un jour, il m'appelle paniqué car il ressent des douleurs violentes entre les omoplates. Je le reçois une nouvelle fois et en une séance ces douleurs disparaissent elles aussi. Pourquoi ? Eh bien, la raison en est simple ! Il avait, pendant des années, adopté sur son guidon une position contrariée par sa bascule du bassin, et ses vertèbres dorsales avaient peu à peu opéré une compensation. Le simple fait de re-positionner son bassin en équilibre a provoqué, en toute logique, une réaction en chaîne sur des lésions établies de longue date. En fait, un temps de « déprogrammation » des lésions est incontournable et parfois douloureux, selon les cas et les personnes.

Trois mois après ce travail, il participait aux championnats du monde à Stuttgart (juillet 2003) et obtenait une médaille de bronze en individuel et une médaille d'argent par équipe !

Cette médaille de bronze a eu pour lui « valeur de médaille d'or » (il en a témoigné dans le journal *L'Équipe* en juillet 2003)... Durant son immobilisation forcée, quelques mois avant ce grand rendez-vous de Stuttgart, il avait réellement craint voir sa carrière suspendue. Quand un sportif se sent diminué, ses sensations, ses capacités s'effritent, le moral en prend un coup ! Alors ces médailles sont bien la preuve que la réversibilité de certaines pathologies reste possible.

Fin 2003, à partir de la septième séance, Arnaud ne ressentait plus la position tordue qu'il avait depuis si longtemps sur son vélo. Cette méthode de soins lui a donc permis d'effacer tous ses traumatismes passés et d'initier un travail de reconstruction. Le 26 mai 2004, Arnaud Tournant renouait avec l'or aux derniers Championnats du monde, puis fut sélectionné en équipe de France pour les Jeux olympiques d'Athènes (juillet 2004).

Le crâne et sa base (l'occiput) et les 2 premières cervicales (l'atlas et l'axis)

La tête est une sphère en appui sur l'anneau de l'atlas, la première cervicale. Le crâne, par l'intermédiaire de sa base (l'occiput), pivote autour de l'axe vertical de l'axis, qui est l'apophyse odontoïde. Véritable tour d'observation mobile, il pivote telle une tourelle de char que représente l'association des trois formations anatomiques (occiput/atlas/axis). Mais à l'inverse du char dont la tourelle va rester parallèle à l'inclinaison du terrain, nous, nous allons adapter et mobiliser nos articulations cervicales moyennes et inférieures pour maintenir le regard horizontal et cela lors de chaque modification de l'équilibre de notre corps. Mais si le bassin est déséquilibré et cela depuis un certain temps, l'adaptation des étages cervicaux inférieurs va entraîner frottements, conflits, frictions, douleurs et arthrose à long terme ; ceci n'excluant pas d'ailleurs l'existence de conflits dans les étages cervicaux supérieurs très fréquemment rencontrés (occiput, C1, C2). Dans ce contexte-là, toute pratique sportive, la simple marche et les différents efforts que nous impose la vie quotidienne vont être emmagasinés dans le corps et contracter une dette que nous paierons tôt ou tard.

Voici justement le cas de deux amis qui portent haut les couleurs de la France dans le domaine de l'équitation : Éric Levallois et Éric Navet. L'un comme l'autre souffraient de cervicalgies récurrentes et douloureuses.

Quand on atteint le niveau le plus élevé de la compétition, la moindre modification du parcours de sauts d'obstacles ou la moindre perte de temps dans le déroulement de l'épreuve peuvent être fatales. La reconnaissance du terrain en préambule du concours, bien que très minutieuse, n'enlève rien à l'immense sollicitation des cervicales qui va suivre lorsque le cavalier se trouve en selle. La nuque, en effet, va devoir gérer l'effort au moment de l'action proprement dite du passage de l'obstacle, puis la vision du parcours et, enfin, l'anticipation des barres suivantes. Par conséquent, durant le parcours, la tête tourne sans cesse, en tout sens, avec une nuque tendue, voire cassée lorsque le cavalier s'avance sur l'encolure.

Vous comprendrez que la cervicalgie est une pathologie redoutée chez ces sportifs hippiques. Ils ont besoin d'une nuque souple, disponible et réactive. Si au contraire cette zone les fait souffrir, cela peut compromettre à un dixième de seconde près leurs prestations dont les enjeux sont considérables. Le repositionnement initial du bassin et la libération des cervicales sur deux, trois séances ont permis à chacun de se libérer de souffrances parfois très anciennes. Par la suite, assis en bonne position sur leur selle avec deux étriers de même longueur, ils pouvaient entretenir le résultat obtenu par une musculation de leur dos la meilleure possible dans l'exercice de leur sport.

Éric Navet et Éric Levallois, membres de l'équipe de France d'équitation, ont remporté la médaille d'or par équipe aux derniers championnats du monde de Jerez (Espagne).

Une naissance difficile : dix-huit ans de brouillard

Autre exemple d'une tout autre nature, présenté à travers le cas d'une jeune fille de dix-huit ans. Cette jeune personne était accompagnée de sa grand-mère, une de mes patientes. Celle-ci ressentait dans le comportement de sa petite-fille la nécessité d'une aide extérieure.

En effet, l'adolescente se tenait la tête baissée, les épaules enroulées, cachant sa poitrine, les pieds et les genoux en dedans, timorée et timide.

Après un rapide travail sur son bassin, rapide car la nécessité de travailler sur son crâne se faisait sentir, je fus surpris de constater une dureté, une fixation entre le crâne et la première cervicale.

Imaginez une orange posée sur un rond de serviette ! Bien que ces deux éléments ne soient pas soudés l'un à l'autre, aucune pulsion de vie ne se manifestait entre les deux.

En réalité, cette jeune fille connut une naissance longue et difficile, un accouchement de plus de vingt heures. Quant à moi, il me fallut près de trois quarts d'heure de travail sur la base de son crâne pour ressentir une stimulation du mouvement respiratoire primaire.

Le résultat fut spectaculaire. Une semaine plus tard, ses parents recevaient un appel téléphonique du directeur de sa formation professionnelle, étonné par son changement. De timorée et timide, elle était devenue enjouée et ouverte aux autres.

Sur le plan physique, sa grand-mère m'informa qu'elle s'était redressée, du dos comme des membres et, pour la première fois de son existence, regardait devant elle, droit dans les yeux. Une seule séance avait permis à cette jeune fille de sortir de dix-huit années de brouillard. Ce fut pour elle et son entourage comme une seconde naissance.

Les 3 diaphragmes et leur unité

Les diaphragmes sont des membranes jouant un rôle de tamis. Elles sont composées de muscles, eux-mêmes servant de plancher à certains organes.

Trois niveaux retiennent particulièrement mon attention :

— le diaphragme pelvien
— le diaphragme respiratoire
— le diaphragme crânien.

Le diaphragme pelvien, tamis horizontal, supporte les organes du bas-ventre. Il réagit au rythme du mécanisme respiratoire primaire par l'intermédiaire du sacrum.

Le diaphragme respiratoire sépare les poumons de la cavité abdominale. Principal acteur de l'inspiration, donc de la respiration, il est le muscle le plus puissant du corps, surnommé le « *cœur veineux* ». Il est également le principal responsable des fatigues et troubles divers liés à la circulation des retours veineux et lymphatique.

Le diaphragme crânien est une membrane horizontale qui supporte le cerveau et recouvre le cervelet. On l'appelle la tente du cervelet.

À tout cela s'ajoutent les fascias dont le rôle est si important que les ostéopathes en ont fait « *leurs partenaires précieux* »[1].

Terme générique attribué à la famille des tissus conjonctifs « mous », les fascias représentent nos partenaires fibreux : ce sont tendons, ligaments, membranes, aponévroses et autres méninges que nous connaissons tous, et d'autres aux appellations spécifiques comme péritoine, mésentère, épiploon, dure-mère, faux du

---

1. Voir Lionelle Issartel et Marielle Issartel, *L'Ostéopathie exactement.*

cerveau (qui sépare les deux lobes), tente du cervelet, etc., moins familiers au public.

La raison d'être du fascia est de joindre les os, les muscles, les viscères, les glandes et les structures nerveuses. Plus ou moins fibreux, lâche et liquide selon sa fonction, il demeure sans rupture, tissu continu reliant tout à tout. Quand les fascias ont la possibilité de s'exprimer, c'est la mémoire du corps qu'ils racontent. Ils ne sont pas habitants de nos corps, ils sont « la trame de la vie, la demeure dans laquelle la vie séjourne » [1].

Lors de l'inspiration, les trois diaphragmes, telles des coupoles, s'abaissent, puis remontent à l'expiration, et cela continuellement, reliés qu'ils sont par les fascias.

La configuration idéale d'équilibre, et mieux encore, d'harmonie du corps, s'exprime lorsque ces trois diaphragmes sont parallèles les uns aux autres. On comprend alors tout le bénéfice que le corps peut en tirer. L'homéostasie (la stabilisation des différentes constantes physiologiques) s'opère car le cadre osseux (l'armature des tamis) et les tamis sont en phase, la respiration est fluide et l'énergie circule librement.

Ces trois diaphragmes, ou cloisons, nécessitent un fonctionnement unifié. Grâce au travail initial du bassin par le MPO, ils vont pouvoir travailler en parallèle.

Ainsi, et nous en comprenons aisément la raison, de nombreux patients, chanteurs professionnels, m'ont témoigné perfectionner leurs techniques de chants depuis qu'ils prirent conscience de l'importance d'un meilleur appui possible dans leur bassin.

---

1. A.T. Still, Médecin, précurseur de l'ostéopathie aux États-Unis, 1874.

Madame V.

Un exemple : Madame V, soixante-cinq ans, cantatrice et professeur de chant, venue précisément me consulter pour un problème de diaphragme.

« Je souffre d'arythmie cardiaque depuis ma naissance, me dit-elle, et, actuellement, de blocages de mon diaphragme. »

Je ne pus retenir mon étonnement en apprenant son métier. Elle me répond avoir pallié ce déséquilibre par une intense activité professionnelle dans le chant. L'interrogatoire me précisa par la suite des informations essentielles, comme son poids de naissance (dix livres !). Or il y a soixante-cinq ans les monitoring n'existaient pas !

Les tests de kinésiologie révélèrent, là aussi, une naissance particulièrement difficile, ce qu'elle me confirma. Je commence alors son traitement par un travail d'équilibrage du diaphragme pelvien (approche MPO du bassin). Puis je m'applique à la zone crânienne quand, soudain, sa respiration s'accélère. Elle ressent un malaise. Son cœur s'emballe. Sa vue se brouille. Tout en travaillant son crâne, je la fais respirer amplement et calmement. Et c'est alors qu'elle voit une intense lumière et, petit à petit, tout rentre dans l'ordre. Sa respiration se calme et son arythmie s'apaise.

Depuis cette séance, Madame V. respire tout à fait normalement et son arythmie cardiaque a disparu. En réalité, il s'était passé dans cette séance un événement important. Elle avait revécu sa naissance et ressenti l'émotion de ce passage éprouvant.

Les genoux

Ce sont des articulations portantes qui nous aident à marcher, à courir, à fléchir et à nous redresser. Sans revenir sur l'anatomie du genou communément étudiée (os, muscles, ligaments et ménisques), retenez surtout l'existence de deux muscles, muscles fléchisseurs et mono articulaires (actif sur une seule articulation) : le muscle poplité et le muscle court biceps. Ces deux muscles sont en fait essentiels pour moi dans le traitement des pathologies (genou bloqué en flexion, c'est-à-dire incapable de se tendre) car, dans leur vocation, ils aident ces genoux « contrariés » à tricher dans le cas où le corps cherche à s'adapter à ce fameux déséquilibre du bassin. Suivant les pathologies, ils peuvent s'adapter aussi bien en position raccourcie qu'en position allongée.

Sylvaine

Exemple : Sylvaine est une grande et jeune femme ravissante de vingt-trois ans. Depuis quelques années, elle a du mal à prendre appui sur son genou gauche car parfois il se dérobe sans crier gare et part vers l'arrière, surtout dans les actions qui font appel aux automatismes.

Elle a subi une opération plus diagnostique que thérapeutique. Cette intervention n'a évidemment rien décelé, ni arrangé.

Cette patiente sent une instabilité chronique et un périmètre de marche limité. De surcroît, la fatigue favorise ces dérobements. Elle qui aimait danser s'en voit privée. Jusqu'au jour où un médecin lui déclare que tout cela est psychologique…

C'est alors qu'un de ses amis cavaliers me l'a adressée.

J'ai pu constater une forte bascule de son bassin, en position basse du côté du genou souffrant. Toute la chaîne musculaire des muscles fléchisseurs de son genou, donc la chaîne postérieure, était perturbée, avec sidération (perte d'activité) des deux muscles mono articulaires, poplité et court biceps. Une sorte de court-circuit dû au bassin se manifesta comme si l'élastique reliant l'iliaque au tibia, victime du raccourcissement de la distance, s'était détendu. Cette jambe était devenue faible par manque de repères.

Sans antécédent traumatique, mais ayant subi un éclatement de sa famille depuis la séparation de ses parents, Sylvaine pouvait légitimement être en perte de repères, de sécurité, et donc de paix. Son corps l'exprima par ces différents désordres.

Après trois séances, Sylvaine recouvra toutes ses sensations et possibilités.

Les chevilles

Les os cuboïde et astragale (situés à l'extrémité des membres inférieurs) sont les deux os que je travaille systématiquement dans les cas d'entorses. Dans ma pratique, le cuboïde représente aussi la clé de l'adaptation du pied dans le cas des dites fausses jambes longues ou courtes, et sera aussi repositionné après un travail du bassin.

Quelques muscles spécifiques

Les muscles du tronc

La chaîne postérieure du dos se compose, entre autres, des muscles spinaux profonds : les transversaires épineux, les épi-épineux et les inter transversaires. Muscles extenseurs et non faits pour déplacer la colonne, ils corrigent constamment voire rééquilibrent les déplacements vertébraux.

Quant à la chaîne antérieure du dos, à laquelle appartiennent les abdominaux, elle va favoriser la flexion de la colonne.

À terme, et en agissant ensemble ces deux chaînes ne peuvent éviter de tasser la colonne. Les spinaux augmentent les lordoses (ou cambrures), la chaîne antérieure augmente les cyphoses (ou voussures).

On demande souvent aux patients, mais à tort, de se muscler le dos. Si on analyse le rôle des muscles de la colonne lombaire, on s'aperçoit qu'ils sont comme la corde d'un arc qui en se tendant va rapprocher les extrémités de l'arc et donc augmenter la lordose. Cela va favoriser également le pincement discal postérieur, le tassement de la colonne, la perte de mobilité ainsi que des contraintes sur les articulations inter apophysaires postérieures. Muscles de la vigilance, les spinaux ne doivent pas effectuer de travail constant.

Je conseille à mes patients une autre approche de la musculation, à travers la dynamique de leur corps, quand ils se lèvent le matin, quand ils marchent ou encore pendant leurs exercices respiratoires [1].

Le psoas iliaque

C'est un muscle qui, pour moi, représente une clé de voûte dans certaines pathologies des lombaires et du bassin : lumbago, lombosciatique, arthrose de hanche, psoïte… Le traiter, le drainer ou l'étirer représente une valeur ajoutée pour soulager, voire guérir ces pathologies.

Le pyramidal

C'est un muscle rotateur externe de hanche. Il va du sacrum au fémur en passant en arrière du bassin et peut par

---

1. Voir page 262.

sa contracture fréquente provoquer une réaction douloureuse sur le nerf sciatique qui se manifestera dans la fesse et dans la cuisse. Cette atteinte musculaire est parfois confondue avec la vraie sciatique. Je le travaille systématiquement dans les déplacements du sacrum.

Formations et thérapies manuelles, création du MPO

En préambule aux principes de cette méthode originale appelée MPO (ou Modelage Postural Ostéo-tendino-aponévrotique), voilà un rapide tour d'horizon des techniques de kinésithérapie, d'ostéopathie et des formations complémentaires que j'ai pu suivre : la méthode Mézières, la micro kinésithérapie et la kinésiologie.

La kinésithérapie

Cette technique permet d'associer des soins manuels de massage à des soins de physiothérapie (ionisation, ultrasons, ondes courtes, etc.) pour des affections de type traumatologique (entorses, fractures...) et d'autres d'origine rhumatismale (maux de dos, tendinites, inflammations...).

Elle propose également une rééducation par le mouvement dont il existe deux modes : le mouvement passif, effectué par le kinésithérapeute, et le mouvement actif, une gymnastique rééducative effectuée par le patient sous la direction du thérapeute.

À mes yeux, la kinésithérapie se justifie pour tout ce qui est de la récupération posttraumatique et post opératoire, mais présente de réelles limites pour ce qui est d'ordre rhumatismal. À travers mes consultations, j'ai pu constater des milliers de fois que son approche ne traite que momentanément et partiellement les effets des troubles et jamais leurs causes. Il ne faut donc plus s'étonner que les souffrances de certains deviennent récurrentes et de plus en plus invalidantes.

L'ostéopathie

C'est une approche manuelle de libération du corps dont l'unité de celui-ci est le principe. Elle intervient sur la globalité des structures articulaires, viscérales et sur les tissus musculaires et ligamentaires.

Il en existe plusieurs écoles. Certaines appliquent des techniques de type structurel qui induisent des actions manipulatives, parfois brusques, pour des normalisations (c'est-à-dire de simples repositionnements articulaires).

D'autres agiront de manière plus douce en utilisant le mouvement et la respiration, et certaines d'entre elles centreront leur action sur le mécanisme respiratoire primaire naissant dans le crâne (le MRP). Pour ces dernières écoles, la perturbation du MRP serait à l'origine des désordres observés. Le crâne, les vertèbres et les articulations périphériques (bassin compris) étant parties prenantes du dit mouvement.

Approuvant la nécessité d'une restauration du MRP, aussi bien chez l'enfant que chez l'adulte, les techniques crâniennes de l'ostéopathie constituent, de fait, l'un des éléments essentiels dont bénéficie mon travail.

En revanche, l'approche du bassin par des techniques manipulatrices trop rapides ou trop brusques ne peut laisser espérer la suppression des années de mauvais positionnement et de contraintes.

Aujourd'hui, nous constatons globalement que l'ensemble des personnes qui prennent rendez-vous dans nos cabinets a un dénominateur commun : l'instabilité du bassin. La déminéralisation, le stress, les pollutions électromagnétiques, la fragilisation des tissus sont autant d'éléments favorisant cette instabilité. Il importe donc de le stabiliser et de le consolider suffisamment dans le temps pour obtenir ensuite une action crânienne efficace.

La méthode Mézières

Françoise Mézières propose des postures d'étirement global associées à de la respiration qui permettent de rendre aux muscles leur longueur. Pour elle, en effet, les problèmes du corps, du dos et des articulations viennent d'excès de tensions, surtout présents dans la musculature postérieure du tronc et des membres.

Sa méthode m'a éclairé sur certains désordres des articulations et du dos qu'il ne fallait pas muscler à nouveau, mais allonger, c'est-à-dire étirer.

La micro kinésithérapie

Elle s'appuie sur les micro mouvements existants dans tous nos tissus et sur la mémoire qui y est inscrite. Quand ces mouvements sont inexistants, aussi bien dans les tissus nerveux, viscéral et musculaire, il faut les restaurer par de simples et douces pressions tactiles. Cette formation m'a révélé le postulat de la mémoire tissulaire et l'interaction entre ces trois tissus à l'origine embryologique commune.

La kinésiologie

C'est une approche de l'inconscient du patient à travers des tests musculaires. En effet, la modification de l'intensité musculaire permet d'obtenir des informations sur ce dont souffre le patient. Ces tests mettent en évidence l'existence de causes traumatiques ou physiques comme émotionnelles et affectives fréquemment associées aux problèmes rencontrés.

Je me sers des tests kinésiologiques pour affiner mon diagnostic. Cela me permet, pour certains de mes patients, de mettre en évidence des blessures jusque-là masquées ou ignorées. Le patient peut alors prendre conscience de la part de libération émotionnelle qu'il a à aborder pour initier la guérison du mal physique dont il souffre.

Nous demeurons tous plus ou moins conditionnés par des émotions passées qui nous empêchent de vivre pleinement le moment présent. Le corps a une mémoire cellulaire (ADN) qui programme nos comportements organiques et affectifs. Ces stress mémorisés, dont on a partiellement ou totalement oublié la réalité, peuvent être réactivés par une sensation ou une émotion. Cela explique les états de mal-être qui se renouvellent indéfiniment.

La solution consiste à désamorcer le processus en remontant à l'origine des comportements. Ce qui semblait jusqu'alors un cheminement long et pénible est devenu une exploration accessible grâce aux tests musculaires. Le kinésiologue peut ensuite accompagner le consultant à la découverte des causes de ses problèmes. Avec une méthodologie simple, synthèse de concepts de neuropsychologie et d'énergétique, le praticien donne à son patient le moyen de générer une ou plusieurs prises de conscience qui lui permettront, dans un processus de guérison, de faire évoluer son échelle de valeur pour construire sa propre vie dans un sens positif.

Ces tests passent outre le contrôle de l'hémisphère gauche du cerveau pour accéder directement à la conscience de l'hémisphère droit.

Nous possédons deux cerveaux. Le gauche, cognitif et rationnel à la surface, qui est le siège de la pensée et du langage. Le droit, qui est le cerveau émotionnel en profondeur, contrôle la physiologie du corps, le rythme cardiaque, le bien-être psychologique, la tension artérielle, l'appétit, le sommeil, la libido et le système immunitaire.

La confiance est accordée à l'intelligence du corps qui nous met en relation avec les forces de vie plutôt qu'avec le mental toujours enclin à ressasser le passé.

Le principe est similaire à celui de l'acupuncture ! De même qu'il y a de l'eau dans l'océan, il y a de l'énergie dans le corps, et de même qu'il existe des courants d'eau chaude et d'eau froide, il y a des méridiens de qualité yin et yang. Et à chacun de ses méridiens correspondent des organes et des fonctions, dont le système musculaire.

En dehors de l'approche mécaniste et biochimique de l'être humain, il est important de savoir développer également les aspects psycho émotionnels et énergétiques.

En France, l'enseignement de la kinésiologie propose une approche très globale dans laquelle les émotions sont considérées sinon comme la cause des problèmes, du moins comme y étant presque toujours associées en favorisant le terrain de futurs troubles fonctionnels.

La sagesse des pays riches n'a pas évolué de façon proportionnelle à son développement matériel.

Nos contemporains, habitants des pays industrialisés notamment, sont mal dans leur peau car ils ont besoin de spiritualité ou tout au moins d'une certaine dimension ou élévation d'esprit. Cette qualité de paix intérieure leur manque particulièrement. C'est moins le nécessaire besoin d'appartenance à une église ou à un groupement, que celui de sentir vivre en soi quelque chose qui aide à dépasser les problèmes quotidiens, à les transcender.

Dans son principe, la kinésiologie cherche à préserver une dimension holistique qui inclut le spirituel.

Le MPO (Massage Postural Ostéo-tendino-aponévrotique)

Au fur et à mesure que mes années de pratique s'écoulaient, enrichies de stages et de formations, un trouble prenait racine en moi et rien de ce que j'apprenais ne l'apaisait. Une question me taraudait. Pourquoi les résultats des rééducations, quelles qu'elles fussent, ne perduraient pas ou ne se stabilisaient pas ?

Les années INSEP auprès des sportifs de haut niveau m'avaient donné accès à ce que l'on pourrait appeler la haute technicité, aussi bien dans la découverte que dans les capacités du corps, ou dans les règles d'hygiène de vie. Ce que la Formule 1 est au monde automobile, ces athlètes le sont au commun des mortels : une mécanique de précision poussée à l'extrême. Les réglages se font au millimètre près, les victoires aux 1/1 000e de seconde...

Sauf que la Formule 1 permet au monde automobile de véritables avancées technologiques, ce qui n'est pas le cas des athlètes pour le genre humain. En restant très honnête, douleurs, lésions, tensions ou blocages traités « officiellement » sont certes soulagés ou réglés, mais restent récurrents dans la majorité des cas, sportifs professionnels et quidams confondus. Pour moi, trouver la faille ou le chaînon manquant devint un leitmotiv thérapeutique.

Dans cet esprit, la notion d'équilibre du bassin et le concept de la mémoire de l'os allaient vite devenir les pierres angulaires de ce que je nommerai la méthode MPO.

Structures et énergie, deux mots, deux axes qui en fusionnant me donnèrent ce chaînon manquant.

De quoi s'agit-il ? Je travaille dans un premier temps sur l'architecture osseuse du corps avec pour clef de voûte l'équilibre parfait du bassin, puis dans un second temps, lorsque l'équilibre est posé, je travaille sur la libération de la matière osseuse, véritable mémoire de tous les événements physiques et émotionnels enregistrés dans le corps. Ces deux axes sont interactifs, interdépendants et agissent en transversale pour installer dans la durée l'équilibre retrouvé du corps.

Depuis que j'oriente mon approche thérapeutique sur ces concepts et que je l'affine au quotidien, j'observe une optimisation et une pérennité des résultats ainsi qu'une diminution du nombre de consultations nécessaires à chacun de mes patients.

Explication

Le tissu osseux est le tissu le plus dense du corps humain. Comme matériau, il en constitue le cadre ou la charpente. Chaque élément de cette structure osseuse est relié par des muscles et des ligaments qui, comme les haubans d'un navire, sont interdépendants. Les tensions de ces derniers fixeront le mauvais positionnement des os dans l'espace et réciproquement.

Comme tissu vivant, l'os est capable de modifier sa densité. La somme des micro-traumatismes ajoutée à celle des traumatismes plus importants va en effet conduire la texture osseuse vers une plus grande dureté, comme s'il s'agissait d'une contraction de matière. Le MPO va permettre la libération des tensions de l'os grâce à des points émergents et saillants du corps : les os du bassin, des vertèbres et des membres. Cette libération débute toujours par un rééquilibrage du bassin au niveau des articulations sacro-iliaques ; puis, lors des séances suivantes, il s'agira de consolider ce bassin et de gravir les étages successifs jusqu'au crâne. C'est en réalité une méthode « sacro-iliaco-craniale ».

De fait, « l'énergie gardée », comme disent les Chinois, maintenant libérée, va permettre aux structures osseuses de se repositionner idéalement comme elles l'auraient été un jour ou comme elles auraient dû l'être à la naissance. La pérennité de l'équilibre importe également car si un bassin déséquilibré a détruit le corps pendant des années, c'est son maintien, à nouveau parfait, qui va permettre, sur une période finie, de le reconstruire. Cette technique est simple, efficace, « non manipulative » et sans risque pour le patient.

Dans nos formations de kinésithérapeutes, il serait peut-être juste d'enseigner ce concept de repositionnement du bassin en préambule à toute rééducation du dos, que ce soit dans l'objectif de le rebâtir, de le consolider ou encore de l'entretenir. Quand j'étais étudiant, nous établissions des bilans avec un fil à plomb, nous constations les maux et les déséquilibres mais sans les corriger pour autant. Les radiographies, comme autant d'instantanés, servaient de référence pour asseoir des certitudes sur les prétendues origines du mal.

Exemples : pincement discal, anomalie congénitale, scoliose, etc. En revanche, la vérification clinique de l'existence d'un déséquilibre pelvien n'est souvent en rien confirmée par les commentaires radiologiques où l'on décrit plus souvent l'intégrité des articulations sacro-iliaques (entre sacrum et iliaques) et coxo-fémorales (entre fémur et iliaque) ainsi qu'une bonne statique pelvienne.

Malgré cela, et hormis pour les quelques personnes ayant uniquement un problème d'équilibre maxillaire, je déclare que cette intégrité n'existe pas chez 100 % des patients souffrant de leur dos et examinés pour la première fois. Alors, si l'anatomie confirme l'existence d'un tel équilibre pelvien, pourquoi laisser les patients bancals sans se préoccuper précisément de le leur restituer ?

Sans équilibre du bassin, les chaînes musculaires développeront des tensions différentes. Les membres eux-mêmes modifieront leurs positionnements. En outre, les étages lombaires, s'ils ne révèlent pas de pathologies crurales ou sciatiques, verront s'installer, à terme, une arthrose de plus en plus importante. Des faiblesses créées par une moindre circulation des influx nerveux vers les tissus périphériques s'installeront également dans les hanches, les genoux et les chevilles. Et les « fausses jambes courtes ou longues » n'auront pas le même travail à effectuer, les mêmes forces et les mêmes efficacités.

Pour toutes sortes de maux d'origine somatique ou psychologique, la constante est cette modification de l'architecture du corps au niveau du bassin. Chacun de mes patients vit depuis de nombreuses années une telle modification. Il m'arrive parfois, à la fin de leur première visite, de leur suggérer d'imaginer que la séance n'a rien modifié et qu'ils doivent repartir avec une chaussure en moins. C'est en substance ce que leur corps leur fait vivre depuis des années... Le fait qu'ils n'en aient pas conscience résulte que leur problème s'est développé au centre de leur corps, au niveau de leur bassin et que les compensations se sont réparties vers leurs lombaires, leurs hanches et leur sacrum. Au-dessus, sur les autres courbures et, en dessous, aux genoux et aux chevilles. En comparaison, avec un déséquilibre équivalent (en valeur absolue, évidemment !), le pied, lui, à l'extrémité du corps, avec davantage de poids et une multitude de terminaisons nerveuses, nous ferait ressentir quasi simultanément l'existence d'un problème !

Pourtant, la réalité de notre bassin est assez proche. Voilà d'ailleurs l'explication de ces poses injustifiées de talonnettes qui, au lieu de traiter le corps en son centre, veulent soi-disant régler le problème à distance, jugeant davantage sur un effet que sur une cause.

Après une interrogation du patient sur d'éventuelles fractures survenues dans le passé, ou autres blessures, chaque lecture du dos s'effectuera debout, dans un premier temps puis assis , l'intensité de la bascule demeurant constante dans les deux positions. Les lignes de tête et des épaules s'adapteront à cette inclinaison du bassin en s'infléchissant du côté opposé ou parallèlement à celle-ci. Les deux derniers schémas montrent une possibilité d'avoir une ligne de tête horizontale avec deux lignes de bassin et d'épaules inversées. Les différents étages observés (lombaires, dorsaux, cervicaux) accompagnés ou non de pathologies nerveuses, sciatiques ou crurales seront comme les tiroirs de cette fameuse commode qui aurait perdu deux pieds d'un côté. Le bois finit par jouer, les tiroirs se déforment et la commode est inutilisable.

Nos tissus sont constitués d'os, de ligaments, d'aponévroses, de muscles. Ils sont vivants et notre corps est mouvant. Certaines charnières se grippent, grincent, certains tiroirs se bloquent ou travaillent avec difficulté et jouent de telle sorte qu'une usure s'installe. Mais pour nous, rien n'est irréversible, jusqu'à un certain point et même un certain âge. Le mal de dos n'est pas une maladie. Il est réversible et les exemples qui vont être décrits, ainsi que les témoignages apportés en donneront la preuve.

Un patient, ancien danseur classique professionnel, me disait à la fin de sa première séance : « C'est étrange ! Je retrouve les sensations du petit rat que j'étais. » Cette phrase résume exactement ce que je tente d'obtenir pour chacun. Retrouver les appuis, si ce n'est les sensations d'appui et d'équilibre de son enfance ; pour d'autres, les vivre peut-être pour la première fois. Tous n'auront pas la faculté de ressentir également et de manière aussi affinée dans leur corps ce qu'a pu vivre ce danseur, mais pour ce qui concerne les compensations et les douleurs, le résultat sera tout aussi positif et bénéfique.

« Redevenons de petits enfants » ou comment retrouver notre équilibre initial ?

Enfant, notre corps dans sa perfection offre des solutions naturelles aux micro-traumatismes de la vie quotidienne. En effet, l'élasticité des structures ligamentaires et articulaires (à plus forte raison celles du bassin) va jouer le rôle d'un airbag automobile : amortir et rétablir.

Malheureusement, l'addition des années et des traumatismes va progressivement annihiler cette protection naturelle et, à l'âge adulte, les bassins seront déformés, fibreux et rigides.

Les observations, durant ces vingt-cinq années de consultations, me permettent d'affirmer que 100 % des individus ayant mal au dos et consultant pour la première fois ont un bassin déséquilibré, qu'il s'agisse d'enfants, d'adultes ou de vieillards.

Nombreux sont les enfants qui, passé les dix ans, ont déjà consulté pour des maux de dos, mais beaucoup plus nombreux encore sont les adolescents souffrant de ce problème, et légion sont les adultes.

Cela signifie qu'en règle générale la bascule du bassin s'opère dans l'adolescence, période de notre croissance la plus perturbée, pendant laquelle notre corps, surtout au niveau des membres, grandit en alternance du côté droit puis du côté gauche. En outre, les programmes sportifs dévolus à cet âge, censés muscler le corps, le dos et le cœur, sont paradoxalement sources d'interférences. Sans compter qu'inévitablement nous chahutons, dansons, tombons, à ski, de cheval, au rugby. Même les sports moins violents génèrent des micro-traumatismes. À vingt ans, le corps a donc déjà intégré nombre de compensations dans ses appuis lors de la marche, de la course ou lors de sauts. Programmée, mais avec un programme erroné, la croissance s'effectue donc sur des bases faussées par une inclinaison et/ou une torsion du bassin.

Dès lors, rééquilibrer le bassin et libérer la mémoire de l'os offrent une vraie valeur ajoutée à cette approche thérapeutique car sa technique permet au corps, dans son architecture osseuse, d'avoir la possibilité de retrouver à l'âge adulte l'élasticité perdue de son enfance. Cette élasticité, ajoutée à la solidité inhérente de l'adulte, va lui permettre d'appréhender les futurs traumatismes comme il les vivait dans l'enfance. Par ailleurs, et nous en avons constaté l'importance dans les chapitres précédents, ce juste repositionnement de la structure osseuse, et donc de la charpente du corps, va permettre une circulation libre et fluide de l'énergie.

« Redevenons donc de petits enfants. »

II.

La clé de l'équilibre : le bassin

Approches symbolique et somatique des pathologies

> « L'homme de bien campait sur ses hanches solides. »
>
> Arthur Rimbaud

Introduction

Le mal de dos est une formule générale qui peut désigner un éventail de pathologies. De la lombalgie, exprimée par un : « j'ai mal aux reins », à la cervicalgie où un torticolis se déclare, en passant par une gêne respiratoire localisée au niveau dorsal et, pourquoi pas par un mal de tête.

Beaucoup de ces maux ont à mon sens un dénominateur commun : la disparition de l'harmonie du bassin. Du nourrisson au vieillard, cette rupture d'équilibre entraîne tout d'abord une modification du matériau de construction lui-même, la texture osseuse, puis se prolonge par une altération des articulations, c'est-à-dire des ligaments et des muscles, jusqu'à atteindre la ligne de gravité de l'individu.

Chez le jeune comme le moins jeune, le sportif ou le sédentaire, le manuel ou l'intellectuel, l'os va emmagasiner des tensions et mémoriser dans ses cellules tous les chocs de la vie, importants ou non.

Or, trouver l'équilibre, parfois absent dès la naissance (dans le cas d'une luxation congénitale de la hanche, par exemple), ou retrouver l'équilibre perdu depuis son enfance ou son adolescence, est une nécessité pour chacun. Bouger, faire l'amour ou faire du sport, c'est la vie dans le corps, et l'équilibre retrouvé permettra de vivre pleinement ce corps.

Certains d'entre nous sont brimés ou se sentent bridés dans leur identité corporelle au nom de sentences prononcées tels des couperets par « ceux qui ne nous veulent que du bien » (professionnels de la santé ou bons amis...).

Ce livre, s'il dénonce quelques-unes de ces hérésies et le mal qu'elles génèrent, redonnera, je le souhaite, l'espérance à ceux qui en sont victimes et qui souffrent en pensant avoir perdu toute chance de retrouver leurs aptitudes d'antan.

Il désire également attirer notre attention sur une réalité sociale qui conditionne nos comportements : progrès technique, modernisme, rentabilité sont autant de fabriques à concepts de gain de temps aussi illusoires que perverses ; concepts qui tendent à nous rendre pratiquement impotents au point d'avoir besoin de prendre notre voiture pour acheter notre baguette de pain ! Si nos ancêtres prenaient le temps de marcher, c'était autant par plaisir que par hygiène de vie.

Conséquence de tout cela, doit-on s'étonner du nombre croissant de patients dont le corps possède un tronc figé par ce gainage ou verrouillage caractéristique de la région lombo-sacrée ? Et que dire de l'attitude de ces professionnels de la santé qui préconisent un renforcement musculaire de la dite région lombaire ou des séances de gymnastique pour « faire des abdominaux »... Cela ne fait que masquer la cause réelle des maux qui, si elle n'est pas transformée, voire effacée, laissera le mal réapparaître tôt ou tard !

Un article du *Figaro Magazine*, daté du 3 janvier 2004, signalait que 90 % des maux de dos pouvaient facilement guérir avec du repos et de la musculation ! Je suis d'accord pour les 90 %, mais je m'insurge quant à la solution proposée car ni le repos, ni la musculation ne vont pouvoir effacer la cause originelle. Et alors, gare aux rechutes et à l'apparition de souffrances souvent aggravées ! À ce titre, citons pour l'exemple les problèmes discaux dont une musculation accrue de la zone affectée augmenterait à terme les douleurs par un simple effet mécanique de compression.

Faire la différence entre la cause et les circonstances de déclenchement du mal est ce que je m'applique à faire comprendre aux patients. La cause est toujours mécanique, les circonstances, plus subtiles, peuvent relever de facteurs émotionnels, affectifs, nerveux ou physiques, cette liste n'étant pas exhaustive. Comprendre la différence entre ces deux notions va aider le patient à se responsabiliser, à mieux se prendre en charge et à favoriser des prises de conscience autour de ses questions de santé. Car, en effet, rien n'arrive vraiment par hasard !

Ce que m'a appris ma formation de kinésithérapeute pour ménager le corps, et notamment pour des efforts intenses, je le transmets parfois à certains patients. Comme par exemple de plier ses genoux pour porter un enfant dans ses bras, d'expirer en le soulevant et en le posant, de le tenir le plus proche possible de son corps, etc. Toutefois, solliciter ce type d'effort des membres inférieurs de manière à préserver le dos représente toujours un surcroît de travail pour des articulations déjà usées et susceptibles, à terme, de souffrir à leur tour.

Ces conseils semblent devoir s'appliquer parfaitement à ceux dont le bassin est déséquilibré et donc en danger. En revanche, ils deviennent obsolètes pour ceux que je soigne. En effet, le « verrou » constitué par un bassin remis en équilibre les préserve d'un incident lombaire. Ce « verrou » est comme une sorte de muraille de Chine qui empêche l'invasion du mal jusqu'aux lombaires.

Lorsque l'on parle de la souffrance du corps, il ne s'agit pas de soulager d'un côté au risque de créer de la souffrance de l'autre.

Nous verrons tout au long de cette étude des pathologies, engageant l'ensemble des différentes parties du dos et des membres inférieurs et supérieurs, que toutes ces parties exigent un repositionnement durable et que toutes vont en bénéficier.

Dans les gestes simples de la vie quotidienne où il est nécessaire de se baisser de manière réflexe, comme pour ramasser des objets non pesants par exemple, le dos pourra pleinement être sollicité, jouer son rôle et se plier en deux, si au préalable il a retrouvé ses capacités originelles d'équilibre.

Empêcher de bouger certaines zones sensibles, soi-disant pour les préserver, augmente en réalité la fibrose à plus ou moins long terme.

Chacune des parties du corps doit tenir un rôle singulier au service de l'ensemble des parties et donc du corps. Le dos comme les autres. Trop souvent préservé, on le croit fragile. En réalité, il fonctionne mal, souffrant de ce que ses muscles sont sous-estimés qualitativement plutôt que limités quantitativement. Les chapitres suivants aborderont les différents cas rencontrés dans ce métier, mais à travers une approche nouvelle : par et à travers l'os, tissu malléable et doué de mémoire.

Mais au fait, pourquoi le bassin est-il la clé de l'équilibre ?

Le corps dans sa structure trouve son axe grâce à deux zones d'équilibre : le bassin et la mâchoire. Et pour moi l'équilibre du bassin représente la véritable pierre angulaire de l'ensemble de l'édifice corporel.

Il est au plan anatomique une enceinte osseuse qui forme un pivot entre les moitiés haute et basse du corps. « Du bassin vers le ciel », « du bassin vers la terre », « au centre du corps », il équilibre les domaines de l'action et de la création, avec le monde de la direction, au-dessus de lui, et celui du mouvement en dessous.

Par ailleurs, cette partie du corps abrite quantité d'activités liées à la vie. C'est avec le bassin que nous faisons l'amour, que nous donnons naissance à nos enfants. C'est aussi grâce à lui que sont protégés nos organes digestifs. Grâce à lui, nous digérons les aliments, éliminons les déchets. Toutes ces fonctions sont donc directement reliées à la sécurité, à la survie, à la communication, au bien-être et à la relation affective de tout être humain.

Sur le plan de notre dynamique physique, il constitue le centre du mouvement : c'est de cette partie du corps que part le mouvement des jambes et donc notre possibilité de tenir debout et de marcher sur notre propre chemin. Grâce à lui, nous sommes posés sur nos fondations et pouvons accéder à notre objectif.

Pour moi, le bassin représente également l'assise entre le masculin et le féminin. En cela, il est à l'image de notre relation avec nos parents. Quand il y a rupture d'équilibre dans sa ligne d'horizontalité, on constate bien souvent un contentieux affectif lié à « papa/maman » (choc, manque, absence, abandon, trahison...).

Enfin, avant d'entrer dans cette deuxième partie dédiée aux pathologies proprement dites, arrêtons-nous sur un dernier point : l'approche symbolique de trois composantes essentielles du corps humain : les os, les articulations et les muscles.

Comme nous le (re)découvrirons au fil de ces pages, le corps agit véritablement comme un ensemble ; comme un tout où chaque partie est liée aux autres. Chacune communiquant avec l'ensemble, il y a là une véritable synergie, que l'on peut également nommer intelligence du corps. Résumons à trois les types de familles réunissant ces dernières composantes indispensables à la connaissance de l'ensemble.

Tout d'abord, les tissus durs (os, dents). Ils forment le squelette, charpente intérieure du corps, fondamentale et indispensable structure à la santé de l'ensemble, tout comme nos croyances les plus profondes soutiennent et donnent un sens à chaque aspect de notre vie.

Puis, les tissus souples (muscles, peau, chair, organes, graisse, ligaments, nerfs). Ils sont en relation avec notre comportement psychologique et nos modèles de pensée. Pour preuve, constatez combien nos expériences et nos pensées affectent directement l'état de nos nerfs, de nos organes, l'état de nos muscles, de notre peau et de notre chair.

Enfin, les tissus fluides (sang, eau, lymphe, urine, appelés anciennement « humeurs »). Ils sont les ponts de nos émotions et de nos sentiments et veillent à leur répartition à travers notre organisme. La sémantique française l'exprime d'ailleurs à sa façon toujours subtile : « nous bouillonnons de colère », « nous débordons d'enthousiasme ou d'amour »...

Pour préciser le rôle symbolique de chacun, focalisons-nous à présent sur ces trois dernières entités : os, articulations et muscles.

Les os : le tissu osseux, extérieur et dur, compose donc une charpente forte et résistante sur laquelle se construit l'ensemble de notre être. Les os constituent par ailleurs la forme d'énergie la plus dense dans le corps physique ; comme les rochers dans la terre, ils offrent un support et un soutien. Ils permettent aux muscles de fonctionner qui, à leur tour, aident les fluides à circuler. De fait, tout problème osseux reproduit un conflit niché aux niveaux les plus profonds de l'être.

Prenons le cas des os cassés : si nos convictions deviennent trop rigides et limitées, notre mouvement physique les reflète invariablement. Un os brisé figurera une personnalité trop inflexible ; attitude qui provoque une résistance à la circulation de l'énergie. Or, quand il y a résistance au mouvement, il y a risque de cassure. Un os brisé indiquera donc invariablement une profonde division ou un conflit au cœur de notre être. Il nous posera également deux types de questions : Qu'est-ce que cet os brisé m'oblige à cesser de faire ? ou encore, que m'apporte le fait d'être immobilisé ?

Les articulations : nous l'avons vu plus haut, elles joignent les pensées et les sentiments au mouvement et à l'action. Elles nous permettent de nous mouvoir, soit avec grâce et aisance, soit par des mouvements saccadés ou décousus selon notre attitude psycho émotionnelle. Elles offrent enfin une stabilité et un équilibre à l'ensemble du corps.

L'inflammation de ces articulations est liée au mouvement et à la communication. Elle signifie une peur de l'avenir ou une appréhension face aux événements quels qu'ils soient. Elle témoigne également de l'accumulation de colères, d'émotions ou encore une incapacité de verbaliser ce que nous ressentons réellement. Autrement dit, pour les soulager ne faudrait-il pas davantage de pardon, d'acceptation ou d'amour de soi ?

Des articulations rigides deviennent par définition inutiles, avec pour conséquence première la perte de la relation entre la pensée (ou l'émotion) et l'expression. Soit l'incapacité d'exprimer ses sentiments les plus profonds. Cela ne dévoilerait-il pas un manque de liberté ? Ou pourquoi pas un attachement à nos vieilles manières d'être, à nos vieux schémas ?

Les muscles : « Ce que tu penses, tu le crées », nous enseigne Einstein. Donc, à le suivre, nous devenons ce que nous pensons, ou encore, qui nous sommes devenus nous permet de savoir ce que nous avons pensé !

Les souvenirs du passé, les conflits, les expériences et les sentiments se répartissent tous dans les tissus souples.

Les muscles s'articulent avec les os pour donner un mouvement ; ils stimulent dans le même temps la circulation sanguine, la digestion, le processus de respiration et apportent de la chaleur. Ils absorbent les tensions et les sentiments, et y réagissent. S'ils ne sont pas suffisamment détendus à la suite d'un excès de stress, la tension s'accumule et provoque de profonds dégâts qui pourront se révéler bien plus tard. Les muscles reflètent les expériences passées, les traumatismes et les conflits qui donnent le ton à nos comportements présents. Par exemple, la colère froide, la peur ou le chagrin créent une sorte d'armure corporelle, qui a pour effet de bloquer et de retenir les sentiments, enfermant la musculature dans des positions immuables. Comme le corps est affecté, la posture physique renforce les modèles psychologiques. Si cela perdure, les muscles se figent dans une forme immuable. Ainsi, une attitude dépressive ou craintive se construit au sein de la structure physique, laquelle maintient à son tour le comportement mental. Pour apporter un changement, nous avons besoin de travailler sur les deux aspects à la fois – libérer la structure physique et le modèle psychologique.

Prenons le cas de la crampe musculaire. Elle se produit quand les muscles se tendent et ont un spasme. Cela fait d'elle l'indicateur précis d'une difficulté psychologique. En général, ce sont essentiellement des difficultés à se départir d'une angoisse, d'une peur ou d'une douleur intérieure. Il s'agit de quelque chose que nous gardons en le maintenant serré (... dans notre crampe).

Aurions-nous peur de ce qui se passerait si nous lâchions prise ? Aurions-nous peur d'aller de l'avant ou bien peur de ce qui risquerait d'advenir ?

N'hésitez surtout pas (dans ces moments assez douloureux d'ailleurs), à rechercher ce que vous essayez de retenir à travers votre crampe !

Quant aux douleurs musculaires, elles révèlent une souffrance ou un désir à l'égard de quelqu'un, un profond désir de mouvement ou de changement, mais également une résistance intérieure à cette évolution. Là encore, n'hésitez pas à faire une petite introspection pour tenter de trouver ce qui vous retient... La partie de tennis annuelle avec « un vieux copain de pension » n'en est pas nécessairement la cause exclusive...

Les mouvements physiques nous permettent d'exprimer nos émotions. Si nous ne pouvons pas bouger, nos émotions peuvent s'immobiliser et se stocker, et les plus pressantes chercher un moyen de s'exprimer à travers la douleur. Faire quelques mouvements avec nos muscles et nos articulations ne nous aide pas seulement à les soigner, mais permet également la libre circulation de nos sentiments.

La douleur peut entièrement nous accaparer et, lorsqu'elle est en nous, parvenir parfois à nous faire perdre le lien avec celui ou celle que nous sommes. Les méthodes de relaxation, de méditation, la prière ou encore la respiration peuvent être pratiquées pour soulager, adoucir et libérer les restrictions et les résistances. Ces méthodes nous permettent ensuite de voir au-delà de notre douleur[1].

Pour conclure ce « balayage » symbolique, interrogeons-nous sur la signification des déchirures musculaires et des problèmes de tendons. Les tendons reliant les muscles aux os ne symbolisent-ils pas nos attitudes et nos tendances ? Conflit mental ou conflit de valeur, ne provoquent-ils pas de douloureuses déchirures intérieures ?

---

1. Voir la troisième partie, Pour une nouvelle hygiène de vie, page 225.

1. Du bassin vers le ciel

Le dos constitue une partie de notre anatomie que nous ne voyons pas… ceci est une évidence certes, mais au-delà de cette lapalissade, acceptons-nous l'idée que nous stockons là, peut-être inconsciemment, les difficultés ou les sentiments dont nous ne voulons pas, ou plus, entendre parler et que nous préférons garder hors de notre vue ? Et si nous avons des douleurs dans le dos, ne s'agirait-il pas de quelque chose que nous nous refusons de voir et qui, par ailleurs, réclame notre attention en nous faisant souffrir ?

J'entends parfois dans les propos de certains patients : « J'ai un mauvais dos », comme si ce dos avait commis quelque chose de mal ! Mais est-ce le dos qui est mauvais ou l'énergie que nous y avons bloquée ?

Le dos, c'est également le pilier de notre être. Il nous soutient comme il nous donne force, droiture et dignité. Nous pouvons nous lever et marcher la tête haute, comme nous pouvons être courbé et plier sous le poids de notre fardeau…

La responsabilité de « gagner sa vie », de « porter son poids », d'être la « colonne vertébrale » de la famille, de « se tenir », représente autant « d'obligations » qui s'apparentent aux questions de survie et qui restent toujours en résonance avec les maux de dos. « On ne me supporte pas », « on me laisse tomber » sont elles aussi autant de pensées qui à terme se traduiront par une douleur ou une faiblesse dorsale...

« Un dos brisé » indiquera souvent un conflit profond avec notre objectif de vie ou notre place dans la vie. Dans ce même esprit, un disque intervertébral, considéré à juste titre comme un amortisseur, eh bien !, déplacé, mis en résonance avec un sentiment réprimé, et dont la substance gélatineuse, sa protection, ne pourra plus aussi bien supporter le poids de l'épine dorsale, ce disque donc, provoquera une hernie.

Quant aux contractions ou douleurs musculaires, véritables traînées de poudre, ne supposent-elles pas simplement une certaine rigidité dans nos comportements, une certaine résistance ?

Si enfin nous souffrons d'une mauvaise posture, peut-être devrions-nous nous interroger sur notre position dans le monde. « Est-ce que je me tiens droit ou suis-je courbé sur moi-même ? »

Les lombalgies chroniques et aiguës (lumbagos)

La lombalgie, ou douleur de la région lombaire, représente la pathologie la plus commune de notre profession. À cela plusieurs raisons évidentes. La description anatomique montre clairement que cette partie du corps forme les premiers étages vertébraux au contact immédiat de l'inclinaison de la base du sacrum (notre plancher sacré). Il y a là cinq vertèbres concernées et affectées statistiquement selon un ordre décroissant de la 5e à la 1re lombaire et s'adaptant plus ou moins bien à cet affaissement du plancher sacré.

Entre chaque vertèbre, les disques, on le sait, tels des pneumatiques amortisseurs, peuvent souffrir à leur tour. Et le disque L5/S1, entre la 5e lombaire et la 1re sacrée, situé au contact direct de l'inclinaison, s'étiolera le premier.

C'est à ce niveau que se créera une sorte d'adaptation au déséquilibre du bassin. Une adaptation qui, *in fine*, se récupérera dans l'horizontalité de la 2e lombaire.

Dès lors, la région lombaire compensera cet affaissement du plancher durant de longues années. Chaque pas, chaque effort provoquera un travail plus intense des étages discaux et vertébraux ; les noyaux des disques n'étant plus de toute évidence en position centrale, ni les vertèbres alignées. Et il faudra parfois des années pour que se révèlent lombalgies et sciatiques. Ainsi, comme décrites plus loin, certaines douleurs chez l'enfant, trop souvent associées au phénomène de la croissance, sont en réalité des souffrances annonciatrices de ces pathologies futures.

Avant d'aborder les différents types d'atteintes lombaires, faisons « un arrêt sur image », un arrêt sur l'histoire d'un père de famille dont le cas nous permettra de conserver à l'esprit l'importance du facteur émotionnel et la conscience des interactions entre la fonction d'un organe ou d'un membre atteint et le symbole qu'il représente.

Le bassin, lui, figure symboliquement l'équilibre masculin/féminin. Par extension, il représente la rencontre des soutiens du père et de la mère. À travers ces deux appuis, s'expriment donc l'équilibre intérieur, la sérénité et la sécurité affective.

Un bassin peut se déplacer suite à des chocs physiques mais également pour des causes affectives ou émotionnelles. Les exemples de déstabilisation sont multiples, ne serait-ce que la vie du couple, la perte d'un parent ou d'un être cher ou encore le stress de la vie professionnelle, etc. Tous ces événements périphériques entraînent dans la plupart des cas un bouleversement aussi bien psychique que physique.

Frédéric, restaurateur : « J'ai mal à ma fille. »

Frisant la cinquantaine, Frédéric est restaurateur. Il gère « la salle », l'approvisionnement et la cave de son restaurant. Ses activités professionnelles lui font porter des charges de 10 à 20 kg et le maintiennent en situation de piétinement quasi permanent.

Il était venu me consulter douze ans auparavant pour une cruralgie sérieuse (inflammation du nerf crural, partie antérieure de la cuisse) qui, dès le début du traitement, avait disparu. Depuis, je le reçois deux à trois fois chaque année pour entretenir son dos. Et cette année, pour la première fois, il me parla de sa fille. Fille unique, mariée, vivant en province et qui bientôt le rendra grand-père... Dix jours après, à ma grande stupéfaction, il revint au cabinet se plaignant de douleurs à droite et à gauche, dans le bas de sa colonne vertébrale. Des soucis ? En effet, mais d'ordre non plus mécanique, mais affectif. La consultation s'est vite transformée en véritable entretien. Cet homme me confia son chagrin de voir sa fille se débattre dans des difficultés personnelles. Il se sentait impuissant et rongé de culpabilité ! Quand bien même son épouse se rendait sur place, son mal-être de père tournait à l'obsession et sa somatisation se porta sur son dos. Mais pour lui, le fait d'avoir pu « localiser » sa souffrance et d'être parvenu à la verbaliser, tout en se sentant écouté et compris, permit à ses douleurs de disparaître. Depuis, il va bien et je ne l'ai pas revu !

Ce cas est intéressant. Il révèle que la manifestation psychosomatique des douleurs de Frédéric se faisait sur le trajet du méridien vessie, des deux côtés de la colonne vertébrale. Or, pour la médecine chinoise, les méridiens vessie et reins sont ceux de la localisation des peurs et des angoisses ! Le bas du dos concentre tout le poids et la responsabilité de l'être humain. Il symbolise les questions de survie, de sécurité et d'autonomie matérielle. Confronté à notre propre fin, nos sentiments de peur ou d'insécurité les plus profonds resurgissent.

La lombalgie chronique

Les maux y sont chroniques et se manifestent parfois des années durant, ponctués d'épisodes douloureux, plus ou moins intenses, sur un ou plusieurs étages lombaires.

Les six cas présentés ci-dessous illustreront cette pathologie. Les trois premiers dans le seul contexte professionnel, les trois suivants y ajouteront la question du grand âge.

Les viticulteurs

Un jour de septembre 2002, un couple de vignerons se présente au cabinet. Ils ont plus de soixante-cinq ans chacun. Le monsieur témoigne de douleurs lombaires handicapantes ainsi que d'affections aux genoux qui le rappellent à l'ordre quand il chasse. Il a toujours travaillé dans ses vignes et peu à peu ses douleurs sont devenues des auxiliaires quotidiens trop fidèles depuis maintenant de nombreuses années. Son épouse, quant à elle, souffre des lombaires depuis cinquante ans. Dès l'âge de quinze ans, elle aussi dans les vignes avec son père, elle portait un corset de fer puis, à dix-huit ans, un corset de cuir. Ses souffrances étaient telles, qu'elle devait parfois travailler allongée dans la vigne !

Pour chacun, trois séances auront suffi pour atténuer grandement leurs douleurs. Lui a redécouvert les plaisirs de la chasse. Elle a dansé, à l'occasion d'un mariage, pour la première fois de sa vie !

Cet exemple est significatif. Métier exigeant, la vigne avait musclé le corps de ces deux personnes, mais en les façonnant dans une totale anarchie. Les muscles s'étaient normalement développés, mais de façon désorganisée. Lui présentait une bascule de deux centimètres ; elle de deux centimètres et demi. Le traitement leur a permis de redécouvrir la sérénité et le bien-être du corps. Depuis, la nouvelle vie qui a commencé pour eux témoigne qu'il n'y a réellement pas d'âge limite pour être heureux…

Jean-Christophe : boucher charcutier

« À la suite d'un accident de la circulation à l'âge de quatorze ans, les médecins ont diagnostiqué un basculement de ma hanche avec pour conséquence une jambe plus longue d'un centimètre. Écolier, cette différence de longueur ne me dérangeait pas, mais vers seize ans, des douleurs sont apparues pendant mon apprentissage en boucherie. Nous étions toujours debout à porter des poids pouvant atteindre 150 kilos, et travaillions en force pour découper la viande. Les douleurs se manifestaient du bas du dos jusqu'à la nuque ou bien jusqu'aux talons. Il m'est arrivé de rester bloqué au point d'obtenir un arrêt de travail de quinze jours, avec séances de piqûres matin et soir. Les médecins m'ont conseillé de porter une chaussure orthopédique, mais je me refusais à l'âge de vingt ans d'utiliser ce genre d'accessoire qui me faisait honte et me rendait mal à l'aise.

Puis j'ai rencontré M. Bounine. Après trois séances, les douleurs avaient disparu. Cela fait maintenant trois ans que je ne ressens plus rien et que tout va bien mieux. »

Quand ce jeune homme, de taille moyenne et longiligne, est arrivé à mon cabinet, son alternative était limitée : souffrance ou chaussure orthopédique !

Il m'a témoigné par la suite que, depuis ces trois séances MPO, il se sentait bien planté sur ses deux pieds, sans effort ni fatigue et, malgré les contraintes de sa profession, n'a plus jamais eu à chercher ses appuis en alternant le poids d'une jambe à l'autre.

Charles : homme d'affaires

Marié, père de trois jeunes enfants, cet homme de trente-cinq ans arrive au cabinet en avril 2001, souffrant d'une lombalgie chronique, complétée par deux discopathies diagnostiquées par un médecin rhumatologue et médecin du sport.

Grand, mince, ancien sportif, il voit sa vie depuis lors ponctuée de blocages et ne peut plus pratiquer ses sports de prédilection. Charles a fait des séances de kinésithérapie, a consulté des ostéopathes, et rien ni a fait, aucune amélioration ne s'est présentée.

À la première séance, je révèle un déséquilibre du bassin d'un centimètre, côté droit. Au cours des deux séances suivantes, en mai et juin, le bassin se stabilise, mais l'homme souffre toujours des lombaires. Preuve est faite qu'un bassin bien repositionné devient révélateur des souffrances et des compensations mémorisées au fil des années.

Cela montre également qu'il reste ensuite nécessaire de faire un travail vertèbre par vertèbre, c'est-à-dire étage par étage.

Une quatrième séance aura lieu en octobre 2001. Puis, je ne l'ai plus revu. Il fallut attendre mars 2002 pour qu'une chute traumatique l'oblige à revenir où une nouvelle bascule du bassin se confirmera, mais cette fois inversée. En réalité, le bassin s'était déformé dans la chute. Il a amorti le choc, mais ne s'était pas repositionné car il manquait encore de souplesse. Un travail de consolidation s'opérera un mois après, par une nouvelle séance.

L'année suivante, Charles ne revint pas au cabinet. Il ne ressentait plus aucune douleur et ne souffrait plus. Depuis, il a repris le sport ! Je l'ai revu en novembre 2003, son bassin était stable et souple.

Deux remarques s'imposent à propos de ce cas :

— la première : archétype d'une population masculine active, Charles associe une vie professionnelle stressante et sédentaire (il travaille en position assise évidemment) à une vie privée ponctuée de sports pratiqués à outrance pendant les week-ends et les vacances. Style de vie d'une parfaite hérésie pour le corps qui génère fréquemment des pathologies de ce type.

— la seconde : à propos de la notion de souplesse du bassin. Stabilisé, le bassin redevient fort et souple. Ce maintien prolongé en bonne position va permettre une re-tension et une régénérescence des tissus musculaires et ligamentaires, tant sur un plan énergétique que mécanique. Cette association « force et souplesse » permettra véritablement d'amortir les chocs, comme dans la prime enfance où le bassin, physiologiquement et encore naturellement souple, accepte de se déformer et de se repositionner d'une manière spontanée et naturelle.

Les Anciens

Les progrès de la science promettent d'allonger la durée de vie. En revanche, en ce qui concerne le mal de dos, progrès ou non, l'âge, comme le vieillissement des tissus, ou l'activité professionnelle semblent constituer des facteurs endémiques et sont souvent mis en cause. Pourtant, les exemples suivants montrent qu'il n'en est rien.

Monsieur H. : « Le vieil homme golfeur »

Voilà un homme de quatre-vingt-dix-huit ans que je connais depuis dix ans. Quand je l'ai rencontré, il était lombalgique chronique mettant, chaque jour ou presque vers midi, une ceinture lombaire avant de sortir de chez lui. En dix ans, grâce à une moyenne de cinq séances par an, son dos ne le gêne plus. D'ailleurs, depuis quatre à cinq ans, le mal a disparu et cela fait trois ans qu'il n'éprouve plus le besoin de venir me voir. Depuis, sa famille me donne régulièrement de ses nouvelles et l'entoure de beaucoup d'affections.

Il y a trois ans, il s'est fracturé le col du fémur lors d'une chute, et porte aujourd'hui une prothèse de hanche, mais il continue à marcher normalement et ne souffre pas malgré cela.

En dehors de sa prothèse, tout ce qui est possible d'avoir à son âge, il l'a : arthrose, scoliose, pincements, calcification et déminéralisation. Les radios le prouvent. En cela, l'exemple de ce vieil homme est intéressant. D'autant plus intéressant que l'intégrité de son corps a été maintenue, seuls des remises à l'équilibre, une lecture et un traitement réguliers de son dos ont été effectués depuis les dernières années. Et s'il est moins dynamique, il n'en est pas moins autonome et continue de marcher, de voyager et... de jouer au golf !

Monsieur M. : lombalgie, maux de bassin

Automne 2003, un homme de soixante-dix-huit ans, ancien chauffeur routier, se présente une canne dans la main droite. Un corset en plastique le maintient de la poitrine au bassin. La canne lui permet de soulager l'appui de sa jambe gauche qui semble s'affaisser à chacun de ses pas. En fait, ce n'est pas seulement sa jambe qui défaille, mais également son bassin qui présente deux centimètres de bascule avec une inclinaison vers la gauche. Un accident de travail avait atrophié sa jambe gauche. La sollicitant moins que la droite, son bassin avait irrémédiablement accentué un basculement vers la gauche et, de fait, son côté droit était le plus souvent utilisé.

Au mois de novembre, suite à une première séance de stabilisation, Monsieur M. se sentit suffisamment redressé pour me demander d'allonger sa canne anglaise (un modèle télescopique). Quelques jours plus tard, au téléphone, il m'annonça qu'il avait abandonné le corset qu'il portait depuis de nombreux mois.

En décembre, alors qu'il se sentait mieux, je le prévenais malgré tout qu'il pourrait encore éprouver quelques douleurs, son bassin réclamant une période plus ou moins longue pour libérer totalement les tensions accumulées depuis un si grand nombre d'années. Par ailleurs, je le rassurais de ne plus avoir à porter de corset si la stabilisation de son bassin se confirmait.

Et pendant près d'un mois, en effet son bassin repositionné révéla des souffrances mémorisées à différents étages vertébraux, tensions compensatrices de ces années de déséquilibre.

Madame Agnès S. : quatre-vingt-deux ans, archéologue

« Sur le conseil d'une amie me voyant souffrir lors d'un voyage dans le désert du Sinaï, je suis allée consulter M. Bounine, alors que l'infirmité me guettait. Durant ma carrière d'archéologue, j'ai pratiqué des fouilles en Mésopotamie, en Turquie, en Israël, en Syrie et en Jordanie. Cela impliquait d'être souvent courbée pour scruter le sol, même si l'usage de la pioche et de la pelle reste dévolu aux ouvriers. Parfois, il m'a fallu également porter des couffes (paniers) de terre. Tout cela explique l'intense sollicitation du dos auquel on ne prête guère attention lorsque l'on est en pleine activité. Aujourd'hui, à quatre-vingt-deux ans je ne vais plus sur le terrain, mais j'ai payé ces années d'efforts physiques par une succession de lumbagos de plus en plus rapprochés. J'ai connu les analgésiques et les anti-inflammatoires entraînant des maux d'estomac. Grâce à cette méthode de soins, j'ai pu supprimer tout médicament et cesser de souffrir depuis maintenant deux ans ; il m'arrive même d'oublier que j'ai une colonne vertébrale ! »

La lombalgie aiguë ou lumbago

Il s'agit d'un blocage brusque du bas du dos obligeant la personne au repos. C'est un spasme musculaire du muscle psoas qui va déclencher et fixer ce blocage. Ce muscle, véritable muscle « poubelle » de l'organisme, se gorge de toxines et se contracte en rapprochant ses attaches. Partant des lombaires, il forme avec le muscle iliaque fixé à l'os du même nom le muscle psoas iliaque. Lors d'un spasme, il se raccourcit et se rapproche de son attache fémorale, d'où l'aspect souvent tordu et caractéristique des patients.

Monsieur T. : propriétaire de gîte rural

À bientôt soixante ans, Monsieur T. me consulte pour son épaule démise en secouant une couette de lit. Il dit me connaître pour être déjà venu, mais je reste incapable de me le rappeler. En fait, notre rencontre remonte à plus de sept ans. À l'époque, il avait consulté pour une lombalgie. Son bassin était alors incliné d'un centimètre et demi. Sept années plus tard, malgré son âge et un métier réclamant de nombreuses manipulations, son bassin était toujours en place, et Monsieur T. n'avait plus jamais souffert de ses lombaires depuis cette unique séance de 1993 !

Cet exemple me conforte dans l'idée que, bien souvent, plane une épée de Damoclès au-dessus de la tête de ceux qui souffrent, quand on leur inocule la peur de se faire mal, ou de se « casser », dans certaines actions anodines de la vie quotidienne. En effet, lorsque les bases physiologiques et anatomiques sont bien en place, la merveille qu'est le corps humain peut vivre en toute normalité, sans ne rien craindre et, au contraire, goûter aux plaisirs de la vie. Il est important de changer d'état d'esprit.

Conclusion des lombalgies

L'intérêt de cette méthode MPO à propos des lombalgies consiste donc à créer un véritable verrou préventif contre les troubles éventuels de la charnière lombosacrée. Verrou obtenu par le juste positionnement en parallèle des deux amortisseurs que constituent les articulations sacro-iliaques.

Quant à la 5e lombaire, posée alors au centre du sacrum sur un bassin équilibré, elle n'aura plus la possibilité de se déplacer, de glisser, ou de se bloquer, grâce à l'action combinée du maintien par l'arrière des ligaments iliolombaires, véritables « bretelles » partant de l'iliaque et allant jusque L4 et L5.

Au fil des séances, le maintien constant du bassin favorisera la solidité et la souplesse du corps. Solidité et souplesse qui demeureront intactes grâce à la force et à l'équilibre retrouvé des charnières lombosacrées. Dès lors, la claudication installée depuis des années dans ces « bassins tordus » disparaîtra. Avec des pas d'amplitudes identiques le corps vivra le bercement régulier du passage d'un pied sur l'autre. Enfin, dans les temps de repos, la base ou les fondations restaurées du bassin donneront au corps l'opportunité de se récupérer. Croiser les jambes en position assise comme se tordre sur son siège ou basculer d'un pied sur l'autre en position debout seront autant de mauvaises habitudes enfin déprogrammées !

En revanche, les lombalgiques, traités sans la conscience de remettre leur bassin en équilibre pour protéger leur 5e lombaire, se retrouveront tôt ou tard avec une nouvelle problématique : la surcharge des genoux. Alors conditionnés dans des postures à prendre ou à ne pas prendre, le tout saupoudré de peurs subtiles, mais bien perverses (comme toutes les peurs d'ailleurs !), certains se transformeront en petits vieux avant l'âge !

Ce qui m'interpelle à propos de ces lombalgies, c'est la plus grande facilité à soigner les cas aigus que les chroniques, à l'exception bien sûr des cas plus sérieux comme les lombalgies aiguës avec hernie discale.

Les patients, victimes de pathologies aiguës où les blocages surviennent de façon plus épisodique, savent ce que signifie « aller mal » et « aller bien » car les périodes de douleurs se ponctuent de temps de rémission.

Cette méthode MPO qui parvient à supprimer ces blocages leur apporte un grand soulagement, bien sûr, et va pérenniser également leurs périodes de rémission. De fait, ils n'ont aucune difficulté intellectuelle à accepter d'aller mieux !

A contrario, ceux qui souffrent d'un mal chronique restent plus difficiles à appréhender, voire à convaincre. À leur décharge, ils ont un passif supplémentaire. Ils ont dû pour la plupart suivre de nombreux traitements, cela sur de longues périodes, et craignent de ne plus pouvoir s'en défaire. En résumé, ils subissent ce que l'on appelle « le mal du siècle ». Ce sont souvent des gens dont le mal permanent depuis de trop longues années finit de désespérer, car aux douleurs lombaires s'ajoutent celles de leur mobilité dans leur vie quotidienne. En effet, lorsque la région lombaire souffre d'un déséquilibre ou d'une bascule, d'autres douleurs sont malheureusement envisageables : douleurs vertébrales bien sûr, douleurs fessières, douleurs de hanche ou encore douleurs du sacrum.

Pour qu'ils « sortent » de cette spirale infernale, il faut non seulement repositionner leur base, mais leur redonner confiance et espoir en un mieux-être possible. Ce sont des gens résignés, « buggés » pourrait-on dire. « Buggés » par eux-mêmes, car si leur conscience aspire à un mieux-être, leur inconscient, lui, ne leur donne plus la force d'accepter les solutions potentielles, minés qu'ils sont par les échecs renouvelés de leurs tentatives successives. En outre, il faut ajouter à cela d'autres types de « bugs » tels que les culpabilités issues des sentences toutes faites, du genre (que j'ai d'ailleurs moi-même véhiculées puisque parfaitement intégrées à ma formation de kinésithérapeute !) : ne pas avoir d'abdominaux, être cambré, etc.

Tant d'interdits sont imposés à ces « lombalgiques », alors que ce livre montre comment ces mêmes personnes pourraient réellement envisager d'enfourner leur pain, de prendre un bébé dans son berceau, de faire de la planche à voile, de retrouver une sexualité épanouie, etc. !

Vivre libre dans son corps, dans son dos, n'est-ce pas vivre en homme debout, confiant dans ses possibilités !

Les dorsalgies

Si elle semble peut-être moins fréquente et peu spectaculaire, la dorsalgie n'en demeure pas moins douloureuse. La rigidité de cette partie du dos façonnée par la cage thoracique explique qu'il y a là plus fréquemment des douleurs et des blocages de « charnières » (C7/D1, D12/L1) entre les courbures cervicale et dorsale ou les courbures dorsale et lombaire.

Par ailleurs, à travers une lecture MPO du corps, j'ai constaté que les pathologies d'un seul étage vertébral restaient rares. En effet, c'est au centre de la courbure, qu'apparaissent régulièrement les douleurs, et plus précisément au niveau de blocs vertébraux tels que D1.D2.D3 – D4.D5 – D8.D9.D10.

Pour le thérapeute, l'attention apportée aux dorsalgies passera avant tout par le rééquilibrage du bassin et des étages L4/L5. Cela permettra d'obtenir une vraie base sur laquelle une libération pourra s'opérer plus haut, sur les différents étages concernés.

Compte tenu de son implication dans la respiration, et de sa relation avec la nuque d'un côté, le diaphragme et le plexus solaire de l'autre, il est facile d'imaginer que cette région dorsale constitue la cible privilégiée des désordres émotionnels et affectifs.

Les émotions dans leurs variantes les plus larges (mauvaise nouvelle, surprise, trahison, chagrin, joie, larmes, etc.) y bloquent notre respiration, y bloquent également le plexus solaire, c'est-à-dire pour certaines croyances, notre centre sur le plan énergétique et spirituel. Sous l'emprise du choc généré par cette émotion, notre rythme respiratoire diminue au point de nous trouver en apnée avant même que ne s'opère parfois le processus inverse, une accélération de ce même rythme.

« J'ai pris un coup au plexus », « j'ai reçu un coup de poignard entre les omoplates », « j'en ai plein le dos », ces complaintes récurrentes traduisent parfaitement ce qui s'imprègne dans le corps après des événements périphériques.

Sur nos dorsales et sur cette région thoracique, nous portons nos soucis et nous inscrivons dans la mémoire du corps nos souffrances d'ordre émotionnel ou affectif. Une peine, un chagrin, une tension au travail, dans le couple... une vraie somme au fil du temps, tout cela s'inscrit dans notre dos et resurgit souvent aux charnières sterno-costales, sur des points très sensibles, des douleurs ressenties à l'image de piqûres d'aiguille.

Les mêmes désordres se retrouvent dans le dos entre les omoplates où les côtes en forme d'arceau peuvent tout aussi bien donner des douleurs, comme encore ailleurs, sous le bras.

Sylvia

Pour illustrer ce principe de la dorsalgie émotionnelle, voici le cas de Sylvia, une femme d'une quarantaine d'années. Se plaignant du dos depuis longtemps, elle avait consulté plusieurs thérapeutes, mais rien n'y fit. À son arrivée à mon cabinet, je lui travaillai son bassin, dans un premier temps ; bassin dont le déplacement était tel que j'imaginais sans peine qu'il était à l'origine de son mal et que, très vite, cela suffirait à stabiliser ses dorsales. Mais cela n'y suffit pas et ma patiente souffrait toujours. Je prie alors la décision de faire des tests en kinésiologie pour comprendre cette résistance. Travaillant ensemble sur son émotionnel, nous sommes remontés à un événement de ses quinze ans, en résonance avec un conflit paternel. Puis, simultanément au travail effectué sur sa vertèbre saillante et douloureuse, elle vit défiler devant ses yeux la scène où jeune adolescente elle fut blessée par son père qui, dans une colère alors qu'elle quittait la pièce, lui lança violemment une chaussure dans le dos. Cette vertèbre, aujourd'hui endolorie, portait la mémoire de ce choc. Évidemment, Sylvia n'avait jamais fait le lien entre cet événement et ses douleurs récurrentes. Souvent d'ailleurs nous zappons certains événements de notre mémoire pensant que l'oubli est une solution. Ainsi faisait cette femme. Erreur ! car le mal n'en est que plus sournois. D'ailleurs, le fait d'avoir mis le doigt sur cet événement (au sens propre comme au figuré !), lui permit de prendre conscience que son mal de dos n'était pas qu'un simple problème mécanique et, depuis ce jour-là, elle n'en a plus souffert.

Pathologie surtout répandue dans les métiers manuels sollicitant les membres supérieurs, la dorsalgie peut se résoudre rapidement par un soin local, une fois le travail sur la base (le bassin) accompli.

Paradoxalement, elle se manifeste parfois, sur certaines personnes, à la suite d'un travail MPO sur le bassin. À cela une explication simple : la mise en équilibre et la stabilisation du bassin vont révéler toutes les compensations que le corps avait créé en amont pour compenser les déséquilibres précédents. Il s'agit de dorsalgies anciennes, « anesthésiées » pendant un temps par des réflexes compensateurs.

À ce titre, le cas du champion cycliste professionnel Arnaud Tournant[1], concernant sa lombosciatique avec hernie discale, est particulièrement édifiant. C'est effectivement après le travail logique de sa base où siégeait sa pathologie discale que s'était révélé son mal dorsal.

Enfin, chez de nombreux patients, le mal remonte les étages jusqu'à la base du crâne. Pour certains, c'est un mal ancien sur le retour, ou encore un mal caché, ignoré.

Les cervicalgies

Le cou ou son approche symbolique :

à travers le cou et la gorge, nous ingérons ce qui nous maintient en vie physiquement – l'eau, la nourriture, l'air – et exprimons nos sentiments sur la vie.

De la tête viennent les sentiments et les expériences qui descendent dans le corps pour être traduits en actions.

Du corps, les réactions montent à la tête pour s'exprimer – le cou agit donc comme un médiateur et un pont entre le relatif et l'absolu. Par conséquent, c'est un point naturel de court-circuit, là où se loge souvent la

1. Voir page 94.

rupture entre l'esprit et le corps, notamment si la communication à double voie entre l'esprit intellectuel et les sentiments du cœur est d'une manière ou d'une autre conflictuelle.

La plupart d'entre nous ont davantage d'énergie dans la tête (on passe beaucoup d'heures à penser et à parler) que dans le cœur et, bien souvent, à ses dépens. Cela peut créer une tension ou même une rigidité dans le cou – l'endroit même de la bataille entre les deux. Toutefois, si la tête et le cœur peuvent communiquer entre eux et se respectent, il n'y a aucune raison qu'ils se sentent étranglés ou réprimés.

Trouvons de quel étranglement notre cou a besoin d'être libéré ? Avons-nous besoin d'écouter nos sentiments ? Avons-nous besoin de mettre moins d'énergie dans la pensée et davantage dans l'action ?

Les conflits peuvent également indiquer une répulsion de notre corps, peut-être due à des abus du passé ou à une incapacité. Le cou tient notre tête droite et nous permet de regarder en avant et d'affirmer notre dignité et notre courage. Une tête penchée implique un état d'esprit renonçant, une incapacité de faire face à ce qui se présente.

Le cou permet également à la tête de bouger, de se tourner pour voir de tous les côtés, d'embrasser une plus large réalité que celle qui s'offre devant nous. Cela implique une ouverture d'esprit et l'acceptation d'autres points de vue.

Si notre cou est raide et douloureux est-ce parce que nous ne nous attachons qu'à notre propre point de vue. Ressentons-nous trop de préjugés ou de résistances à l'égard de quelqu'un ? Sommes-nous devenus trop bornés et limités dans nos attitudes ou dans nos habitudes ?

Un cou tendu limite également la quantité de sentiments qui peuvent être exprimés de l'intérieur. Quand nous ne pouvons plus librement bouger notre cou, est-ce que quelque chose nous étrangle et nous rend incapable de bouger ?

Un cou tendu peut également indiquer une incapacité de prendre une décision – à savoir, dans quelle direction se tourner ?

Les cervicalgies, approche somatique :

ces pathologies siègent donc à l'étage cervical et concernent la zone la plus souple et la plus mobile du rachis. C'est cet étage qui permet de diriger notre tête dans les différents plans de l'espace pour observer, communiquer, se diriger ou prévoir.

À travers mes années de pratique, je reste toujours « étonné » de voir la manière dont les plans des épaules et de la tête s'adaptent à celui du bassin.

Comme nous l'évoquerons tout au long de cet ouvrage, la résonance ou les conséquences de l'inclinaison du bassin sont un dénominateur quasi commun à l'ensemble des pathologies du dos, et cela d'autant plus si la dite inclinaison existe depuis de nombreuses années.

Dans ces conditions, et par rapport à une ligne d'épaules modifiée de fait par le déséquilibre du bassin, les cervicales provoqueront des transformations sur plusieurs étages, et cela dans leurs appuis. Reliées entre elles par les disques vertébraux dans leur partie antérieure et en arrière par les articulaires postérieures, elles forment une sorte de trépied qui, dès lors, ne va plus répartir le poids et les diverses contraintes du corps de manière harmonieuse. Avec le temps, les souffrances se localiseront davantage sur le disque ou sur une partie de celui-ci, ou encore sur une articulaire postérieure de manière plus marquée. Par ailleurs, d'autres modifications s'opéreront dans les différents étages vertébraux pour repositionner l'horizontalité du regard.

La tête est une sphère en appui sur l'anneau de l'atlas, première vertèbre cervicale, et pivote autour de l'apophyse odontoïde (en forme de dent) de l'axis, deuxième vertèbre cervicale, le tout comme une véritable tour d'observation mobile, à l'image d'une tourelle de char d'assaut. Notre avantage par rapport à l'engin blindé vient que, lors d'une modification de terrain, nous nous adaptons et mobilisons nos articulations cervicales moyennes et inférieures pour maintenir le regard horizontal. En revanche, un inconvénient demeure si cette modification de terrain résulte du bassin et date d'un certain temps, car alors, l'adaptation des étages inférieurs entraînera inéluctablement frottements, conflits, frictions, douleurs et arthrose à terme. Sur ce, la pratique du sport, la simple marche et les différents efforts que nous impose le quotidien vont s'emmagasiner dans le corps et contracter une dette dont nous devrons nous acquitter tôt ou tard.

« Les deux sexagénaires »

Voici deux sexagénaires de sexe féminin qui nous aideront pour les besoins de notre démonstration :

— la première, Madame M., est de grande taille, une caractéristique anatomique souvent source de pathologies car « les grands » ont tendance, de façon réflexe et humaine, à se mettre à la hauteur de ceux qui sont plus petits qu'eux et prennent, à l'occasion, des mauvaises postures.

Madame M. fait donc partie de ces personnes-là. En arrivant à mon cabinet, il y a quatre ans, elle souffrait de cervicalgie chronique.

Une fois l'incontournable travail du bassin accompli, et autant dire qu'il présentait une bascule importante, les soins qui ont suivi pendant trois années (à raison d'une séance tous les deux mois) ont consisté en un effacement de ses souffrances, vertèbre par vertèbre, sur les points réactifs et réflexes des épineuses. Il a fallu tout ce temps pour parvenir à l'abandon de ses douleurs et de ses tensions de nuque. Mais la victoire est bien là ! À soixante ans, cette femme revoit la vie en rose...

— la seconde personne de ma démonstration souffre également de cervicalgie depuis longtemps, à laquelle s'ajoute un problème d'arthrose. Elle aura néanmoins un parcours et des réactions différentes de ceux de Madame M.

Première séance : équilibrage du bassin (bascule de deux bons centimètres).

Deuxième séance : travail sur les cervicales et sur ce qui sera révélé en amont par le bassin rééquilibré.

Troisième séance : découverte de tensions et de douleurs dorsales hautes, ainsi que des algies (douleurs) aux attaches des muscles du dos sur le bassin, mais plus rien aux cervicales.

Ce qui signifie que cette femme n'a pas de douleurs cervicales dues à l'arthrose, mais bien des douleurs compensatrices de cette zone plus souple, issues du blocage de ses dorsales jusque-là muettes.

En conclusion, ces deux femmes développent bien des cervicalgies chroniques, mais quand la première a nécessité trois années pour se libérer, la seconde n'a eu besoin que de trois séances ! Pourquoi ?

Simplement parce que leur parcours de vie est différent. La première, Madame M., s'est mariée à dix-neuf ans, par amour, certes... mais a dû divorcer deux ans après, mère d'une petite fille. Blessée, ou trahie par cette histoire d'amour, elle n'a jamais pu refaire sa vie. Mais, au-delà de cette fracture, elle avait fait le choix de s'occuper de sa mère. Par amour ou par devoir ?...

Cervicalgie : entre cœur et raison !

La seconde personne a eu une vie d'épouse et de mère accomplie, heureuse et passionnante, en Extrême-Orient où elle suivit son mari. Quand celui-ci mourut, elle décida de rentrer en France, heureuse de retrouver ses racines et sa famille.

Sa cervicalgie formait l'arbre qui cachait la forêt. En réalité, elle était bloquée dans ses dorsales, résonances des points « peines et chagrins » liés au décès de son mari bien-aimé [1]. Le diagnostic émotionnel révélé et libéré, associé au travail MPO local, aura permis à cette femme de se libérer rapidement de ses maux.

Les maux de tête, migraines, vertiges, sinusites

La tête ou son approche symbolique :

centre de contrôle, c'est de là que partent tous les ordres d'action, l'intelligence qui gouverne ces actions, les réponses et réactions aux informations reçues, et l'entretien de nos systèmes physique et psycho-émotionnel. Le crâne est le lieu central pour la rencontre subtile de l'abstrait et du relatif.

Nous considérons la tête comme le centre de notre être, pendant que le corps est là pour lui offrir un véhicule et donner certaines sensations. Nous couvrons le corps de vêtements et le coupons ainsi de toute vision personnelle, alors que la tête est laissée nue, ouverte à la communication et au contact. Mais le corps contient le cœur et nos sentiments les plus profonds. Le résultat est une séparation entre la tête et le cœur, entre les pensées et les émotions. En dessous, le cou se couvre et se cache. C'est là en effet que nous gardons tous les sentiments que nous voulons conserver en secret. Par conséquent, le corps contient tous les sentiments et les problèmes réprimés et trop déplaisants pour que nous souhaitions les montrer en

---

1. Voir page 142.

public, pendant que la tête montre le stress de sa séparation avec le cœur.

La névralgie glosso-pharyngienne ou « Les malheurs de Sophie »

« En 1995, à l'âge de trente-cinq ans, j'ai commencé à avoir de fortes décharges électriques dans la bouche que provoquaient la parole et la mastication. Ces douleurs, insupportables dans la journée, cessaient heureusement la nuit.

Au début, les douleurs duraient environ un mois puis disparaissaient subitement et me laissaient parfois jusqu'à six mois de répit. Mais, petit à petit, elles ont empiré et les périodes de répit diminué.

J'arrivais à "survivre" grâce à de fortes doses de médicaments difficiles à doser et qui m'abrutissaient fortement.

La maladie qui m'affecte porte un nom : la névralgie du glosso-pharyngien. Elle est connue pour ces douleurs fulgurantes.

En 1997, je me suis fait opérer. L'IRM avait montré une volumineuse artère vertébrale du côté droit. On pensait donc que les douleurs étaient provoquées par un conflit vasculo-nerveux entre le nerf glosso-pharyngien et cette volumineuse artère.

Malheureusement, lors de l'opération, le conflit se révéla moins net qu'à l'IRM. Ce qui explique peut-être que, moins d'un an après l'opération, mes douleurs reprirent de plus belle.

Ayant tout essayé du côté de la médecine "classique", je me suis donc tournée vers l'acupuncture et l'homéopathie (pendant un an). J'ai également rencontré un spécialiste de la douleur, un psychiatre, ainsi qu'un magnétiseur. Bref, je commençais à désespérer de ne plus souffrir un jour, d'autant plus qu'on m'avait dit, qu'il était rare que les névralgies disparaissent.

En octobre 2002, je rencontrais Nicolas Bounine. J'avais beaucoup hésité à le voir car on me l'avait présenté comme un ostéopathe. Or un neurologue m'avait mise en garde contre de mauvaises manipulations de la tête qui pouvaient vous paralyser à jamais. Mais peine perdue, j'y suis allée et, après quelques séances, je commençais à aller mieux. En mars 2003, sur une échelle de 1 à 10, mes douleurs avoisinaient le 1...

D'avril à mi-juillet 2003, j'ai même arrêté tout traitement médicamenteux.

Mi-juillet, j'ai eu de nouveau des douleurs violentes qui ont fortement diminué au bout d'une semaine après avoir vu Nicolas Bounine. (Ces mêmes douleurs duraient un, voire deux mois avant que je ne le consulte.)

Depuis août 2003, je n'ai pour ainsi dire plus de douleurs, seulement de petites gênes de temps en temps.

Au-delà du fait que ma vie est maintenant réellement transformée, je voudrais souligner deux points :

— je ne regrette en rien mon opération. J'ai rencontré des médecins humbles et très pointus dans leur domaine, mais qui n'ont jamais fermé les portes des médecines "parallèles" ;

— il ne faut jamais désespérer et toujours se battre afin de trouver des solutions autres que celles que la médecine "classique" propose. Ne jamais accorder de crédit à ceux qui, vivant mal leur incapacité de vous soulager, dénigrent systématiquement ce qu'ils n'expliquent pas. »

Au dire des médecins qui l'ont opéré pour lui mettre des plaques de téflon dans son crâne, cette névralgie glosso-pharyngienne était due à la rencontre de la circulation vasculaire de ses artères vertébrales (à vrai dire, des pulsations de son artère vertébrale) avec son nerf glosso-pharyngien situé à la base du crâne. Quand je l'ai reçue la première fois en consultation, j'ai constaté une fois encore qu'il y avait un déséquilibre du bassin. Or un bassin qui n'est pas en place peut, en soi, provoquer une sciatique, un mal entre les omoplates, et pourquoi pas une névralgie glosso-pharyngienne. D'ailleurs, en quelques séances, sur trois à quatre mois, le problème s'est résolu, et pourtant cela faisait sept ans qu'elle souffrait le martyre. Elle n'a plus pris de médicaments. Quant à la rechute évoquée dans son témoignage, nous entrons là dans la sphère typiquement émotionnelle. En effet, une « bombe » lui était tombée dessus : mutation professionnelle de son mari à l'étranger... choc et bousculade ; changement de vie et changement de repères en perspective...

Quand on travaille en MPO, et notamment ici au niveau occipital (à la base du crâne, sur les première et deuxième cervicale, c'est-à-dire au niveau du passage du nerf), quand on libère cette région donc, et qu'en parallèle il y a un bon positionnement du bassin, quelques séances suffisent, on l'a vu avec Sophie, pour apporter un soulagement.

Il est évident que le travail doit se poursuivre pendant des mois, mais si la base est bien en place, cela apporte au patient un salutaire et indispensable confort de vie. C'est tout l'intérêt de cette méthode favorisant la pérennité du traitement suffisamment longtemps, voire durant des années.

Dans le cas de Sophie, certaines choses n'avaient pas été suffisamment éliminées pour que son bassin puisse résister à la nouvelle de la mutation de son mari. En réalité, je n'avais pas assez travaillé sur l'émotionnel. Par la suite, la mutation ne s'est pas faite, elle m'avoua combien elle était soulagée de ne plus avoir à déménager et de rester vivre à proximité de mon cabinet tant qu'elle se sentait encore vulnérable.

Voilà une réaction bien humaine, pourtant j'invite plutôt mes patients à se prendre en charge et à ne venir me voir qu'occasionnellement. Certains viennent deux fois l'an et cela suffit. Je préconise rarement des séries de trente séances, parfois de dix, et en général, de quatre ou cinq selon les pathologies ou les événements récurrents dans la vie de certains patients.

Dans le cas de Sophie, l'annulation de son départ à l'étranger, avec son mari et leurs trois enfants, a suffi à faire disparaître le mal. J'en tire comme enseignement qu'à l'avenir j'aurai à travailler sur son émotionnel pour que les événements extérieurs n'aient plus prise sur elle ou, du moins, pour éviter toute somatisation de sa part, et que ces mêmes événements ne soient plus en résonance avec ses souffrances antérieures (abandon, trahison, deuil...). En tout état de cause, elle est aujourd'hui stabilisée sur le plan mécanique. Elle a pris elle-même conscience de la relation entre l'événement de la mutation de son époux et les effets sur son corps.

Les migraines

Le diagnostic de la migraine est généralement établi dans le cadre d'une consultation médicale, et génère systématiquement des traitements médicamenteux.

Pour ma part, j'ai constaté que cette pathologie douloureuse et de plus en plus répandue trouve souvent son origine dans des blocages mécaniques et des problèmes digestifs.

Les blocages mécaniques auxquels je fais allusion, situés à la base du crâne, ou base occipitale et sur la 1re cervicale, correspondent à un problème d'assise de la tête[1]. (Les cervicalgies : la tête, par sa base, repose en effet sur l'anneau de l'atlas qui, lui, pivote autour de l'odontoïde de l'axis, apophyse osseuse verticale.)

J'ai constaté également que c'est toujours sur un terrain somatique faible ou fragilisé que les migraines prennent racine et s'installent. Le dénominateur commun à tous ceux qui en souffrent demeure un mauvais positionnement de la base sacrée ou pelvienne auquel s'ajoute une modification du positionnement de la base crânienne.

Quant à la relation avec des problèmes digestifs potentiels, j'en ai pour preuve la résonance que la 1re cervicale possède avec la sphère digestive. Des abus alimentaires ponctuels, un dîner tardif trop arrosé, un grignotage récurrent, ou tout simplement une mauvaise hygiène alimentaire constituent autant d'éléments source d'intoxication du foie et/ou d'engorgement du système digestif. Si cela vous arrive, faites le test de toucher cette 1re cervicale un jour où vous êtes « barbouillé »... et que la tête vous fait vivre un cauchemar. Le test est éloquent !

À travers le MPO, je repositionne les deux bases fondamentales (pelvienne et crânienne). Ce repositionnement parallèle est une action de rééquilibrage. Un rééquilibrage qui souvent règle durablement les migraines d'ordre mécanique, et soulage grandement les migraines d'origine digestive.

Quant aux migraines dites héréditaires !

Voici un exemple, celui d'une famille dont la mère et deux de ses filles souffraient de migraines. La première fois que je les ai traitées, c'était il y a dix ans. Le diagnostic d'alors était clair : migraine familiale d'origine héréditaire, voire génétique. Aujourd'hui, aucune n'en souffre, elles n'ont plus de migraines et, si elles viennent

1. Voir page 145.

me voir encore, c'est uniquement pour d'occasionnels problèmes de dos.

Cet exemple pris parmi d'autres du même ordre m'inspire la parenthèse suivante. Quand un parent souffre de migraines, et plus fréquemment la mère, son ou ses enfants vont assister à des scènes du type : position allongée de longues heures dans le noir, ou pose d'un bandeau sur les yeux, etc. Inconsciemment, ils vont les enregistrer et, par mimétisme, certains vont s'identifier et reproduire le processus. Un mimétisme particulièrement lisible dans les familles dites « recomposées », où j'ai vu des enfants plus proches morphologiquement et physiquement de leur beau-père que de leur père géniteur. Idem sur des enfants adoptés, le mimétisme est tel que l'on peut vraiment croire dans certains cas à une filiation directe.

Les vertiges

Les vertiges sont communément associés à des problèmes d'oreille interne. Or, cela ne suffit pas toujours à justifier cette pathologie. J'ai pu constater que plusieurs cas de vertiges traités par l'oreille interne n'ont pas été couronnés de succès.

En effet, les problèmes de translation et de rotation de la première cervicale en constituent souvent la véritable cause. La base du crâne et la 1re cervicale forment ce que l'on appelle la charnière occipito-atloïdienne. Le simple repositionnement du bassin et de cette charnière occipito-atloïdienne peut faire disparaître les vertiges. Ce traitement fonctionnel simple permettrait également de faire l'économie de thérapeutiques parfois coûteuses et inefficaces visant à traiter l'oreille interne.

Les sinusites

Comme les maux de tête et les migraines, j'aborde les sinusites en travaillant la charnière occiput-atlas (C0-C1), puis en agissant sur la deuxième cervicale.

Sur le visage, je m'applique ensuite sur quatre points osseux correspondant aux sinus : deux points sur l'os frontal et deux points sur le maxillaire supérieur.

Sur deux ans de traitements (dix séances environ), une patiente de cinquante-cinq ans a pu récupérer ainsi et son odorat et son goût, perdus suite à une sinusite chronique.

Les membres supérieurs : l'épaule, le coude, la main

Les épaules

Traditionnellement, les épaules sont l'endroit du corps où « nous portons le poids de nos responsabilités ». Quand nous portons les problèmes des autres, que nous assumons des fardeaux qui ne sont pas les nôtres, cette responsabilité peut commencer à se faire sentir très lourdement.

Cela peut être également une manière d'éviter nos propres difficultés : à être trop occupé avec nos obligations envers les autres, nous n'avons plus de temps à nous consacrer !

Épaules tendues : n'y a-t-il pas quelqu'un ou quelque chose que nous aurions besoin de laisser tomber ?

Cette partie du corps est le centre de notre action. Notre action de faire. Par ailleurs, notre énergie créatrice circule des épaules vers les bras et dans les mains où elle émerge dans tout ce que nous faisons.

L'énergie du cœur remonte aux épaules pour ensuite se manifester dans les bras – dans l'étreinte et le toucher. Cela devrait se réaliser sans difficulté, mais il arrive souvent que se produise un blocage de cette énergie au niveau des épaules provoquant douleurs et raideurs. Le conflit intérieur peut s'exprimer au niveau des épaules si nous embrassons quelqu'un que nous n'aimons pas, si nous sentons que nos avances sont rejetées ou que nous craignions de vivre une situation intime avec une personne.

Lorsque nous avons peur, nos épaules se contractent. Si nous maintenons cette position pendant un certain temps, les muscles des épaules commencent à se bloquer dans cette posture. Bien entendu, notre comportement suit.

Symboliquement, les épaules voûtées indiquent un désir de protéger son cœur ou sa poitrine ; alors que les épaules qui se jettent en arrière, mettant ainsi la poitrine en avant, indiquent une force artificielle, qui ne sert bien souvent qu'à cacher ses propres peurs. Les épaules en arrière sont également une manière de retenir ses sentiments, notamment ceux que l'on veut laisser hors d'atteinte ou de portée.

Madame V. institutrice

Âgée de cinquante-sept ans, Madame V. vint me voir car elle souffrait d'une périarthrite calcifiante de l'épaule. Voilà plus de trente ans qu'elle reproduisait tous les jours de la vie scolaire ce geste que nous avons photographié enfants... celui de la maîtresse au tableau, avec une craie blanche à la main qui court sur cet écran noir ou vert selon la classe...

L'examen de son bassin révéla un profond décalage ; inutile de s'y étendre davantage... mais ses gestes d'écriture et d'effacement du tableau finirent par créer une pathologie tendineuse en sollicitant d'une manière constante sa charnière cervico-dorsale. En trois séances, elle retrouva un usage normal de son membre supérieur et une véritable sérénité dans son quotidien professionnel.

La dernière fois que nous nous sommes vus, elle me témoigna de sa profonde reconnaissance car ses souffrances avaient été telles, qu'elle crut être obligée de quitter ce métier pourtant cher à son cœur.

Monsieur B. : chef d'orchestre

Chef d'orchestre de renommée internationale, Monsieur B. souffre lui aussi d'une périarthrite de l'épaule, à laquelle s'ajoutent une fatigue des cervicales et des fourmillements dans la main droite.

Quand il arriva à mon cabinet la première fois, il s'inquiétait de sa gêne à tenir longtemps sa baguette !

Comme pour le cas précédent, j'abordai son traitement par le rééquilibrage du bassin suivi d'un travail cervico-dorsal. Et il ne souffrit plus de sa main, ni de son épaule, tant il était clair que la cause de ces maux venait de ses vertèbres.

Au fil de nos rendez-vous, il me témoigna également de son éloignement avec ses proches. Ne pas pouvoir les « em-brasser », ne pas pouvoir les épauler, ne pas se sentir épaulé lui-même par leur présence, semblaient autant de bonnes raisons de souffrir...

Le dénominateur commun à ces exemples associe le stress de la vie professionnelle aux gestes répétitifs, à la sur-sollicitation d'une articulation et, surtout... à une bascule du bassin.

Là encore, le déséquilibre du bassin nous montre combien il est responsable de dérèglements en chaîne, soit vers le haut du corps et ses extrémités, soit vers le bas, comme nous le verrons dans les chapitres suivants.

Les coudes

Les articulations offrent le mouvement et la flexibilité. Si nous ne pouvons pas plier le milieu du bras, posons-nous la question : qu'est-ce que cela m'empêche de faire ou de vivre ? Cette articulation du coude nous permet également de réagir avec énergie et vigueur ; n'oublions pas « l'huile de coude »...

Une synovite du coude est une inflammation de l'articulation témoignant que quelque chose en nous est irrité ou en colère à propos de ce que nous faisons...

Au plan somatique, les pathologies du coude comme les tennis ou golf-elbow se traitent couramment en travaillant les deux cervicales C5 et C6. Dans leur dysfonctionnement, ces deux vertèbres occasionneront une diminution du passage de l'influx nerveux. Dans des sports asymétriques, comme ceux-là, il y a surcharge des articulations. Les vibrations générées par les coups portés vont se répercuter jusqu'aux tendons. L'os perdant de sa souplesse se fige et ne peut plus honorer sa fonction de transmission. Les tissus mous en pâtiront d'office.

Les mains

Les enfants développent leurs capacités mentales en travaillant avec leurs mains.

Les conflits dans nos mains montrent que nous avons envie d'aller vers l'extérieur et de toucher, mais que nous réprimons notre désir par peur ou sentiments d'insécurité.

Des mains raides témoignent d'une attitude rigide ou d'une résistance envers notre activité ou l'expression de nos sentiments.

Des mains douloureuses montrent que ce que nous faisons nous met mal à l'aise, ou que quelque chose qui a été fait nous a blessé.

Des mains qui souffrent d'arthrite impliquent souvent une attitude trop critique envers ce que nous faisons ou ce que nous avons fait.

La transpiration excessive des mains indique que nous nous sentons nerveux, anxieux, voire effrayé par ce que nous faisons.

Des mains froides peuvent montrer que nous réprimons certains de nos sentiments – peut-être un amour retenu ou une implication émotionnelle non dévoilée – ou que nous avons peur de nous engager ou de participer.

Les poignets

Ce sont les articulations qui relient la pensée à l'impulsion nécessaire à l'activité.

Des poignets raides ou douloureux limitent une grande partie de notre activité…

Des poignets foulés impliquent un conflit mental avec notre activité.

Un poignet brisé indique un conflit profond au sujet de ce que nous faisons ou de ce qui nous a été fait. Qu'est-ce qui est brisé en nous ?

Lettre d'un pianiste professionnel

> « Je soussigné, J.-D. B., déclare avoir rencontré M. Nicolas Bounine en décembre 2001 pour des problèmes de mains qui, à l'époque, me paraissaient insolubles.
>
> Pianiste professionnel âgé de quarante-huit ans, pratiquant depuis l'âge de douze ans professionnellement, j'ai donné de nombreux concerts et exercé la profession de pianiste à l'Opéra de Paris, à partir de 1982.
>
> En 1996, éprouvant des douleurs au poignet gauche et devant l'apparition d'un kyste à cet

endroit, m'interdisant les extensions de la main gauche, j'ai dû être opéré d'une tendinite de De Quervain, avec une immobilisation complète de trois mois.

En 1998/1999 ce fut le tour de la main droite avec un blocage du cinquième doigt, opération qui a exigé un arrêt de huit mois. En 2001, un nouveau kyste est apparu à la main gauche et j'ai dû subir de nouveau une opération qui m'a arrêté quatre mois.

Les différents traitements conseillés et suivis à ces périodes (kinésithérapie classique, re-musculation, infiltrations et pour finir consultations psychologiques) n'ont pas réussi à me faire récupérer l'entière disponibilité de mes deux mains, en tant que pianiste. En résumé, ce furent cinq années de souffrances psychologiques, d'angoisse pour mon avenir, sans parler des conséquences financières de ces arrêts successifs.

Dès la première séance chez M. Bounine, j'ai retrouvé en effet quasi immédiatement une très grande disponibilité de mes mains, et donc une confiance en elles, confiance que je croyais perdue définitivement. Ce résultat a dû être entretenu par quelques séances en 2002 puis leur fréquence a diminué progressivement. J'estimais en 1996 mes possibilités pianistiques à 50 % ; aujourd'hui je pense qu'elles sont à 95 % en prenant de légères précautions [...]. Ce résultat spectaculaire a changé ma vie. »

Le cas de Monsieur B. est intéressant car il met en exergue les connexions énergétiques qui s'opèrent à travers le système nerveux et les chaînes musculaires.

Ce patient a souffert d'une manière récurrente de kystes aux mains. Une carrière de pianiste exige d'elles en effet un tel effort que, dans ce cas précis, les tissus nerveux et musculaires ne parvenaient plus à répondre à la demande.

Mais cela n'est pas la seule raison. En réalité, c'est en amont qu'il faut trouver la cause. Monsieur B. souffrait de blocages et de déficits moteur aux étages cervicaux inférieurs et dorsaux supérieurs, d'une part, et d'une forte inclinaison du bassin, d'autre part.

Pour faciliter la compréhension des synergies, sachez que tous ces étages vertébraux sont précisément en correspondance avec les mains.

Il a donc suffi de rééquilibrer le bassin et de travailler les étages vertébraux intéressés pour que le musicien retrouve la mobilité de sa main et tout ce qu'il décrit dans son témoignage. À aucun moment, je n'ai eu à travailler sur ses mains directement…

Aujourd'hui, quand il vient me voir, je reste émerveillé de découvrir combien sa sensibilité d'artiste s'ouvre au travail que je m'applique à faire sur la matière osseuse et sur le corps énergétique, car lorsque je pose mes doigts sur les os de son bassin en début de séance, il ressent immédiatement la connexion avec ses doigts qui dès lors se détendent.

Pour d'autres pathologies de la main (syndrome du canal carpien, maladie de Dupuytren, etc.), il est important de travailler localement sur le poignet et la main. Plus ce travail s'effectue précocement dès la pose du diagnostic, meilleurs sont les résultats. Je l'ai constaté de nombreuses fois qui ont pu de fait éviter une opération !

L'attitude scoliotique

L'attitude scoliotique constitue une déformation de la colonne vertébrale due exclusivement à un déséquilibre du bassin. Nous la différencions volontairement de la scoliose[1] qui, elle, a une origine double : le crâne et le bassin.

Traduite par une position en « S » dans l'espace, mais sans rotation des corps vertébraux, cette déformation touche essentiellement les enfants et les adolescents.

Un bassin équilibré représente donc symboliquement la rencontre harmonieuse du masculin et du féminin. Il demeure l'expression de cette assise transmise par les parents, par l'amour de chacun porté à l'enfant.

À l'opposé, un bassin en déséquilibre peut donc logiquement signifier une dysharmonie, voire un manque ou une rupture avec l'un ou l'autre, avec le père ou la mère[2].

Dès lors, quand un enfant ou un adolescent développe une attitude scoliotique, on est invité à se poser certaines questions : l'enfant est-il soutenu comme il le désire ? Lui fait-on suffisamment confiance ? A-t-il confiance en lui-même ?

Au plan somatique (donc mécanique), deux à trois séances de MPO suffisent à éliminer l'attitude scoliotique. Une surveillance d'une à deux séances par an pendant la croissance est fortement conseillée.

---

1. Voir page 204.
2. Voir page 44.

2. Du bassin vers la terre

Les lombosciatiques, sciatiques et cruralgies

La lombosciatique associe des douleurs lombaires et des irradiations sur tout ou partie du trajet du nerf sciatique, derrière la fesse et derrière, ou sur le côté du membre inférieur et jusqu'au pied, au niveau du talon et du gros orteil. Elle résulte d'un pincement intervertébral ou d'une atteinte au niveau des articulaires postérieures des vertèbres ou encore, d'une protrusion (premier stade d'une hernie discale) ou hernie discale entre les corps vertébraux.

La sciatique peut se manifester, disparaître et réapparaître dans le temps, comme elle peut être permanente et d'intensité plus ou moins importante. Dans tous les cas, une réversibilité est possible.

Quant à la sciatique paralysante, elle atteint un stade pathologique qui implique une urgence opératoire. Dans ce cas précis, le noyau discal qui saille de l'espace intervertébral est trop délogé et ne peut plus être réintégré. Il arrive parfois qu'il en soit même complètement exclu.

La lombosciatique avec hernie discale

Madame M. : coiffeuse

« Ma rencontre avec Nicolas Bounine remonte à l'année 1997. À l'époque, je possédais un salon de coiffure. J'ai commencé à ressentir des douleurs dans le bas du dos qui se sont peu à peu considérablement amplifiées. J'ai donc consulté un médecin spécialiste du dos qui, d'après mes radios, a détecté une hernie discale située entre L4 et L5.

Dans un premier temps, ce médecin m'a prescrit des anti-inflammatoires associés à des infiltrations. Ne pouvant m'arrêter de travailler (pour éviter la fermeture de mon entreprise), j'ai donc suivi consciencieusement mon traitement.

Malheureusement, après plus d'un mois et cinq infiltrations, le traitement n'avait rien fait. Je me tenais de plus en plus penchée, mi en avant, mi sur le côté, façon “Quasimodo”, rencontrant de sérieuses difficultés pour pratiquer mon métier.

Le médecin a donc conclu que mon cas était “désespéré”, et qu'il me fallait en urgence subir une opération de la hernie.

Cette décision tomba sur moi comme un couperet et, complètement désespérée, je regagnai mon domicile sachant deux choses : je ne pouvais laisser mon entreprise et il était hors de question que je me laisse “charcuter” le dos…

Malheureusement, la douleur devenue insupportable, je devais malgré moi me résigner à prendre rendez-vous avec le chirurgien.

C'est alors, sur les conseils inopinés de ma banquière, que j'ai pris rendez-vous au cabinet de Nicolas Bounine.

Cette rencontre fut pour moi à la fois une bénédiction et une descente aux enfers ! Lors de ma première visite, il m'a expliqué qu'à la vue de mon état, il ne savait pas s'il serait dans la possibilité de faire quelque chose pour moi. Pourtant, après cette première séance, je ressortais droite comme un "I", ressentant moins la douleur, ce qui pour moi tenait déjà du miracle ! Cela a tenu à peu près une quinzaine de jours, mais comme je voulais continuer de travailler, à nouveau les douleurs reprirent. M'obstinant à ne pas modifier ma cadence de travail, les limites furent atteintes et je dus rester couchée.

J'étais paralysée. Les pieds gonflés telles des brioches, je ne pouvais plus me chausser. La peau craquelée et purulente par endroits, on ne faisait plus la différence entre le dessus des pieds et les chevilles. Mon médecin traitant atterré restait sans voix et... sans diagnostic.

Cette situation dura près de deux mois, durant lesquels N. Bounine a fait le maximum pour me soulager. Malheureusement, rien n'y fit. Pourtant, je m'accrochais et ne cessais de croire aux soins qu'il me prodiguait.

Jusqu'au soir où, ne pouvant plus me déplacer, Nicolas vint à mon domicile. La manipulation fut longue et douloureuse, mais après deux mois à me droguer d'anti-inflammatoires et à souffrir le martyre, cette douleur-là me faisait presque du bien. Puis, "quelque chose" s'opéra, un déclic... et nous avons remporté la victoire. La douleur s'est nettement atténuée et mes pieds ont dégonflé au point que mon médecin n'y comprenait plus rien.

Après quelques séances, le cauchemar était presque oublié. Lors des trois années suivantes, j'ai consulté Nicolas une à deux fois par trimestre, puis les visites se sont espacées à six mois.

À ce jour, je ne ressens plus aucune douleur. Grâce à mon rétablissement et aux radios de contrôle, les médecins n'ont pu que constater mon amélioration, sans toutefois vouloir admettre (et je le déplore !) les méthodes "douces" mais efficaces qui m'ont été prodiguées. »

Madame L. : bouchère

J'ai rencontré Madame L. en août 2001. Elle venait de province et souffrait de lombalgies chroniques, de migraines et de vertiges. Elle n'avait aucun antécédent de fracture, mais une ancienne hernie discale et plusieurs opérations au ventre entretenaient des douleurs quasi constantes dans sa région lombaire. Ce qui m'a stupéfait lors de ce premier rendez-vous fut de remarquer la talonnette d'un cm qu'on lui faisait porter à droite, alors que son bassin était en fait incliné de deux bons centimètres à gauche.

À la fin de l'année et après trois séances, une stabilisation semblait en cours. Les vertiges et migraines avaient disparu et un soulagement lombaire s'enclenchait déjà. Nous nous sommes vus quatre fois, jusqu'en juin 2002, et, en décembre, après six mois de répit, une dernière séance préventive a permis qu'à ce jour aucune visite supplémentaire ne soit utile. J'ai eu entre-temps par personne interposée des nouvelles excellentes.

Sa vie professionnelle, devenue un calvaire (en position assise à cause de l'asymétrie de ses appuis fessiers, en position debout à cause du port et du mauvais positionnement de sa talonnette), est devenue parfaitement normale et se déroule sans douleurs.

Mademoiselle A. : secrétaire médicale

Mademoiselle A. est une femme de quarante-six ans. Secrétaire médicale, elle souffrait depuis quatre ans d'une sciatique du côté droit due à une hernie et ressentait des douleurs jusqu'à la plante des pieds. Elle avait suivi des séances d'acupuncture et pris des anti-inflammatoires. L'interrogatoire m'informa qu'elle n'avait pas eu de fracture.

(L'existence d'une mauvaise fracture, difficile à réduire, pourrait générer une perte de substance au même titre que des maladies osseuses comme la polio par exemple. Cette perte de substance devient alors une donnée indispensable pour justifier de la problématique d'une jambe plus courte.)

En réalité, une chute sur du marbre provoqua un décalage de son bassin sans qu'il puisse par la suite se repositionner. Par ailleurs, il présentait une bascule de deux centimètres à droite.

J'ai donc effectué un repositionnement de son bassin ainsi qu'une libération des espaces intervertébraux. Elle vint le 23 septembre 2003, puis le 28 octobre suivant. Ce qu'elle m'exprima alors – « je me sens infirme et en tout cas très diminuée » – m'incita à lui faire des tests kinésiologiques. En réalité, elle craignait la rechute. Ses douleurs avaient déjà disparu dès la deuxième séance et, lorsque je la vis revenir le 25 novembre 2003, ce n'était plus la même personne.

Je découvris alors une femme rassurée et confiante, avec le désir de bouger, de partir en province, une femme ayant retrouvé une dynamique de vie, souhaitant à nouveau pratiquer un sport, et n'ayant en fait plus aucune douleur, le bassin maintenant parfaitement stabilisé. En cas de problème, elle sait qu'elle pourra toujours revenir et qu'une séance par an sera nécessaire pour la stabiliser et faire de la prévention.

En fait, le test kinésiologique lui permit de prendre conscience de l'existence d'un blocage d'ordre psychologique – la lutte entre son désir d'aller mieux et sa résignation face à la douleur – blocage grevant sa confiance en une amélioration potentielle.

Madame B. : sexagénaire

Voilà l'exemple d'une femme de soixante-trois ans, travaillant sa vie durant, mère de deux enfants, victime d'une hernie discale et qui aujourd'hui n'a plus rien.

Sa première visite remonte au 11 mars 2002. Souffrant d'une sciatique depuis un mois et demi, elle présentait une hernie discale à droite. En guise de traitement, elle avait pris des anti-inflammatoires, et consulté un kinésithérapeute qui lui permit de remarcher. Diabétique, elle ne put être infiltrée. À l'interrogatoire, elle m'informa d'une fêlure du coccyx survenue enfant. Par ailleurs, l'observation de son bassin présentait une inclinaison de deux bons centimètres.

Je la vis une deuxième fois à la fin du mois de mars 2002, soit un peu plus de quinze jours après. Son bassin était en place et tous les étages lombaires libérés jusqu'aux étages sacrés. La jambe semblait bien mieux et avait de bonnes sensations. Deux semaines plus tard, pour sa troisième visite, son bassin avait bougé de nouveau. Le travail d'effacement des points osseux du bassin n'avait pas été assez efficace et, bien qu'il n'ait bougé que d'un centimètre, cela lui avait tout de même déclenché une nouvelle douleur dans la jambe droite.

Elle revint deux mois après, en juin 2002, et là, son sacrum présentait une compensation voire une tricherie, car le reste (lombaires et bassin) était en place. Tricherie, comme si le sacrum, sans perte dans l'horizontalité, se balançait entre les deux sacro-iliaques. De fait, il se mettait en extension et provoquait toujours la même douleur dans la jambe droite (L5/S1). Je lui travaillai donc cet espace L5/S1 une nouvelle fois pour libérer enfin cette sciatique. Puis, dans une démarche préventive et avant de partir en voyage, Mme B. revint me voir une cinquième fois, en juillet 2002, et, à ce moment-là, tout allait bien.

Je la retrouvais en septembre 2002 pour une séance de contrôle. En résumé, il y eut pour cette patiente, sa sciatique droite et sa hernie discale, un travail sur cinq séances, de mars à septembre.

Je la revis un an après, le 9 septembre 2003, et elle me confirma que tout allait bien et qu'elle revenait me voir pour continuer d'aller bien… ! Depuis, elle n'a plus eu ni douleur ni séquelle, et voyage sans problème.

Monsieur I. : la démarche de Foi

En septembre 1996, je reçus du Niger l'appel d'un homme de quarante-huit ans souffrant d'une hernie discale provoquant une sciatique forte et permanente. Je lui étais recommandé par un missionnaire de Niamey soigné d'une sciatique quelques années auparavant. Il me demanda plusieurs rendez-vous afin de réserver ses billets d'avion. En octobre, il arriva donc au cabinet aidé d'une canne, boitant et soutenu par une femme du Secours Catholique qui l'hébergeait. À notre première séance, il était si mal qu'il s'allongea sur le canapé de la salle d'attente. Au fil des semaines, il s'assit, se mit debout puis laissa sa canne. À la quatrième séance, sa douleur avait disparu.

Six ans après, en mai 2002, je le vis à nouveau. Ancien joueur de football, passionné, il revenait pour une douleur récurrente au genou. Il m'apprit qu'entre temps il dut subir une opération pour sa hernie. En réalité, le disque avait été littéralement expulsé à l'occasion d'un accident de voiture spectaculaire. En effet, pour éviter un attroupement festif à l'entrée d'un village, il choisit d'aller percuter un chantier qui se trouvait là. Roulant à plus de 90 km/h, le choc fut à ce point rude qu'il en expulsa son disque intervertébral et bascula son bassin. Le bassin bloqué, tous les maux se déclenchèrent.

Deux séances suffirent à libérer le choc et ses conséquences ainsi que le problème du genou.

Ce qui me touche plus particulièrement dans cette histoire, somme toute assez édifiante, c'est de réaliser combien la démarche entreprise par une personne qui souffre compte dans le processus d'amélioration, de soulagement, voire de guérison. Monsieur I. n'a pas ménagé sa peine, ni son investissement en heures de vol, en moyens et en temps !

Les annales ecclésiastiques sont remplies de témoignages d'anonymes qui, à travers leur démarche vers des lieux saints, ont favorisé ainsi leur processus de guérison.

Mon cabinet n'est pas une succursale de Lourdes, mais je considère que la démarche du patient, son espérance, son investissement personnel, pour ne pas dire son pèlerinage intérieur, ajoutés à la confiance en son thérapeute et en sa thérapie, comptent dans le processus de transformation de la douleur ou de la pathologie, quelles qu'elles soient. Le patient reste pour moi le principal acteur de son mieux-être et de sa guérison.

« Je viens de loin », « j'habite à vingt stations de métro »... sont des petites remarques qui, sous leur aspect anodin, m'indiquent toujours qu'il se passera quelque chose de positif avec celui ou celle qui les prononcent. De même pour ceux qui traversent la France ou franchissent des frontières, les résultats n'en sont que plus probants.

En revanche, mais de façon non contradictoire, il m'est arrivé de ne rien pouvoir apporter à ceux que l'on forçait à venir ou qui attendaient autre chose que ce que je propose.

Pour en finir avec cette approche rapide de nos comportements, retenons l'existence d'un certain type de patient : celui qui, sentant une amélioration, suspend malgré cela le travail ; celui pour qui une incertitude toute personnelle ou la peur de guérir ou encore une critique de la méthode émise par un tiers sont autant d'éléments qui vont irrémédiablement créer des interférences, initier un doute dans l'esprit et bloquer la démarche de guérison.

La lombosciatique par pincement

Monsieur Hans F. : cameraman

« La première fois que j'ai eu mal au dos, j'avais douze ans. Je faisais de la voile avec mes parents et j'ai ressenti une forte douleur dans le bas du dos. Sur les radios, on pouvait voir une petite "encoche" sur le dessus de la vertèbre L5.

Depuis j'ai toujours eu mal et mon métier de cameraman n'a rien fait pour arranger les choses. Au contraire, durant toutes ces années, j'ai dû consulter un médecin chiropracteur. Un jour j'ai même été transporté d'urgence à l'hôpital à cause d'une soudaine paralysie des jambes. Il ne s'agissait pas d'une hernie au sens propre du terme et, pour récupérer, il m'a fallu rester allongé durant trois semaines. Les médecins diagnostiquèrent un spondylolysthésis proche de 8 mm (déplacement antérieur du corps d'une vertèbre par rupture congénitale ou traumatique des isthmes vertébraux qui relient l'avant et l'arrière des vertèbres). À l'époque, on songea à une opération de fusion de L5 au sacrum, mais une telle intervention a des aspects négatifs et n'a pas été effectuée. Depuis, le spondylolysthésis s'est stabilisé. Puis, il y a trois ou quatre ans, j'ai commencé à avoir mal en marchant. Je n'avais plus de sensation dans la jambe droite, j'avais du mal à rester debout et à marcher longtemps.

Après trois ou quatres séances chez Nicolas Bounine, à deux mois d'intervalle, j'ai pu de nouveau marcher comme autrefois sans aucune douleur et exercer mon métier de cameraman. »

Dans certains cas de spondylolysthésis, de problème discal ou encore de canal lombaire étroit (ou syndrome de la queue de cheval, rétrécissement du canal rachidien comprimant des racines nerveuses), l'opération reste souvent la seule solution, mais le cas de Hans, malgré son sérieux mal de dos, est typique d'une possible réversibilité. Avec un passé douloureux depuis l'âge de douze ans, un métier difficile où l'on porte une caméra de 10 kg minimum sur l'épaule et un spondylolystésis de 8 mm repéré sur les radios, on ne lui laissait peu d'espoir d'amélioration. Or tout s'est inversé.

Les sciatiques tronquées ou partielles

Certaines douleurs sciatiques se manifestent par des douleurs qui semblent musculaires, ou affectant la partie d'un membre. Dès lors, l'origine sciatique peut passer inaperçue.

À ce titre, le cas du golfeur José-Maria Olazabal, et de son pied pour lequel aucune investigation au niveau du dos n'avait été pratiquée, est resté célèbre. C'est un ostéopathe allemand qui l'a soigné et guéri en comprenant que tout émanait de son dos.

Jacques : musicien

Jacques est organiste. Il anime des soirées tout au long de l'année. C'est également un sportif qui, après avoir atteint un bon niveau au rugby, reste fidèle à ce sport en retrouvant chaque semaine des « anciens » comme lui. Inconditionnel du footing, il se rendit compte qu'il avait de plus en plus de difficulté à parcourir de longues distances à cause d'une douleur localisée dans une jambe. Par ailleurs, il commençait à prendre du poids.

C'est à ce moment-là, qu'il vint me voir au cabinet. Nous sommes au printemps 2003 et trois séances suffiront pour lui permettre de courir à nouveau de longues distances. Au rugby, il a retrouvé toute sa vivacité sur le terrain et se met à perdre du poids.

Dernièrement, il se faisait livrer un nouvel orgue. En nombre restreint, les déménageurs l'ont sollicité pour déplacer l'instrument. Une invitation à laquelle il répondit avec l'appréhension de se bloquer ! Il n'en fut rien et, trois jours après, il rejouait au rugby.

Ce travail du MPO, outre la reconquête de l'équilibre du bassin, lui a permis de retrouver l'usage complet de cette jambe que diminuait un blocage entre la 5e lombaire et la 1re sacrée (L5/S1). Cette atteinte revêt le caractère de ce que l'on nomme « sciatique tronquée » ou partielle. Cette variété de sciatique touche indifféremment certaines parties des membres inférieurs : fesse, cuisse, mollet ou pied par exemple.

En outre, le fait d'avoir pu porter cet orgue, sans conséquence pour son dos, lui a redonné confiance et a balayé les derniers doutes quant à son rétablissement.

Les sciatiques de l'enfant

Maxime, quatorze ans

Le diagnostic posé considérait que les douleurs de cet enfant venaient d'une tendinite due à sa croissance. En réalité une bascule de son bassin avait provoqué un blocage lombaire au niveau de l'émergence de son nerf sciatique.

J'ai soigné deux fois ce jeune garçon en 2001, notamment suite à une chute, une fois en 2002 et à trois reprises en 2003. Son père m'a adressé une lettre que je publie in extenso en guise de témoignage.

« Cher Monsieur,

Je me permets de vous écrire pour vous tenir au courant de la santé de mon fils Maxime, quatorze ans.

En avril dernier, Maxime souffrait du talon et ne pouvait plus poser son pied par terre. La douleur avait commencé trois semaines auparavant au niveau du gros orteil et était devenue complètement handicapante.

Le chirurgien orthopédiste consulté avait diagnostiqué une tendinite, préconisait béquilles, talonnière et réfléchissait à un éventuel plâtre.

Deux jours après cette consultation, vous receviez mon fils et diagnostiquiez une sciatique. En sortant de chez vous, Maxime marchait normalement.

Cet été, nous avons fait une randonnée en Corse (environ 8 heures de marche par jour). Maxime a "crapahuté" comme un cabri.

Merci encore pour tout. »

Monsieur P.

César, treize ans

Joueur de rugby, ce jeune garçon souffrait de la cheville droite avec des tensions dans ses deux talons d'Achille. Il avait une bascule du bassin d'un cm et présentait deux blocages dans les espaces intervertébraux gauche et droite entre L5 et S1. Là aussi, le diagnostic posé signalait une tendinite et, bien entendu, aucune investigation du dos n'avait été envisagée…

Après lui avoir équilibré le bassin et soigné ses deux espaces lombaires, tout est rentré dans l'ordre.

Melchior, quatorze ans

À la suite d'une chute sur les fesses, survenue dans l'eau et depuis une grande hauteur, le verdict médical fut sans appel pour Melchior : arrêt de tout sport, repos et corset, le tout sans aucun espoir de rejouer au tennis au très bon niveau qui était le sien. Le garçon suivit scrupuleusement ces consignes drastiques.

Quand il arriva à ma consultation, je lui trouvais une forte inclinaison de son bassin à gauche et un pincement latéral droit en L5/S1. Les conséquences de la chute révélaient également des douleurs en hyper lordose (position d'accentuation de la cambrure).

Deux séances de modelage, associé à son traitement, supprimeront toutes les douleurs de Melchior et lui donneront le feu vert du médecin pour rejouer au tennis !

J'insiste sur ce fait. Sport asymétrique, le tennis favorise les maux de dos. Féru de ce sport, ce garçon n'aurait pu le pratiquer sans douleurs si son bassin n'avait pas été repositionné.

Conclusion des sciatiques

Dans le cas de ces pathologies d'atteintes sciatiques, il est possible de trouver associées à des douleurs lombaires des douleurs sur le trajet du nerf, comme des patients souffrant du nerf sciatique sans douleur lombaire. Il existe également des troubles à distance sur un pied, dans un mollet, ou une fesse, constituant des cas de sciatiques partielles ou tronquées. Quant aux faiblesses de cheville, avec entorses à répétition ou chevilles enflées, elles constituent des exemples d'une atteinte du nerf sciatique au départ des lombaires.

Autre type d'atteinte sciatique à différencier d'une atteinte vertébrale, l'atteinte du nerf sciatique due à une contracture du muscle pyramidal. En effet, ce muscle en situation de contracture, plus volumineux et durci en son centre, comprimera le nerf sciatique au niveau de la fesse après avoir émergé de la fosse iliaque. Le signe particulier dit « pathognomonique » de cette atteinte est une douleur sur le trajet sciatique dans la fesse et dans la cuisse, mais ne dépassant jamais le genou, comme des névralgies au niveau de la hanche, au niveau de la crête iliaque et dans le pli de l'aine qui désigneront plutôt une atteinte lombaire et sciatique.

D'ailleurs, toute douleur dans un membre sera mémorisée dans un étage lombaire. Une tendinite d'Achille, par exemple, s'inscrira souvent à la charnière L5/S1, ce qui laisse supposer une cause d'ordre nerveux et non seulement mécanique.

Ce qui est troublant, c'est que, dans le cas d'une épine calcanéenne (excroissance osseuse sous le talon), je trouve toujours une correspondance dans l'étage sciatique situé du même côté.

En résumé, certaines atteintes sciatiques, souvent passées inaperçues, peuvent s'associer à des problèmes osseux, musculaires, voire circulatoires, comme dans le cas d'une cheville enflée par exemple. J'ai également constaté que des chocs directs portés sur n'importe quelle partie d'un membre coïncidaient souvent à des douleurs dans les lombaires et les espaces intervertébraux correspondants. Ce dernier point signifierait que l'information remonte à « l'ordinateur central » pour y être mémorisée.

La cruralgie

Cette pathologie signale une atteinte du nerf crural par pincement ou protrusion à l'étage L3/L4 et peut présenter les mêmes degrés de gravité que la sciatique. Elle se manifeste dans la partie antérieure de la cuisse.

Frédéric, le restaurateur cité dans les lombalgies[1], souffrait d'une cruralgie au point d'envisager une opération. Trois séances suffirent pour éviter cette opération et le libérer totalement.

Les problèmes de genoux

Un jour où nous déjeunions ensemble, une de mes amies, psychothérapeute, m'a donné sa vision symbolique des membres inférieurs. En voici un aperçu, certes léger, mais qui me paraît digne d'intérêt avant d'aborder cinq exemples précis de pathologies du genou.

Les jambes relient notre bassin à la terre. Elles nous enracinent comme elles nous emmènent dans la direction que nous souhaitons emprunter en marchant, en courant, en sautant, et pourquoi pas en dansant, etc. Elles nous renseignent également sur notre manière d'aborder l'existence : est-ce que je marche à grandes enjambées ou à petits pas saccadés ? Est-ce que je trébuche souvent ? Est-ce que je fais des faux pas ? Est-ce que j'avance « à reculons » ?…

Mon amie me suggérait d'observer l'apparence des jambes. Surdéveloppées et très musclées signifiaient pour elle que la personne était par trop ancrée à sa place et donc manquerait de spontanéité, de légèreté ou encore de facilité dans sa démarche. Inversement des jambes sous-développées ou faibles exprimeraient un sentiment d'insécurité.

---

1. Voir page 129.

Les cuisses, plus précisément, sont une partie du corps associée à notre vie intime. Le fait de serrer les jambes, par exemple, protège inconsciemment notre espace sexuel. Si nous ressentons quelques peurs ou résistances, elles se retrouvent bien souvent dans les muscles tendus ou dans les tissus adipeux des jambes, comme un mur protecteur cachant nos véritables sentiments. Les souvenirs d'enfance traumatisante, les problèmes parentaux, la colère, les difficultés du passé... constituent autant de somatisations inscrites à ce niveau.

Quant aux genoux, notre histoire les associe à la démarche d'allégeance des preux chevaliers... Aujourd'hui, s'agenouiller, mettre deux genoux à terre, renoncer à notre ego, ou embrasser l'humilité, induisent des notions pouvant sembler barbares ou dépassées... mais trop de fierté, de vanité, de psychorigidité ou d'inflexibilité est pourtant susceptible de créer des tensions dans les genoux !

Sur le plan somatique, les genoux remplissent un rôle d'amortisseurs et absorbent les chocs entre le poids du corps et les diverses configurations du terrain. Quand nous atteignons la limite de charge supportable, les genoux envoient un message : épanchement de synovie, genou enflammé, disloqué, luxé... En résumé, ces pathologies sont une invitation à lâcher prise !

Les genoux de Valérie ou l'expression d'un dilemme : fléchir ou ne pas fléchir

La vie professionnelle de Valérie l'oblige à voyager régulièrement. Sa société l'envoie très fréquemment outre-Atlantique. Elle est donc souvent en avion.

Depuis trois ans, je la suis pour l'équilibre de son dos. Elle est venue me voir récemment avec des douleurs fortes et tenaces aux genoux. Dans ses loisirs, elle danse en amateur. Pourtant, lors de la consultation, ses douleurs ne me semblent pas liées à la danse. Mon pressentiment s'avéra juste car en l'écoutant, elle me confia que rien n'allait plus dans sa relation avec son employeur. Cet homme exigeait trop d'elle sans pour autant lui témoigner de reconnaissance pour le travail accompli. Dès lors, Valérie et son équipe envisageaient de quitter la société ! Je la sensibilisai sur le fait que les maux du corps sont fréquemment l'expression des émotions, des conflits ou, pour le moins, des états d'âme conscients et bien souvent inconscients. Dans cet esprit, on pourrait imaginer que son patron, « représente son genou droit », et l'entreprise « son genou gauche »... et qu'ils pourraient symboliquement refléter le fait qu'elle ne veut pas fléchir, qu'elle ne veut pas céder à cette situation.

Rassérénée par cette idée, elle m'apprit que son patron avait lui-même des problèmes à son genou droit et des douleurs qui résistaient aux infiltrations... Pas de commentaires !

Quand elle est sortie de cette séance, elle ne souffrait plus de ses genoux.

Avoir un problème lombaire et développer un problème de genou

Ce fut le cas d'une femme âgée de cinquante-trois ans dont la pathologie au genou dépendit finalement d'une partie du traitement qu'on lui conseilla de suivre pour soigner son dos...

Les antécédents de santé de Madame S. témoignaient qu'elle avait eu une scoliose dans son enfance, rééduquée normalement par des exercices de kinésithérapie. Je précise à nouveau ici que pour son développement une scoliose doit bénéficier d'une base propice, à savoir un bassin incliné et vrillé…

Puis, vers la quarantaine, après la naissance de ses trois enfants, Madame S. commença à se plaindre de douleurs lombaires. L'inclinaison de son bassin et son verrou lombaire inexistant mettaient la fameuse 5e lombaire (L5) en danger. Cette L5 entraînait parfois avec elle son disque intervertébral de soutien provoquant des lumbagos et des sciatiques chroniques. Comme le bassin ne fut jamais replacé, les séances de kinésithérapie se succédèrent de nombreuses années.

On lui conseilla, à juste titre, de se baisser le plus souvent car sa 5e lombaire, constamment sollicitée et peu fiable, faisait redouter le pire. En outre, s'ajouta une autre difficulté liée à ses membres inférieurs.

Ceux-ci, de longueurs « inégales » à cause du déséquilibre du bassin, opéraient depuis des années un exercice inapproprié : comme la fausse jambe « longue » était trop sollicitée, la fausse jambe « courte », pour tenter de s'adapter, pivotait et présentait l'espace interne du genou vers l'avant.

Des conseils d'assouplissement lui furent tant et si bien prodigués qu'elle les effectuait assidûment, même pour ramasser une petite cuillère. Et au final, quand elle vint me consulter, et son dos et ses deux genoux la faisaient souffrir. Manifestement, le genou de la fausse jambe longue avait trop travaillé car c'est sur celui-ci que Madame S. mettait tout son poids dans ses postures de repos. C'est également celui-là qu'elle avait le plus sollicité lors de la marche ponctuée par des millions de pas. Pour protéger son dos, elle fléchissait également ce genou à chaque effort pour se mettre sur les deux pieds. Il se mit logiquement à gonfler, à perdre son extension et à faire mal. Quant à l'autre genou, de vives douleurs de la rotule et du ligament ménisco-rotulien se déclarèrent, laissant envisager pour l'avenir un problème de ménisque.

Deux problèmes de genoux simultanés qui empêchaient Madame S. de continuer à se baisser comme il lui avait été conseillé.

Aujourd'hui, après une dizaine de séances programmées sur deux ans, une stabilité totale s'est installée. Grâce à son verrou lombaire des deux sacro-iliaques, Madame S. s'autorise à se pencher pour tous les gestes simples du quotidien. Nourrice de son état, elle le fait également pour les petits enfants qu'elle garde. En respirant, bien campée sur ses deux jambes. Son dos et ses deux genoux ont récupéré leur fonction sans intervention. Des exercices « autour du lit »[1] entretiennent sa souplesse de la région lombaire/bassin et des extensions quotidiennes des genoux lui gardent la forme et évitent les œdèmes.

Cet exemple campe bien un scénario d'engrenage dans lequel le corps peut tomber. En réalité, dès l'adolescence de Madame S., un simple travail curatif, puis préventif, de repositionnement aurait peut-être suffi.

Il est bon de souligner également que, dans les épisodes de lumbagos et de sciatiques, ses lombaires ont souffert tant au plan mécanique que sur le terrain nerveux. Or, ce sont nos nerfs rachidiens qui innervent les muscles, mais aussi les artères, les veines, les os, et tous les tissus des membres. Avec ces blocages et le développement

1. Voir annexes page 295.

de l'arthrose, l'« irrigation nerveuse » ne s'est pas effectuée correctement et cela au détriment des membres et de leurs tissus. Ce qui explique aussi, en dehors des désordres purement mécaniques, cette dégradation progressive.

Le genou droit de Madame D.

Madame D. consulte un jour pour un syndrome fémoro-patellaire droit, c'est-à-dire un syndrome inflammatoire entre la rotule et le fémur, avec œdème et douleur, liés à un *flexum* (ou blocage en flexion permanent) de son genou. Sa jambe avait, de fait, perdu de son galbe.

De prime abord, j'observe l'affaissement de son bassin du côté inversé au genou atteint. Elle, comme Catherine (cas suivant), ne souffre pas de son dos.

Là aussi, je suppute que, pour protéger son dos, Madame D. a inconsciemment abaissé son bassin. De là un conflit par hyperpression permanente entre son fémur et sa rotule en position fléchie.

Dans un premier temps, je lui stabilise son bassin en MPO et lui récupère son extension du genou en libérant ses deux muscles mono articulaires (le court biceps et le poplité) souvent rétractés et bloqués dans la plupart des traumatismes du genou. Puis, je rééquilibre son fémur en travaillant des points osseux fémoraux et tibiaux encadrant sa rotule dont l'extension revient dans la séance.

Pour cette patiente, toutes les résistances et les douleurs auront cédé après trois séances.

Catherine, son genou opéré, ou comment éviter une opération

Une de mes patientes, prénommée Catherine, a eu à consulter un chirurgien dans une clinique parisienne spécialisée dans la traumatologie du sport, pour une rechute et instabilité de son genou opéré suivant le mode opératoire du Dr Lemaire[1].

Une nouvelle intervention semblait incontournable car tout s'était distendu depuis sa dernière opération. Et c'est avec des cannes anglaises, utilisées pour soulager son genou de nouveau instable et douloureux, qu'elle vint me voir sur les conseils d'une amie. L'intervention chirurgicale étant prévue un mois plus tard, il s'agissait pour elle d'entreprendre un renforcement pré-opératoire de ses muscles à la demande de son chirurgien.

Dès lors, nous nous sommes vus quatre fois à raison d'une fois par semaine.

Catherine est une jeune femme dynamique, désireuse de créer une entreprise hôtelière avec son mari. Cela devenait donc une nécessité impérieuse de ne plus souffrir du tout, on le comprend aisément.

---

1. Le genou est bordé dans sa partie externe par une longue bande ligamentaire, assez large, venant de l'os iliaque et qui, telle une couture de pantalon, se prolonge jusqu'à la partie supéro externe du tibia. Cette bande a un rôle de stabilisation des deux articulations de la hanche et du genou. Elle a pour nom : *fascia lata* ou bandelette de Messiat.

Le Dr Lemaire, orthopédiste et spécialiste du genou, a permis, grâce à une opération ou plastie qui porte son nom, de récupérer, sur de nombreux sportifs et notamment des footballeurs, des entorses graves avec rupture d'un ou des deux ligaments croisés. Il détachait pour cela dans sa longueur une partie de cette bande, en la sectionnant depuis son attache tibiale, sur près de 20 cm. Puis, en creusant un tunnel à l'arrière du fémur dans sa partie basse, il la réinsérait sur le tibia, recréant ainsi un néo ligament croisé intérieur.

Outre son genou, elle présentait également un surpoids important car elle pesait près de 90 kg.

Son bassin affichait à gauche, du côté de son problème de genou, une bascule de deux cm sans que cela provoquât de douleur dans le dos !

En réalité, elle avait inconsciemment enclenché une compensation au niveau de sa cheville et marchait sur la tranche du pied pour surélever son bassin. Ce type de compensation lui évitait en effet de ressentir des douleurs dans le dos. Mais le genou, lui, ne pouvait pas accepter une telle compromission. Et, dans cette position forcée en varus (jambe arquée), il créait un arc avec une convexité dirigée vers l'extérieur distendant ainsi tout l'appareil ligamentaire externe, plastie comprise.

Dès la première séance, en débloquant le bassin et localement le genou, je lui permis de retrouver son extension, et le verrouillage actif de son genou, pour qu'elle puisse poursuivre ses activités professionnelles entre les séances.

Puis, en travaillant sur les deux attaches osseuses de son *fascia lata* par le MPO, j'essayai d'obtenir de celui-ci un réveil qui, même un peu douloureux, fit qu'à la fin de la 2e séance ces deux points d'attaches cessèrent de la gêner. Pour ma part, j'avais l'impression qu'en les sollicitant leurs extrémités se rapprochaient, alors qu'avant, dans la phase de laxité chronique, elles semblaient s'écarter.

Les deux séances suivantes continuèrent sur le même mode avec consolidation du genou et du bassin.

Catherine retourna à la clinique, sans béquilles et en marchant normalement au grand étonnement des infirmiers et du chirurgien. Quand ce dernier lui fit le test de stabilité, tout était rentré dans l'ordre, le genou redevenu stable et l'opération... superflue...

Conclusion sur les genoux

Il existe une chose simple à vérifier et à entretenir pour les genoux : quand un genou souffre, il a non seulement de l'œdème qui lui donne un aspect gonflé et empâté, mais également une perte d'extension. La capacité articulaire augmentant avec la flexion, plus l'œdème devient important et plus le genou se maintient en position fléchie. C'est l'acquisition à plus ou moins long terme de ce que l'on appelle un *flexum.*

Il est impératif, mais si cela est encore possible, de retrouver l'extension pour chasser l'œdème et assécher le genou. Deux muscles essentiels, libérés au niveau de leurs attaches osseuses, permettront le retour à l'extension : le court biceps et le poplité.

Bien sûr, d'autres points sur le fémur et le tibia devront aussi être libérés. L'extension retrouvée, un simple travail quotidien, statique et effectué en série s'imposera pour garder l'acquis articulaire et entretenir le quadriceps.

Les problèmes de chevilles

Les chevilles, pourtant fines et légères, supportent en réalité la totalité de notre poids – si une cheville dérape, c'est l'ensemble du corps qui se trouve à terre !

Essentielles pour notre droiture, elles ont tendance à se fouler lorsque nous ne pouvons soutenir notre position ou quand le poids au-dessus devient trop lourd à supporter.

Cette partie de nos membres inférieurs a également pour fonction d'assouplir nos mouvements. Dans cet esprit, peut-être qu'une cheville foulée ou tordue révèle un souci de flexibilité.

L'entorse de cheville

Madame P.

Madame P. est venue me consulter pour des séquelles douloureuses de son entorse de cheville. Pourtant, elle avait reçu un traitement médical et rééducatif classique et complet.

Mais à l'image des précédents cas cités dans ce livre, aucun repositionnement du bassin n'avait été exécuté ou même envisagé, ni même l'os cuboïde, élément stratégique pour l'équilibre de la cheville, repositionné à la normale. Quant à l'astragale, essentiel pour cette partie du corps, il fut lui aussi traité à la même enseigne !

Aucun des thérapeutes consultés ne s'était intéressé à la vie de cette femme malgré son désarroi professionnel. En effet, promue et augmentée, elle se sentait perdue et inquiète devant ses nouvelles prérogatives. Elle connaissait ce qu'elle quittait : un travail plaisant et bien rodé, dans une ambiance relationnelle harmonieuse. Grâce à un test kinésiologique, une séquence douloureuse de sa vie revint à sa mémoire : un déménagement à l'âge de huit ans qui l'obligea à quitter un vrai cocon de bonheur, amies, école, etc.

Aujourd'hui, au pied du mur, elle se trouvait dans la pleine résonance de la rupture de son enfance. Sa cheville avait somatisé cette crainte enfantine et ses muscles péroniers, reliés au méridien de l'organe rein (vecteur symbolique des sentiments de crainte, d'appréhension et de peur en médecine chinoise), n'avaient pu remplir leur rôle de stabilisateurs. Une séance MPO sur son bassin et sa cheville, associée à un entretien sur ses difficultés, stabilisèrent son corps et la libérèrent de toutes les séquelles passées.

Un futur sportif de haut niveau

Il y a deux ans, on m'a demandé de participer à un colloque sur l'entorse de cheville, organisé à l'INSEP (Institut National des Sports, Vincennes), et pour lequel le docteur Yves Desmarais demandait à des médecins, chirurgiens, kinésithérapeutes et entraîneurs d'apporter leurs points de vue complémentaires sur les pathologies plus ou moins importantes pouvant atteindre l'articulation.

Le jeune homme qui me servit de sujet était un stagiaire Pro Basket du PSG (Paris-Saint-Germain), âgé de quinze ans. Il présentait comme antécédents deux entorses à une cheville et une à l'autre. Son bassin accusait une bascule d'un cm et demi. Je me suis donc attaché dans ma démonstration à cette zone qui, pour moi, était à l'origine de ses maux. À son âge, aucune arthrose n'aurait pu provoquer de blocage constant de ses espaces lombaires et par conséquent de réel déficit moteur de ses muscles stabilisateurs de cheville. En revanche, au niveau de ses chaînes musculaires, l'anarchie semblait totale, d'autant que le jeune homme se trouvait en pleine période de croissance.

Chez l'adulte, il est fréquent de voir des ruptures de la gaine des péroniers. Ces muscles sont innervés par le nerf sciatique. Il est donc important de le travailler dans l'espace L5/S1 pour libérer l'origine d'un problème, mais également, d'une information qui y remonte.

Sur le plan purement émotionnel, l'entorse de cheville symbolise chez certains patients la difficulté à affronter un problème ou à mener un combat, ou bien encore à entreprendre : « Je dois avancer mais je doute de moi et mon pied se dérobe », « Je n'ose pas aller de l'avant. »

L'intervention précédente à la mienne était celle du très compétent Jacques Piasenta, entraîneur national d'athlétisme. Pour lui peu importait l'architecture du pied, dont le positionnement n'apportait pas plus d'efficacité. Dans la présentation de son film, il nous parlait de chevilles en tous sens et nous aurions pu croire certaines plus fragiles que d'autres. Pour lui, il n'en était rien. D'ailleurs, les statistiques à l'entraînement étaient les mêmes pour toutes, à savoir un taux de blessure quasi nul.

En revanche, les blessures devenaient nombreuses à l'occasion des compétitions. Phénomène logique car la compétition suscite des peurs, notamment celle de confronter ses capacités à celles de l'adversaire.

En résumé, on constatera que les entorses de cheville se produisent surtout dans les moments de la vie où un conflit est latent, ou lorsqu'un doute s'installe ou s'est déjà installé subrepticement dans des choix de vie...

C'est pour cette raison que, lors de nos rééducations, il est important d'aider nos patients à se libérer de leurs tensions intérieures. Un exercice toujours favorable à la cicatrisation et qui empêchera d'éventuelles récidives, car comprendre son problème rend plus fort.

Les pieds

« Avoir les deux pieds sur terre », « Ne pas se laisser marcher sur les pieds », « Prendre son pied » sont autant d'expressions qui en disent long sur l'importance de nos pieds. Bien sûr, ils forment en premier lieu notre prise de terre, notre base, nos appuis sans lesquels nous ne pourrions nous mettre debout entre terre et ciel.

Dans ma pratique quotidienne, je rencontre fréquemment des affaissements ou des creusements de voûtes plantaires. Il suffit néanmoins de peu de séances pour régler ce type de problèmes car, une fois encore, nous nous trouvons en présence d'une conséquence directe d'un déséquilibre de « notre » fameux bassin. Une fois l'équilibre retrouvé, il deviendra nécessaire de travailler sur les os cuboïde et scaphoïde pour finaliser la correction de ces troubles.

Ainsi, les hallux valgus et les syndromes de Morton sont des troubles que je peux traiter s'ils sont pris à temps.

En revanche, dans les cas où la souffrance des pieds finit par aboutir à de véritables déformations de la structure osseuse et des articulations, la podologie voire la chirurgie s'imposent.

3. Du ciel vers la terre

La sclérose en plaques ou SEP

Catherine ou la rémission d'une SEP

En 1985, infirmière de son état, Catherine a vingt-neuf ans et les premiers signes d'une sclérose en plaques se révèlent. Aveugle du jour au lendemain, elle est hospitalisée à Paris où le Professeur X. diagnostique une encéphalite virale.

En 1994, elle se réveille paralysée du côté droit. Une IRM confirme le diagnostic : présence de plaques de sclérose frontales, occipitales et pariétales (zones anatomiques du cerveau). Immédiatement ré-hospitalisée, Catherine reçoit cinq flashs de cortisone en intraveineuses, avec une chance de rémission, mais elle souffre terriblement, et 18 comprimés d'antalgiques/jour lui sont prescrits pour lutter contre ses douleurs.

En 1995, elle retrouve les fonctions de la marche et de l'écriture, mais les douleurs diffuses restent insoutenables.

En 1997, Catherine arrive en consultation à mon cabinet. Dès la première séance, elle ressent une nette amélioration ; les douleurs des membres disparaissent et elle gravit les marches de l'escalier normalement. Mais elle ne parvient pas encore à trouver le sommeil.

À partir de là, elle viendra me voir régulièrement une fois par semaine, et son moral reprit le dessus. « Je crois en une rémission et une stabilisation possibles de la maladie. Mon corps et mon esprit peuvent tout faire basculer », me confia-t-elle.

Le Professeur qui la suivait approuvait cet état d'esprit et le travail que nous accomplissions ensemble. Un examen clinique valida ces progrès.

Après quatre mois de séances, je constatai que son « rythme » crânien était bon et lui demandai d'effectuer une IRM de contrôle. La réalisant en présence des médecins qu'elle avait rencontrés en 1994, ceux-ci furent étonnés de sa présence (car l'acte reste coûteux)… et d'autant plus par ce que l'examen révéla : tout s'était reconstitué sans cicatrices ! Le Professeur X. resta lui-même sans voix à la vue de l'IRM !

Marie, fermière au Pays basque

En février 1998, Marie est victime d'une paralysie faciale combinée à une baisse de la vue et à une perte de l'audition de l'oreille gauche. Une IRM révèle des taches d'inflammations dans la substance blanche du système nerveux.

Hospitalisée pendant dix jours, avec ponction lombaire et cure de cortisone, elle comprend la nature de sa maladie et elle quitte l'hôpital en pleurant.

En juillet 1998, n'éprouvant plus aucune sensation dans la partie gauche de son corps, de la jambe jusqu'à la poitrine, elle est à nouveau hospitalisée et mise sous cortisone.

Huit mois plus tard, en mars 1999, se reproduit la même situation, mais Marie récupère.

Au mois d'avril, en villégiature dans sa région, je la rencontre sur ces terres où je la soigne tous les jours pendant mon séjour.

Puis, en juillet, et depuis lors, c'est elle qui vient me consulter chaque année une simple semaine à Paris pour des soins quotidiens, hormis en 2002, où un diagnostic erroné de son neurologue la fit revenir une seconde fois, mais en réalité elle souffrait d'une sciatique violente d'origine discale masquée par sa maladie. Marie repartit soulagée après quatre jours de soins.

Depuis 1999, elle n'a plus eu de poussée et peut à nouveau assumer les tâches de la ferme : traire ses animaux, assurer la comptabilité, et... marcher trois kilomètres par jour « pour garder la forme ». Le tout sans fatigue.

Le 27 août 2003, elle m'annonçait, heureuse et émue, les résultats d'une IRM de contrôle : l'inflammation avait disparu !

Ce qui m'a touché dans tous les moments partagés avec cette femme et sa famille, c'est la force de sa foi et la vigueur de ses démarches religieuses et spirituelles. Elle n'a jamais douté de l'intercession divine...

Quelques explications...

Cette maladie qui affecte les gaines de myéline du système nerveux central se manifeste sous forme de plaques et atteint les substances surtout blanche et parfois grise du système nerveux. Elle conduit à terme à des déficits moteurs et sensitifs de plus en plus marqués. Ces lésions peuvent atteindre le cerveau, le tronc cérébral, la moelle épinière, les centres nerveux optiques comme le cervelet.

Celles-ci se traduisent par :

– une réaction immunitaire et inflammatoire avec augmentation des lymphocytes et autres cellules de défense ;

– une démyélinisation, c'est-à-dire la disparition de la myéline, la substance recouvrant les axones des neurones, les cellules nerveuses. (Les axones étant les prolongements des cellules nerveuses) ;

– des lésions des axones allant jusqu'à la cassure ;

– une atteinte des neurones allant parfois jusqu'à leur destruction.

L'évolution peut se faire de deux manières :

– favorable avec une re-myélinisation si le pourcentage d'axones et de neurones abîmés est faible. Une rémission clinique est alors observée.

– défavorable vers la fibrose et la formation de plaques de sclérose avec des séquelles neurologiques. L'évolution défavorable se déroulera sous deux formes. La première : la sclérose en plaques à évolution lente. Il y a une importante poussée au départ et par la suite la dégradation s'opère petit à petit au fil du temps. Certains malades vivent cette situation pendant des années.

La seconde : la sclérose en plaques par poussées. Dans ce cas, les poussées demeurent plus fréquentes et s'intensifient. Plus les personnes atteintes sont fatiguées et plus le risque de poussée augmente. Plus leur immunité baisse, plus elles sont en danger et plus la maladie prend le dessus.

Ensuite, l'inflammation augmente et se répand. Elle va alors atteindre des zones de plus en plus importantes des centres nerveux. Ce processus va générer un déficit croissant dans le corps et implicitement un accroissement de la souffrance.

La dégradation commence par la difficulté à marcher, puis l'utilisation d'un fauteuil roulant s'impose, enfin l'état grabataire s'installe et les personnes atteintes meurent la plupart du temps dans la souffrance et la paralysie.

Le diagnostic d'une SEP (sclérose en plaques) repose sur l'observation de la dissémination des lésions dans le temps et l'espace. Aujourd'hui, dès la première poussée, il est possible de stabiliser l'évolution de cette maladie grâce à un traitement médical rapide. Néanmoins, l'optimisation d'un résultat et sa pérennité s'opèrent également grâce à la gestion harmonieuse d'aides thérapeutiques parallèles comme l'aide psychologique, l'écoute du thérapeute, la pratique de sports orientaux (Taï chi chuan, Qi Kong), une nouvelle hygiène alimentaire, ainsi que la méthode que je propose. Cette dernière est une proposition alternative et complémentaire de ce qui se pratique aujourd'hui dans certains centres de rééducation, essentiellement concentrés sur la récupération de la marche.

Cette méthode se révèle efficace si je peux intervenir dès la première poussée. En effet, les personnes qui souffrent de cette maladie (à 100 % chez mes patients) présentent une bascule torsion du bassin encore plus handicapante pour eux que pour ceux qui ne souffrent que de leur seul dos car leur bascule torsion accentue systématiquement les principaux signes de cette maladie : abolition ou exagération de certains réflexes, troubles moteurs avec un déficit marqué dans un membre, douleurs musculaires et fatigue. Par ailleurs, j'ai également constaté à travers mes soins le nombre de ceux qui souffrent de sciatiques masquées dans le membre déficitaire.

Comment comprendre la maladie ?

Sur le plan émotionnel, il ressort de l'interrogatoire de mes patients que l'origine du déclenchement de leur maladie résulte souvent d'un grand choc psychologique. Pour certains, l'idéal de jeunesse a été contrarié. Ils désiraient pratiquer une activité en résonance avec leurs aspirations, mais leurs parents s'y sont opposés, nourrissant d'autres ambitions. Déçus et impuissants, en porte à faux avec eux-mêmes, ils éprouvèrent alors une profonde injustice, voire une trahison, une humiliation ou encore un sentiment de dévalorisation.

Sur le plan sentimental, le processus est identique. Je pense notamment à une de mes patientes mexicaines et de son projet de mariage. Les parents de son fiancé se sont finalement opposés à leur union. Le fiancé s'est plié au veto parental. Cinq ans après, la sclérose en plaques se déclenchait.

Pour d'autres, ce sera un choc physique, une violence subie comme pour cette autre de mes patientes frappée à la tête par son père à coups de bâton. Bien sûr, la dimension physique demeure, mais sur le plan psychologique, le coup est rude et sa portée profonde sur la psyché. La victime reste indéniablement heurtée dans son être, bafouée dans sa dignité.

Ces chocs sont tels, que pour celui ou celle qui les subit, la vie s'arrête.

Pour en revenir au plan anatomique, l'observation du cortex cérébral montre que les centres nerveux, centraux notamment, baignent dans un liquide, le liquide céphalo-rachidien. Pour moi, ce liquide représente une mer intérieure contenue dans notre voûte crânienne et notre colonne vertébrale. Notre cerveau y baigne et la moelle épinière y fait figure d'atoll.

Lorsqu'un choc psychologique advient, ce fameux moment où le sentiment que la vie s'arrête prédomine, cette mer va devenir d'huile, comme arrêtée elle aussi, suspendue. Il n'y aura ni flux ni reflux, générateur ou régénérateur de vie et, progressivement, les fonctions diminueront. Les échanges entre le liquide céphalo-rachidien et le sang s'effectueront de moins en moins bien. Peu à peu, la personne perdra ses moyens et, petit à petit, la vie s'arrêtera.

Comment agir sur la maladie ?

Tous mes patients atteints de sclérose en plaques souffrent déjà d'une bascule du bassin. Il est donc aisé d'imaginer combien ce travail soulagera leur fatigue puisque l'équilibre retrouvé de leur bassin permettra de répartir leur poids de façon symétrique. Durant la marche, le patient ressentira un vrai soulagement. Le bassin à nouveau en équilibre optimisera la connexion au sol et le contact avec les énergies telluriques indispensables à l'équilibre général.

Dans le cas où des troubles neurologiques auraient déjà atteint une des jambes, ce travail soulagera également la jambe restée valide, jambe de fait sur-sollicitée.

Mais puisque le théâtre de cette maladie se trouve au cœur du liquide céphalo-rachidien, et que se pose précisément le problème de sa stase (ralentissement considérable de la circulation ou de l'écoulement d'un liquide organique), il faut, en parallèle du travail du bassin, relancer son rythme. C'est ce que je m'emploie à faire sur plusieurs séances en stimulant le liquide pour lui redonner vie et créer artificiellement le flux et le reflux qui lui font défaut. À ce niveau-là, je travaille, notamment par une technique ostéopathique, la compression du 4e ventricule. Et, selon l'adage « la fonction crée l'organe », la vie repart petit à petit. Si la personne n'a pas encore atteint un stade irréversible, nous constaterons alors soit une stabilisation soit une récupération. Un état de fait dont plusieurs de mes patients peuvent témoigner. Le récit de quatre d'entre eux reste à ce titre particulièrement significatif.

Madame S.

« C'est en mars 1999 que l'on m'a diagnostiqué une sclérose en plaques par une IRM, à l'hôpital de Poitiers.

Deux années auparavant, suite à une névrite optique, j'avais fait l'objet d'une première IRM, pratiquée à l'hôpital des Quinze-vingt, avérée dans les limites de la normale.

En mars 1999, je souffrais à nouveau d'une névrite optique, de problèmes de marche (je boitais), et de troubles sensitifs qui n'ont que partiellement disparu.

La névrite s'est spontanément résorbée sans l'aide de cortisone. J'ai alors adopté des mesures d'hygiène de vie strictes, inspirées par les recommandations du docteur Catherine Kousmine[1] qui s'est beaucoup penchée de son vivant sur les maladies auto-immunes. J'ai donc tout de suite arrêté le tabac (je fumais plus d'un paquet par jour), supprimé de mon alimentation les sucres raffinés, l'alcool, le pain blanc ; remplacé les huiles raffinées par des huiles de première pression à froid exclusivement. Je prends tous les jours des huiles d'onagre et de lin, des minéraux et vitamines B, un anti-oxydant, de la vitamine E. Je pense que l'ensemble de ces mesures m'a été très bénéfique.

Cependant, en février dernier, j'ai souffert d'une très grande faiblesse musculaire de la jambe droite. J'ai vu alors mon périmètre de marche diminuer de façon terriblement spectaculaire. En effet, je ne pouvais marcher que deux minutes par jour et j'ai été obligée bien sûr d'arrêter de travailler.

1. Voir bibliographie page 311.

Quand je vous ai rencontré au mois de juillet, je ne marchais que quinze minutes de suite ; la pointe de mon pied gauche traînait lorsque j'étais fatiguée, ma démarche n'était pas souple et mon équilibre incertain.

Après huit séances auprès de vous, je peux désormais marcher 45 minutes de suite et ce, deux fois par jour.

J'ai retrouvé un équilibre parfait, ce qui m'a d'ailleurs permis de refaire de la bicyclette.

Par ailleurs, je n'ai plus la sensation de fatigue que je ressentais dès le réveil.

Vous m'avez redonné l'espoir [...]. »

Mademoiselle L.

« J'ai une sclérose en plaques assez bénigne, j'étais fatiguée par le traitement, mais aussi la maladie (je suis scientifique et j'insiste sur l'importance de la médication). En parallèle avec le traitement, j'allais consulter Nicolas. Ma SEP était légère, l'amélioration que je sentais après chaque séance m'a conduit, avec l'accord de mon neurologue, à arrêter le traitement.

Aujourd'hui, je vais très bien, l'énergie de mon corps circule bien. Par les massages, j'ai ressenti combien notre corps et notre cerveau étaient reliés. Cette technique de massage a soulagé voire refoulé les douleurs de mon corps, mais aussi celles de mon esprit.

Merci [...] de m'avoir permis d'écouter les messages de mon corps. »

Je profite de ce témoignage pour insister sur l'importance de la pratique des arts martiaux comme le Tai

Chi Chuan, quand on souffre de la SEP, ou de la maladie d'Alzheimer. Mademoiselle L. en est un bon exemple. En effet, son professeur de Tai Chi avait constaté que son ancrage au sol s'était nettement amélioré depuis qu'elle était soignée par cette méthode MPO.

Madame I.

> « Je suis atteinte de sclérose en plaques depuis l'âge de vingt-deux/vingt-trois ans. (J'en ai trente-huit aujourd'hui.) J'ai suivi, depuis lors, un traitement uniquement à base d'homéopathie et de phytothérapie. Depuis le début du mois d'août (2003), j'ai eu une violente poussée suite à la forte chaleur de l'été, provoquant, côté gauche, une importante gêne de la marche, ainsi qu'une névralgie dentaire fulgurante. Je suis allée consulter un neurologue pour les deux problèmes. J'ai eu un traitement avec du Tégrétol, pour la névralgie, et une proposition pour un traitement Interféron/Cortisone pour la SEP. À ce moment-là, j'ai commencé mes séances chez N. Bounine. Après les deux premières séances, il y a eu une nette amélioration de la mobilité de ma jambe gauche, me permettant, entre autres, de remonter les escaliers normalement, et même de courir en petite foulée (pas tellement conseillé pour l'instant)… sur 10 mètres ! Les séances suivantes n'ont pas provoqué la même amélioration, mais plutôt l'acquisition physique de ce "palier", la modification de l'état général est aussi à signaler, chose importante pour ce type d'affection. Le neurologue a pu constater, lors d'une visite de contrôle, l'amélioration évidente de l'utilisation de ma jambe. Il a également baissé les doses de

Tégrétol pour la névralgie. Aujourd'hui, je continue les séances chez N. Bounine avec toujours le même cycle "amélioration-acquisition" des paliers. Mon but étant de pouvoir recourir normalement. »

Éléonore

« Je suis atteinte de sclérose en plaques depuis six ans. Dès le premier rendez-vous chez N. Bounine j'ai constaté une amélioration. J'avais depuis presque deux ans une insensibilité du gros orteil droit. Cela ne me gênait pas au quotidien, mais j'avais conscience de ce problème chaque matin en enfilant mes chaussettes. Quarante-huit heures après la première consultation, cette insensibilité avait entièrement disparu. D'autre part, je n'ai plus, lorsque je suis fatiguée, des "pincements" sur le visage et moins de fourmillements dans les mains. Mon état thérapeutique n'est pas très détérioré. Je suis valide, mais tous ces petits plus aident à garder le moral. Merci. »

Pour conclure, j'insisterai sur l'importance de l'hygiène alimentaire. En effet, plus j'avance dans mon exercice, plus je constate combien les mauvaises habitudes alimentaires favorisent le déclenchement de certaines pathologies et leur enracinement. Hippocrate disait en son temps : « L'alimentation est le premier remède. » Aujourd'hui, cette remarque est plus que jamais d'actualité et j'en constate la justesse et la pertinence au quotidien. Lorsque mes patients accompagnent mon traitement d'un changement d'état d'esprit par rapport à leur mode alimentaire, leur nouvelle hygiène de vie favorise leur guérison. Nous développerons cette approche dans le chapitre deux de la troisième partie de ce livre.

La scoliose

Il existe deux catégories de scoliose :

– les attitudes scoliotiques ou scolioses fonctionnelles (traitées au chapitre un, deuxième partie) ;

– les scolioses vraies ou structurales.

Pour les deux, les symptômes affectent d'abord la colonne vertébrale qui apparaît tordue de droite à gauche ou réciproquement, en C ou en S, sur un ou plusieurs endroits. Si cette flexion latérale est forte, il peut y avoir une rotation des vertèbres, traduite par une bosse ou une gibbosité d'un côté et par un creux de l'autre. Si la gibbosité et la rotation ne disparaissent pas quand le sujet est à plat, cela prouve que la scoliose est structurale ; à l'inverse nous aurions une scoliose fonctionnelle.

L'origine des scolioses structurales est multiple. On distingue celle d'origine congénitale (une anomalie des vertèbres par exemple), à celle d'origine paralytique qui déséquilibre la colonne vertébrale. Toutefois, 80 % sont d'origine inconnue et se nomment scolioses idiopathiques.

La scoliose vraie est une pathologie yin/yang associant un double problème, l'un au bassin, l'autre au crâne. Essorez un torchon ! Celui-ci va d'abord se tordre sur son axe puis deux courbures apparaîtront, à l'image de la réalité de la scoliose.

Il y a donc un système de vissage à une extrémité et de contre vissage à l'autre. Dans le meilleur des cas, l'occiput et le sacrum vivent en phase l'un avec l'autre, et le mouvement de l'un se transmet à l'autre par l'intermédiaire de la dure-mère, une sorte de long ruban [1].

---

1. Lire le rôle des fascias page 99.

L'enfant, dans sa vie intra-utérine, puis pendant sa naissance quand il a la tête en bas, peut créer une torsion de son crâne qui se fixera au niveau de cette dure-mère. C'est le vissage proprement dit qui va initier la future scoliose. Pour que la scoliose apparaisse, il faudra qu'au début de la puberté arrive conjointement un véritable contre vissage pelvien. Cette constatation, la bascule/torsion inversée au niveau du bassin, est commune aux deux sexes. Néanmoins, les filles restent plus souvent atteintes. Serait-ce dû en partie à la physiologie particulière lors de la puberté ? En effet, survient alors chez la jeune fille une congestion ovarienne dans le bassin. L'association de ce phénomène à celui de la bascule serait peut-être à l'origine de l'inflexion lombaire constatée dans la scoliose. On comprend de fait le rôle joué par les puissants ligaments reliant les ovaires à la colonne lombaire.

Olivia, douze ans

Elle souffre d'une scoliose de 20° et porte un corset la nuit. La bascule de son bassin est de 1,5 cm. Après une première séance, il faudra reprendre le moulage de son corset. Un mois après, la deuxième séance permettra de constater d'une part un parfait équilibre du bassin et d'autre part qu'Olivia ressent un appui identique de ses deux pieds sur le sol. Le travail sera alors davantage axé sur le crâne et les deux premières vertèbres cervicales, profitant de la solidité retrouvée du bassin à l'autre extrémité. Lors de la troisième séance, les soins se feront en consolidation sur le bassin et la tête, mais aussi au centre du corps et sur les omoplates. Après cette troisième séance, la radio avec le corset donnera 12° de scoliose, qui jusqu'à ce jour reste stabilisée.

Géraldine quatorze ans : gymnaste

Elle a une scoliose de 30° dorsale et 30° lombaire. Gymnaste, elle ne supporte pas la déformation de son corps et refuse d'être opérée, de peur « d'être mutilée ». Prescrites par un orthopédiste, pour une année minimum, une intense rééducation et la pose d'un corset paraissaient incontournables, et cela sans véritable espoir de récupération. C'est à ce moment-là que je la reçus en consultation avec sa mère.

Il y eut quatre visites en deux mois. Puis, une mensuelle sur les seize mois suivant. Dès la première séance, l'équilibre du bassin était obtenu. Au terme de notre traitement et du port de son corset, sa scoliose aura diminué de 20° sur chaque courbure.

Faustine, trois ans

Je l'appelle mon « petit ange » et, quand elle vient au cabinet, un rayon de soleil nous inonde. Les médecins avaient pourtant conseillé à sa maman d'avorter. Les examens in-utéro révélèrent que son cœur était placé à droite, et qu'une scoliose de plus de 45° déformait déjà sa petite colonne vertébrale ! Les parents, ont résisté à cette pression médicale, animés également d'une foi profonde.

À un an, lors de notre première rencontre, elle présentait une forte bascule de son bassin à gauche de 2 cm et une inclinaison de la tête inversée à celle du bassin. Aujourd'hui, après cinq séances, elle a un port de tête parfait et un bassin horizontal qui permettent à son dernier corset une efficacité optimum. Faustine est une enfant pleine de vie, drôle et futée !

« Papa, regarde-moi ! »

Abordons, pour conclure ce thème, l'aspect symbolique de cette « déformation » de la colonne qui sévit jusqu'à la fin de la puberté. Cette tranche de vie est une phase de croissance par excellence. Elle s'opère à plusieurs niveaux. Physiquement, la colonne grandit entre deux axes bien définis, le bassin et les épaules. Symboliquement, cette étape correspond au passage initiatique entre le monde de l'enfance et l'entrée dans celui des adultes. À travers l'exemple suivant, je souhaite aborder les aspects émotionnel et affectif de cette pathologie.

Dans le bassin, nous avons la représentation yin/yang en horizontal, représentatif du féminin et du masculin, de la mère et du père. Dans le corps, et plus précisément dans la partie concernée par les scolioses, nous avons la ligne des épaules qui représente l'axe yang du corps ainsi que la relation au père, et la ligne du bassin (axe yin) qui représente la relation à la mère. Ces deux axes constituent de fait deux repères spatiaux inconscients que l'enfant définit de sa propre place et de celle de ses parents.

Dans le cas d'une scoliose, les lignes des épaules et du bassin vont donc rester à la même hauteur, avec le même différentiel, alors que la colonne continuera de grandir naturellement, mais sans l'espace nécessaire. On en déduira que l'enfant se trouve dans un conflit relationnel avec un refus plus ou moins exprimé d'aller vers un monde inconnu et souvent peu attirant.

Karla

Karla, quinze ans, souffre d'une scoliose de 20° et porte un corset. J'ai constaté à la première séance une importante inclinaison du bassin ainsi qu'une torsion crânienne fixée par la dure-mère. Trois séances auront permis un rééquilibrage complet. Cette jeune fille est, dans sa fratrie, « coincée » entre deux frères. Sa mère et elle sont très fusionnelles. Quant à sa relation avec son père, elle est pratiquement inexistante car c'est un homme à la vie professionnelle prenante et dont l'état d'esprit teinté de « machisme » déteint sur ses fils. Du coup, Karla se retrouve être la cible de sarcasmes. Nos différents rendez-vous ont permis à sa mère de prendre conscience de cette problématique. Elle s'en est ouverte à son époux qui petit à petit a mesuré la portée de son rôle de « tuteur », à tout niveau. Pour la première fois, il a honoré sa fille à l'occasion de prouesses sportives. Cette dernière en a ressenti une telle joie que j'ai pu constater dans les séances qui ont suivi une nette amélioration dans la souplesse et la malléabilité de son corps... Sa colonne a donc commencé à prendre sa vraie place, au point que son corset n'était plus adapté à la forme de son thorax !

En conclusion, et au regard de nombreux cas déjà traités, j'interpelle parents, entraîneurs, éducateurs et professionnels de santé sur la nécessité de prendre le temps d'observer les enfants... de dos, en position debout et en position assise. Cette observation attentive permettra de détecter soit une dissymétrie entre les côtés du tronc, soit un pied placé en dedans ou sur la tranche, soit une ligne d'épaules inclinée.

Un autre test réside dans l'observation comparative des semelles de chaussures. L'usure externe d'une semelle ou l'usure d'un talon révéleront par exemple une bascule du bassin et, par voie de conséquence, une possible scoliose ou attitude scoliotique.

Abordons pour finir la question du corset. La majorité de mes jeunes patients souffrant d'une scoliose portent déjà un corset quand ils arrivent pour la première fois en consultation. Très vite, en deux ou trois séances, leur corset n'est plus adapté à la morphologie de leur bassin et de leur tronc qui ont alors chacun retrouvé leur équilibre.

Si la colonne vertébrale est symboliquement appelée arbre de vie, comment en effet espérer faire pousser dans son axe vertical cette dite plante, si le pot (le bassin) est incliné ? Il serait donc logique, voire idéal, avant la pose d'un corset de pratiquer un modelage du bassin type MPO.

4. Le bassin au centre du corps

Pour finaliser notre approche symbolique et somatique de l'ensemble des pathologies dont le déséquilibre du bassin constitue le cœur, abordons, pour conclure cette deuxième partie, les maux et les maladies situées au centre même de ce bassin.

Le bassin et les hanches en sont donc les clés de voûte. Sur un plan symbolique, un problème au niveau des hanches indique une profonde peur du changement, une difficulté à quitter le passé, à lâcher prise ou encore le sentiment d'être incapable de tenir debout.

Une rigidité dans cette partie exprimera une sorte de résistance à l'évolution, dans notre monde professionnel ou notre vie quotidienne par exemple. La retraite, ne plus avoir d'objectif, etc. En fait, dès qu'un sentiment d'inutilité s'installe, les hanches justifient ce sentiment en nous empêchant d'aller de l'avant. La peur suscitée par l'inquiétude de survivre nous rigidifie, jusqu'à ce que finalement nous devenions immobile.

Les hanches concernent également notre sexualité. Directement liées à notre intimité, elles sont liées à la confiance que nous mettons dans une relation affective. Les doutes et les incertitudes de notre intimité peuvent provoquer d'importantes perturbations qui, elles, mèneront à une rupture de communication. L'excès de poids au niveau des hanches, par exemple, fait office de protection des sentiments d'ordre sexuel ou intime ; comme si en voilant cette partie du corps nous pouvions également masquer nos sentiments, nos états d'âme ou notre mal-être.

Par ailleurs, je rappelle combien notre bassin symbolise les relations entretenues avec nos parents, et plus spécifiquement avec notre mère, au nom des neuf premiers mois de vie passés dans la sphère de son corps. Dès lors, pourraient se dissimuler au niveau de nos hanches des problèmes irrésolus liés à notre naissance ou à notre mère, aux sentiments qu'elle éprouva tout au long de sa grossesse, inscrits maintenant dans la mémoire de nos cellules...

La femme enceinte

La sémantique et ses mystères...

D'où vient l'expression « tomber enceinte » pour dépeindre la situation d'une femme qui porte la vie ?

« Tomber enceinte », ne fait pas mal. Ce n'est ni une pathologie, ni une maladie !

Certes, cet état engendre des modifications morphologiques et physiques évidentes, qui vont générer un ou plusieurs déséquilibres, ainsi que l'accentuation de certaines courbures. Mais jusque-là tout est normal, voire logique. Ces transformations se solderont éventuellement par des douleurs, accentuées par un immobilisme de plus en plus établi, la gestation proche de son terme. Mais tout cela peut être anticipé, et travaillé en préventif.

Au fur et à mesure que s'opère cette transformation, la femme va accentuer sa cambrure et poser davantage son corps sur l'arrière des vertèbres. Cette situation logique provoque des déclenchements sciatiques d'ordre articulaire à la sortie des nerfs, plutôt que des sciatiques d'ordre discal. Car, si de surcroît, et avant la grossesse proprement dite, il y avait une bascule avec torsion du bassin (diagnostic qui tend à se généraliser !), le pincement du nerf devient alors inéluctable !

J'ai aidé beaucoup de femmes à bien vivre leur grossesse. Mon épouse, la première, en est un exemple. Elle a porté nos six enfants et, enceinte, a voyagé aux quatre coins du monde à chaque occasion. Pour un, elle était au sommet des pyramides du Mexique, enceinte de sept mois, pour une autre, elle admirait la mer Morte depuis Massada, pour la quatrième, c'était l'altiplano péruvien, le Machu Pichu, le lac Titicaca, etc. Elle a toujours vécu ses grossesses en débordant d'énergie. Son état d'esprit et son tempérament, associés au travail préventif du bassin, ont ensemble optimisé le capital de vie et d'équilibre.

« Tomber enceinte » ne constitue pas une fatalité comme certains s'emploient à le faire peser sur certaines femmes, leur conseillant parfois même de ne pas avoir d'autres enfants s'il y a eu souffrances pendant la grossesse ou à l'accouchement. Mais les femmes victimes de maux de dos ne sont pas condamnées à la stérilité ! Qu'on se le dise !

Je prends à dessein l'exemple de cette femme, croupière de profession, et dont l'activité implique des mouvements répétitifs. Je précise, pour ceux qui ne fréquentent pas les casinos, que le croupier s'assoit, se lève, se penche et se rassoit en continu, et cela pendant des heures. Du fait de son métier, le médecin traitant de cette patiente lui déconseilla d'attendre un enfant.

Heureusement, elle ne suivit pas son conseil et, jeune et amoureuse, se trouva enceinte à trente ans. C'est à ce moment-là qu'elle vint au cabinet, souffrant du dos, vie professionnelle oblige !

Au bout de trois séances, ses douleurs avaient disparu malgré son travail et sa grossesse !

Par ailleurs, et pour conclure sur le sujet, j'ajouterai que cette méthode MPO peut aussi préparer à un bon accouchement.

Elle permet en effet le bon rétablissement de la symétrie et du positionnement des os du bassin, facilitant ainsi le passage du bébé à travers le tamis musculaire pelvien. Différents accoucheurs et sages-femmes avec lesquels je collabore peuvent en témoigner.

Madame S. : deux grossesses, le jour et la nuit...

« La bascule de mon bassin date, je le sais maintenant, de mon enfance, et peut-être même de ma naissance. Elle n'a jamais été diagnostiquée. Les problèmes ont commencé à l'adolescence avec une multitude d'entorses de la cheville droite, et fini par une opération à l'âge de vingt-deux ans, suite à une déchirure des ligaments. Pour leur part, les douleurs lombaires commencèrent vers mes vingt ans : lumbagos, lombalgies, sciatiques et j'en passe. Et toujours les mêmes discours les accompagnaient : “Votre cheville est fragile, on n'y peut rien, et votre dos, il faut le muscler !” Les séances de kinésithérapie s'enchaînèrent, les visites chez différents médecins également.

À vingt-sept ans, j'ai eu mon premier bébé : grossesse parfaite, période heureuse, comblée, mais douloureuse ! À ce qu'il paraissait, “c'était tout à fait normal d'avoir mal dans le bas du dos pendant une grossesse ; le lot de toutes les femmes !” Mais bien évidemment, le mal de dos ne s'arrêta pas après la naissance de ma fille.

Et puis un jour, faux mouvement, grosse douleur, blocage... scanner : hernie discale. “Vous savez, Madame, le mal de dos est le mal du siècle.

Et avec l'âge, vos problèmes ne vont pas s'arranger. Il faut faire avec." Là, je l'avoue, je me sentis un peu défaitiste et n'arrivai pas imaginer ma vie avec un lumbago déclaré tous les deux mois !

Plus tard, au hasard d'une consultation chez mon médecin, celui-ci me fit la remarque suivante : "On ne vous a jamais dit que vous aviez une bascule de votre bassin ?" Non, jamais ! Il me donna les coordonnées de M. Bounine. J'hésitai un peu car tellement de médecins m'avaient dit qu'on ne pouvait rien faire. Pourtant, je pris rendez-vous et, ce jour-là, en quelques secondes, je reçus la réponse à presque dix ans de mal de dos : 2 cm de bascule du bassin à droite. En deux séances, tout en douceur, le bassin et la colonne vertébrale furent remis "en place". Je me sentis tout de suite plus droite et, très vite, les douleurs s'estompèrent et les problèmes disparurent. C'était il y a un an et demi environ. Aujourd'hui, enceinte de mon deuxième enfant, il est vrai que j'ai quelques tiraillements par-ci par-là, mais ce n'est pas comparable !

Il y a quelques semaines, suite à un malaise, je suis tombée de tout mon poids sur les fesses. Tout de suite, des douleurs fortes apparurent dans le bas du dos. J'ai alors eu très peur que "l'accalmie" soit terminée et que tout redevienne comme avant. Je me suis dit que cette chute avait dû remettre le bassin de travers. J'ai pris rendez-vous chez M. Bounine, et à ma grande surprise, il m'annonça que mon bassin avait bien amorti la chute et que tout était en place ! Il "effaça" les douleurs avec quelques pressions de doigts, et tout rentra dans l'ordre.

Je n'arrive toujours pas comprendre pourquoi la médecine "ordinaire" n'a jamais trouvé l'origine de mes maux. Tout ce que je sais, c'est qu'aujourd'hui, je peux enfin vivre libre de mes mouvements et sans l'angoisse perpétuelle de rester bloquée ! »

La luxation congénitale

Pathologie de la hanche, la luxation congénitale du nourrisson se diagnostique à la naissance, à travers le test du ressaut pratiqué systématiquement par le pédiatre (écartement des genoux avec flexion de hanches). Dans le cas d'un test négatif et d'antécédents familiaux, une radiographie sera prescrite. La lecture du cliché révélera que les têtes fémorales ne sont pas identiquement et idéalement recouvertes.

L'articulation entre le fémur et l'os iliaque se développera par la concordance des noyaux d'ossification fémoral et iliaque. En effet, leurs contact et emboîtement normaux doivent favoriser dès les premiers mouvements un développement osseux et un creusement de la cavité cotyloïde de l'iliaque.

C'est pour cela que la médecine propose le traitement par le langeage en abduction, en positionnant les fémurs à l'horizontale pour favoriser le développement des hanches.

Le traitement par un langeage en abduction, s'il est efficace pour ces raisons, ne va malheureusement en rien effacer l'inclinaison torsion existant au niveau des articulations sacro-iliaques. En fait, le défaut de recouvrement des têtes fémorales par les os iliaques peut se traiter beaucoup plus rapidement par le MPO, évitant ainsi les contraintes domestiques d'installation et de transports des enfants soumis au traitement par le langeage. En deux séances, en effet, le traitement MPO du bassin permettra aux têtes fémorales d'être en regard des cavités cotyloïdes.

J'insiste sur deux points importants concernant cette pathologie. Le premier est que malgré les antécédents familiaux, malgré le test du ressaut et malgré la radio de contrôle, j'ai constaté sur de nombreux cas que le déséquilibre du bassin pouvait passer complètement inaperçu ! Par conséquent, et cela me mène au second point, quand un patient a été traité médicalement pour une luxation congénitale enfant, mais sans rééquilibrage du bassin, il s'expose à d'autres types de pathologies : rhume de hanche, lombalgies, etc.

Camille, quatre mois ou l'incrédulité médicale...

Voici le cas de la petite Camille, un cas très éclairant sur la problématique que rencontrent les thérapeutes manuels face à l'incrédulité de certains médecins.

Camille a une luxation congénitale, détectée à la naissance, radio à l'appui. Je la soigne à trois semaines. Trois mois après, une nouvelle radio est prescrite. Elle révèle que tout est réglé et qu'il n'y a plus de traces de luxation congénitale. Le médecin prescripteur des deux radios et qui a confirmé les résultats s'enquiert aimablement : « Est-ce que le langeage s'est bien passé ?, cela n'a-t-il pas été trop éprouvant pour vous ? » La mère de Camille lui répondit tout de go ne pas avoir suivi cette technique du langeage en abduction (éprouvante également pour les parents), mais témoigne des soins que j'avais prodigués à sa fille. « Hérésie ! Quelle mère indigne êtes-vous ! » Face à ces propos aux commentaires superflus, elle ne s'est pas laissé abattre et le renvoya à la réalité des clichés radiographiques qu'il avait lui-même validés !

Pour conclure, je recommande, au-delà des examens médicaux officiels, un bilan MPO des hanches et du bassin dès le premier mois, et cela, particulièrement pour les enfants ayant des antécédents familiaux.

Le rhume de hanche

Le rhume de hanche est un blocage d'une hanche, associé à des douleurs intenses. C'est une pathologie observée le plus souvent entre six et douze ans. Les enfants ne peuvent plus alors marcher et s'arrêtent brusquement de courir. Ils montent les escaliers marche par marche ou encore trébuchent et tombent sur le sol.

Jean-Baptiste, dix-huit ans

> « À l'âge de sept ans, j'ai été atteint d'un rhume de hanche, à la hanche droite. Ce rhume arrêta la croissance de ma hanche, ce qui eut pour effet pour mon pied droit de rester tourné vers l'intérieur entraînant une gêne au niveau sportif.
>
> Pour remédier à ce problème, mes parents et moi-même avons consulté plusieurs médecins à l'hôpital de Rouen et de Saint-Vincent-de-Paul. Tous proposaient la même solution : casser le fémur, redresser la jambe, puis mettre une tige dans l'os pour maintenir la jambe dans l'axe voulu.
>
> Une amie de maman nous conseilla d'aller voir un kinésithérapeute à Paris, et nous prîmes rendez-vous car toute solution devenait bonne pour éviter l'opération. Et c'est ce qui arriva grâce aux soins que je reçus de N. Bounine. L'opération fut évitée et j'ai récupéré ma jambe en trois séances. Maintenant j'ai dix-huit ans, je mesure 1 m 92 et j'ai le plaisir de pouvoir pratiquer le rugby et bien d'autres sports. »

J'ai revu dernièrement ce grand gaillard. Son bassin était toujours en équilibre, onze ans après. Pour moi, c'était un vrai challenge qu'il puisse traverser sa croissance, période si déstabilisante en général, sans séquelle ni récidive !

La névralgie de la hanche

Cette névralgie concerne certaines racines nerveuses lombaires et sacrées et donnent des douleurs irradiant dans une hanche. Elle peut être confondue avec l'arthrose de hanche. La bascule du bassin et l'instabilité des vertèbres L4, L5 et S1 sont les causes véritables de cette névralgie.

Prenons l'exemple des joueurs de tennis de haut niveau. La puissance, sinon la violence de leurs services, dont la technique les fait retomber invariablement sur le même pied des années durant, provoquera un écrasement du fibro cartilage (ou bourrelet cotyloïdien), ainsi qu'un pincement des racines nerveuses correspondantes. Un schéma observé en effet si leur bassin n'est pas en équilibre, car alors il ne leur permet pas d'amortir les contraintes liées à la pratique de ce sport. Au cours de l'année 2003, j'ai ainsi soigné trois joueurs professionnels. Le premier avait des douleurs récurrentes à l'attache des muscles ischio-jambiers dues, au dire de son médecin, à une rupture musculaire mal cicatrisée. Le deuxième présentait une douleur sourde permanente d'une hanche. Le troisième souffrait d'une tendinite rebelle d'un muscle de la hanche. Tous trois présentaient en fait une bascule importante de leur bassin donnant des réactions musculaires et nerveuses sur des localisations différentes. Deux à trois séances suffiront à chacun pour retrouver l'équilibre et libérer les espaces nerveux intervertébraux supprimant ainsi toutes les douleurs.

L'arthrose de hanche

L'arthrose naît de frottements, de conflits et de microtraumatismes articulaires. Elle se manifeste par une usure du cartilage.

Tant que l'équilibre pelvien n'est pas acquis, le poids du corps est mal réparti, et le bassin ainsi que les articulations du dos et des membres ne peuvent donc jouer leur rôle d'amortisseurs. Notre organisme accumule alors une dette (fatigue, usure, etc.), les efforts n'étant pas compensés, l'arthrose en devient la manifestation.

Notons quatre étapes dans l'évolution de cette pathologie de la hanche :

1. l'arthrose non opérée[1] ;
2. l'arthrose en attente d'opération ;
3. l'arthrose opérée avec pose d'une prothèse (une hanche) ;
4. l'arthrose opérée avec pose de deux prothèses (deux hanches).

Dans chaque cas de figure, le travail MPO du bassin donne des résultats efficients sur les douleurs lombaires et les douleurs du bassin.

J'insiste particulièrement sur la quatrième étape car, dans cette situation, il arrive fréquemment que les chirurgiens proposent une prothèse plus longue pour la deuxième opération. Option somme toute logique quand la bascule du bassin est constatée. Mais aujourd'hui, et nous l'avons constaté dans les différents cas abordés dans les chapitres précédents, cette option devient caduque puisque le bassin peut être à nouveau équilibré. Pour le comprendre, rappelons-nous ce qui a été démontré lors de la pose d'une talonnette dans le cas d'une fausse jambe courte[2].

---

1. Voir page 218.
2. Voir page 90.

Pour illustrer ces propos, j'évoquerai deux cas. Le premier concerne un de mes patients octogénaire qui, depuis quinze ans, refuse d'être opéré de sa hanche. Ce rendez-vous opératoire lui faisant peur, il a choisi comme alternative de venir me voir environ six fois par an… Son arthrose n'a pas évolué, il ne souffre pas et vit quasi-normalement son quotidien.

Le second exemple est celui d'une femme, Claire, danseuse professionnelle (trente ans) que je suis depuis treize ans, à raison de deux séances par an. À la suite d'un traumatisme, elle dut faire une radiographie de ses hanches. À la stupéfaction du médecin du sport, le rhumatologue qui l'auscultait, ses radiographies ne montraient aucune trace d'arthrose ni aux hanches, ni aux lombaires…

La fracture du col du fémur

La fracture du col du fémur est un « accident » qui touche essentiellement les femmes de plus de soixante ans. Pourquoi ? La cause est double :

– un déséquilibre du bassin sur plusieurs décennies qui, comme nous l'avons découvert tout au long de ces chapitres, crée un bassin fibreux ;

– un processus de déminéralisation comme l'ostéoporose (déminéralisation de la femme ménopausée).

Une de mes patientes octogénaire, elle aussi, s'est émerveillée à la suite d'une chute sur du marbre de ne pas avoir eu de fracture du col du fémur. Cet accident sans conséquence lui a fait prendre conscience de la qualité du travail que nous faisions ensemble depuis cinq ans. Son bassin avait pu amortir la chute…

J'invite les personnes du « 3e âge », « les cheveux blancs », à faire de la prévention, en ayant une séance par an de travail, type MPO, sur leur bassin. Cette démarche éviterait nombre de fractures du col du fémur et faciliterait l'exercice de la marche, nécessaire au maintien de la souplesse et du tonus de leurs tissus.

La paralysie du nerf honteux

C'est honteux !

Considérons sur le plan anatomique et neurologique les pathologies issues des racines nerveuses sacrées. La paralysie du nerf honteux en fait partie. Une confusion fréquente perdure entre la sciatique et la paralysie du nerf honteux.

En revanche, lorsque la paralysie du nerf honteux est diagnostiquée, l'opération reste systématique et proposée sans garantie de résultat !

Par le MPO, j'ai pu aider tous ceux qui en souffraient. Pour en comprendre la raison simple, reprenons notre anatomie : la situation du sacrum le place en position centrale par rapport aux os iliaques et à leurs ischions. De fait, s'il n'y a pas d'équilibre dans cette zone, le patient ne va plus s'asseoir correctement sur ses fessiers. Du coup, victime de la torsion des deux iliaques, le sacrum va lui-même s'adapter en s'inclinant et en se tournant sur son axe.

Les effets immédiats de cette adaptation sont l'augmentation de contacts sur le côté d'où émergent les racines nerveuses de la zone. D'où l'apparition des douleurs névralgiques, allant du pubis à l'anus.

C'est une pathologie que l'on retrouve fréquemment dans les milieux cyclistes. Néanmoins, c'est à travers deux cas qui n'en font pas partie, que je souhaite étayer mon propos.

Le premier concerne Monsieur J.L., un jeune homme établi dans les DOM-TOM et qui y mène une vie professionnelle de bureau, typique et sédentaire. Victime depuis quatre ans d'une névralgie du nerf honteux et du dos, il vient me consulter une première fois en février 2003. En position assise, son bassin présentait une bascule de 1,5 cm et il souffrait sur les émergences des racines du nerf honteux au niveau du sacrum. Il revint me voir à deux autres reprises, en mars et juillet de la même année. Toutes les douleurs avaient disparu. Il ne souffrait plus.

Le deuxième exemple concerne un homme plus âgé. Monsieur D., soixante-huit ans, navigateur six mois de l'année sur un vieux et magnifique gréement. On peut imaginer aisément le cadre rustique et l'inconfort des banquettes en bois, auquel s'ajoutent le mouvement de la houle et le tangage du bateau… Un décor posé pour mieux saisir les douleurs terribles et quotidiennes, sur la pointe de la fesse, que subissait cet homme à chacun de ses réveils. Pire encore lorsqu'il se mettait en marche car, sa douleur déjà forte augmentant et l'obligeant à de fréquents arrêts, il se sentait bloqué au niveau de l'entrejambe.

Les consultations médicales diagnostiquèrent une sciatique, mais comme rien n'apparaissait à l'IRM, il ne fut pas opéré. Je le rencontrais la première fois le 11 mars 2003. Il m'apparut clairement que le nerf honteux était la cause de ses problèmes ! Je le revis une seconde fois avant la fin du mois et enfin une autre en avril. Lors de cette troisième consultation, il se sentit mieux.

« À 90 % », selon ses termes. Deux autres séances suivront, et en décembre, le problème disparut totalement. Il ne souffrait plus…

Cette seconde histoire montre que l'âge n'est pas une fatalité irréversible. Même avec un passé de navigateur, des traumatismes ajoutés les uns aux autres et une mémoire tissulaire et osseuse bien chargée, la réversibilité des pathologies reste possible.

La pubalgie

La pubalgie est une pathologie inflammatoire des tendons (attaches musculaires) au niveau du pubis, à la partie antérieure du bassin. Cela peut concerner les abdominaux (droits et obliques) et/ou les adducteurs (muscles de la partie interne de la cuisse). Les individus les plus touchés sont les sportifs qui pratiquent un sport asymétrique à un rythme soutenu (football, tennis...). Cette affection, nécessitant des soins et du repos, oblige inévitablement à un arrêt momentané de la pratique sportive, quand il n'est pas question d'opération.

Sur les plans anatomique et physiologique, on constatera deux déséquilibres : celui du bassin et celui des musculatures antérieure et postérieure du corps.

Si le corps est comparé à un arc allant de la tête au pied, on voit que la poignée de l'arc part vers l'avant. L'arc se courbe et les deux extrémités se rapprochent, le pubis part en avant et ne peut être retenu par les adducteurs et les muscles de l'abdomen. La pathologie naît donc de ce déséquilibre de force entre les muscles du dos très puissants et ceux de l'abdomen. Une erreur thérapeutique parfois commise est celle de conseiller une musculation abdominale intense alors qu'il serait souhaitable d'étirer les muscles du dos et les muscles des membres inférieurs.

La sacro-ilite

Confondue souvent avec le lumbago, la sacro-ilite ou inflammation d'une articulation sacro-iliaque est due principalement à un véritable « lâchage » de l'amortisseur représenté par le ligament sacro-iliaque. Ce dernier a en fait perdu de son tonus et, distendu, provoque une inclinaison du bassin de son côté. La raison de ce « lâchage » soudain est fréquemment d'origine émotionnelle. Je prends pour exemple deux patients, un père et une mère qui respectivement mariaient leurs filles. Ni l'un ni l'autre n'acceptaient le départ de leur enfant. Cet événement créait inconsciemment un vide affectif et leur corps l'exprimait à travers cette faiblesse.

III.

Pour une nouvelle hygiène de vie

« Commencez à changer en vous, ce que vous voulez changer autour de vous. »

Gandhi

1. Prises de conscience

« La maison brûle et nous regardons ailleurs. Il est temps d'ouvrir les yeux… »

Ces propos de Jacques Chirac, lors du Sommet mondial de la Terre, à Johannesburg le 2 septembre 2002, résonnaient comme un cri d'alarme.

En effet, il est temps d'ouvrir les yeux et de s'interroger…

Si la planète se réchauffe, si l'air que nous respirons est pollué, si la biosphère et les océans sont menacés par le comportement humain, si la biodiversité diminue et le climat se détériore, si les aliments que nous ingérons sont transformés génétiquement ou industriellement, si le stress se généralise et les maux du corps se multiplient, si…

Eh bien, que proposer pour gérer autant d'éléments qui nous font peut-être respirer un air d'apocalypse !

N'est-il pas venu le temps de faire un arrêt sur image, d'ouvrir les yeux, effectivement, et d'oser reconnaître notre part de responsabilité ? N'est-il pas venu le temps de balayer devant nos portes et, peut-être, de se convertir à un nouvel état d'esprit ! Ingrédients indispensables pour entrer en action, tenter de renverser la vapeur et, qui sait, recouvrer l'équilibre au niveau tant humain que planétaire.

Ne sommes-nous pas locataires sur cette planète ? Et nos enfants ! Comment devrons-nous leur répondre de la dégradation de l'environnement ? Comment devrons-nous leur répondre de la déliquescence du tissu social ? Comment devrons-nous leur répondre de l'évanouissement des repères et de la relativisation de l'éthique et de la morale, comme de l'abrutissement érigé en culture de masse. Comment répondrons-nous de toutes ces pollutions laissées en héritage ?

Prenons donc le temps d'ouvrir nos consciences : conscience de soi et de notre corps, d'abord, conscience du langage et de nos pensées, ensuite, conscience de nos émotions et d'autrui, enfin. Gardons intact l'idéal et les buts que nous nous sommes fixés un jour, en dépit des interférences et des épreuves qui jalonnent notre existence.

La planète bleue ou la nécessité d'ouvrir les yeux

Heureusement des voix résonnent, des prises de conscience s'opèrent, mais malheureusement encore si peu suivies d'actes collectifs ou de décisions politiques globales et internationales.

Des initiatives locales, individuelles, privées ou associatives émergent, des entreprises entrent en action, mais les lobbies industriels et chimiques règnent toujours en Goliath sur le politique et le financier.

Cela dit, un jour viendra où les lobbies eux-mêmes seront confrontés à la problématique, au risque de disparaître à leur tour à trop vouloir l'ignorer : les questions de santé, par exemple, affectent tout le monde, que nous soyons riche ou pauvre ! Et demain, sans oxygène ou sans eau sur la planète, nous serions tous logés à la même enseigne… peu de temps, il est vrai !

Louons plutôt la persévérance de cette poignée de spécialistes perçus comme de doux illuminés, prophètes marginaux ou Cassandre d'une apocalypse écologique. Depuis trente ans, en France, les René Dumont, Théodore

Monod, Haroun Tazieff et autre Jacques-Yves Cousteau, n'ont cessé d'interpeller l'humanité sur les dangers que nous faisons encourir à notre planète.

Aujourd'hui, c'est une armée qui se lève, mais comme nous avons pu le lire dans un article du *Figaro Magazine*, « une armée bien hétéroclite [1] ». Des astrophysiciens Martin Rees [2] et Hubert Reeves, au biologiste Jean-Marie Pelt [3], nombreux sont ceux qui apportent leur caution scientifique et mettent concrètement en garde gouvernants et gouvernés, face aux menaces alarmantes qui pèsent sur l'humanité. Du prince Charles d'Angleterre, souvent décrié, mais visiblement concerné, aux acteurs populaires de cinéma (Robert Redford, Leonardo Di Caprio), des chanteurs (Sting) à, plus proche de nous, le producteur Jacques Perrin (*Microcosmos*, *Le Peuple migrateur*) ou encore des figures emblématiques de la télévision comme Nicolas Hulot (« Ushuaia », « Okavango »), le photo-reporter Yann Arthus-Bertrand dont les photographies exceptionnelles interpellent tant par la beauté de la création que par l'horreur de ce que l'homme génère dans sa folie inconsciente et dévastatrice ; des personnalités politiques de premier plan comme Kofi Annan, secrétaire général de l'ONU, mobilisé pour que les générations futures « n'aient pas à vivre sur une planète irrémédiablement dégradée par les activités humaines » (Sommet mondial de la Terre, Johannesburg, septembre 2002) ; ou encore Edward Goldsmith, pionnier anglais de l'écologie politique dont le combat quotidien éveille les consciences outre-Manche et bien au-delà...

La liste bien entendue est trop longue et des quatre coins du globe, la sensibilité écologique se réveille, les publications éditoriales se multiplient et les consciences

1. Voir n° 18615.
2. Voir bibliographie page 312.
3. Idem.

populaires s'ouvrent face au saccage du milieu ambiant qui remet inéluctablement en cause la survie de l'homme.

Le 2 juin 2004, l'Assemblée nationale adoptait, en France, la Charte de l'environnement. Acte qui inscrit « le droit de chacun à vivre dans un environnement équilibré et respectueux de la santé » dans la Constitution. Un pas en avant ?

Et puis, la notion de développement durable, si elle n'est pas complètement hypocrite, s'inscrit petit à petit dans l'ère du temps. C'est un concept un peu valise, certes, utilisé au pire par des opportunistes, mais au mieux, par des dirigeants de sociétés dédiées à l'environnement, ou des membres éveillés de la société civile. Cela suffira-t-il ?

Si j'aborde un tel sujet, c'est qu'il m'apparaît fondamental de prendre conscience que, vivre debout, c'est vivre en équilibre avec soi-même, mais également avec son environnement. Vivre debout implique donc de vivre en équilibre avec ce que l'on pense, ce que l'on respire, ce que l'on mange, ce que l'on boit, ce que l'on fait, ce que l'on reçoit, ce que l'on donne, ce que l'on désire… Nos actes ne sont-ils pas le reflet de nos pensées et de notre être intérieur ?

Dans la première partie [1], j'effleurais la conscience du respect des lois cosmiques et spirituelles, élément incontournable à la quête de l'équilibre. J'évoquais également le personnage fascinant d'Hildegarde de Bingen. Fascinante d'intelligence, autant que de justesse, de lucidité, de clairvoyance et d'humilité.

Dans son *Livre des œuvres divines* rédigé à la suite d'un « ordre divin », témoin de son génie visionnaire sur le cosmos, la nature et l'homme, elle nous fait entrevoir le Divin, consubstantiel à toutes choses visibles et invisibles. Mais à la différence des textes eschatologiques, comme l'Apocalypse, par exemple, Hildegarde nous

1. Voir page 54.

présente une interprétation rigoureuse de ses visions. Elle a vu la « grande puanteur du monde ». À cause des atrocités commises par l'homme, les quatre éléments se trouvent en état de séparation et ne peuvent plus remplir correctement la fonction qui leur est impartie.

« Si nous considérons ces paroles prophétiques dans notre propre siècle, nous pourrions la paraphraser de la manière suivante : à cause de la fission de l'atome, l'énergie du monde est mal utilisée, l'atmosphère pue le smog. L'eau est empoisonnée par les produits chimiques répandus dans le sol, tandis que les aliments renferment des substances chimiques cancérigènes. Dans toute l'histoire humaine il n'est encore jamais arrivé qu'en trois générations, en moins de cent ans, sur tous les plans, les hommes aient mis en danger non seulement leur propre survie mais la survie de toutes les autres créatures », commente Wighard Strehlow[1] dans le livre qu'il consacre à la grande dame visionnaire du XIIe siècle.

Et avons-nous tenu compte de l'avertissement des Kogis ! Les Kogis, vous savez, ces petits bonhommes vêtus de blanc qui en 1994 sont sortis de leur silence choisissant comme interlocuteur un journaliste de la BBC agréé par leurs prêtres, pour lancer au monde un unique avertissement. Dixit Alan Ereira dans *Le Cœur du monde*[2]. « Les Kogis, ultimes descendants de la seule civilisation précolombienne qui n'a été altérée ni par l'alcool, ni par l'esclavage, ni par les tentations offertes par les Petits Frères (les Blancs), convaincus qu'ils sont de leur mission : être les gardiens de l'intégrité et de la fertilité de la terre. Toute leur vie repose sur l'équilibre harmonieux avec la terre-mère, sa faune et sa flore. »

Les Kogis toujours qui étonnent par leur humilité et pour qui les Blancs n'obéissent qu'aux lois des hommes et

1. Voir bibliographie page 313.
2. Voir bibliographie page 312.

vivent dans l'ignorance des lois de la nature. Les Kogis enfin, qui semblent détenir quelques solutions bien utiles, comme le rappelle Éric Julien dans son livre *Le Chemin des neuf mondes*[1] :

« Ce qui me fascine c'est d'entrevoir qu'ils sont porteurs de réponses modernes aux paradoxes et enjeux de nos sociétés contemporaines. Que ces hommes et ces femmes que nous reléguons au rang de société primitive disposent de démarches, de modes de fonctionnement et de pensée qui peuvent nous aider à faire face aux problèmes de notre société qui sont, entre autres, la violence, le pouvoir ou l'ego. Ce qui fonde cette différence ce sont ces connaissances qu'ils continuent de faire vivre et que nous avons laissées mourir. »

Le populaire Nicolas Hulot, encore lui, mais pourquoi ne pas honorer sa notoriété puisque notre cause est commune, alerte à sa façon l'opinion publique sur l'état de la planète bleue qui n'aura bientôt de bleue que le nom : « Nous nous mentons à nous-mêmes. Collectivement et individuellement. Dans le regard que nous portons sur les êtres et sur les choses, dans notre refus de faire allégeance à la nature, dans notre obstination à croire que les problèmes s'arrangeront tous seuls. Et notre solitude est à l'image de notre aveuglement. “L'homme n'est plus relié à rien”, notait René Dubos. Tous ensemble mais sans même nous en rendre compte, nous faisons fausse route. L'iceberg est là. Chaque heure que nous abandonnons au scepticisme ou à l'immobilisme nous en rapproche. Il faut au plus vite changer de cap. »

Changer de cap ! S'il a raison, raison de proposer des alternatives précises, d'ordre politique, économique, sociologique, écologique, énergétique, fiscale ou autres, toutes adressées à nos dirigeants, je le rejoins surtout sur son invitation à réagir en tant qu'individu : « C'est à une

1. Voir bibliographie page 312.

véritable insurrection des consciences qu'il faut maintenant nous atteler de toutes nos forces. Rassembler les énergies dispersées, les bonnes volontés éparses, changer notre regard sur le monde, le vivant, l'avenir, faire naîtrc une nouvelle espérance, transformer la fatalité qui nous attend en décision librement réfléchie, tourner le dos aux sécurités trompeuses comme aux espérances vaines, admettre que chacun porte en soi une part de vérité et une fraction de solution : je veux encore croire de toutes mes forces que, face à cette alternative, aucun esprit libre ne voudra se dérober, qu'aucun responsable ne cherchera à tirer son épingle du jeu. »

C'est à souhaiter, n'est-ce pas !

De la nécessité de changer d'état d'esprit...

« D'où je viens, qui suis-je, où je vais. »

S'il apparaît inconcevable à certains de trouver un sens à leur vie en puisant simplement dans la nourriture, la boisson, le sommeil, la drogue, le sexe ou la possession, comme semble le manifester l'état actuel de la planète, d'autres semblent pourtant ne pas le croire !

La dégradation environnante ne peut pas être extérieure à nous-mêmes, on ne peut pas systématiquement la limiter à la « faute de l'autre », individu ou collectif. Elle constitue bien davantage la somme de chacune de nos pensées et de chacun de nos actes.

« Ce que tu penses, tu le crées ! » Gardons toujours cette réflexion d'Albert Einstein en mémoire pour surprendre l'état de nos pensées, ne serait-ce que sur une journée, une heure... ou une semaine (cet exercice n'étant pas limitatif !).

Je me suis plié à cette « épreuve » de vérité et je vous invite à le faire, comme bon nombre de mes patients, car un problème de santé est toujours une invitation véritable et une opportunité à s'interroger sur soi-même.

Ce qu'il en ressort est aussi éloquent que l'état de la planète : 95 % de nos pensées seraient négatives ! N'est-ce pas là une pollution plus nuisible encore que celles décrites régulièrement par nos scientifiques ?

Combien de jugements émettons-nous par jour dans nos vies privée et publique, et combien de fois jugeons-nous une situation non conforme à notre désir ? Depuis les chaussettes du conjoint abandonnées dans la salle de bains, au café qui n'est pas chaud, de l'héritage de la grand-tante, au patron parano, du « foutoir » des ado, aux heures d'attente à la sécu, du réfrigérateur vide, à la visite de la belle-mère... les exemples pourraient nourrir un livre à part entière. Pour souriantes qu'elles sont, parce que l'on s'y reconnaît, ces situations n'en sont pas moins pathétiques et génératrices de pensées peu prosaïques qui, comme un ver dans le fruit, rongent peu à peu l'équilibre de nos vies, puis deviennent sournoisement responsables de conflits, de dégradations affectives, de querelles conjugales et familiales, de tensions intestines ou, pire encore, sans limite et sans frein, de violences entre tribus, de guerres entre nations !

Prenons-nous à rêver ! Nos pensées donnant vie à nos actes, mesurons l'enjeu de nos prises de conscience si, comme autant de stations d'épuration, elles étaient suivies d'actes, elles pourraient alors tout aussi bien changer la face du monde !

L'écoute et l'observation des milliers de personnes qui sont venues me voir m'ont appris ce qu'aucun livre, ni aucun cours magistral ne m'avait enseigné. Ce qui, ma foi, reste également porteur d'espoir ! C'est à la fois si simple et si essentiel que nous ne parvenons plus à nous en rendre compte, emprisonnés que nous sommes dans des schémas de pensées formatés par un monde que nous voulons « moderne ».

Prenons-nous le temps de nous aimer et de nous respecter ?

Sommes-nous à l'écoute les uns des autres, de notre environnement et de nous-mêmcs ?

Je crois que de façon quasi unanime nous en sommes bien loin !

En revanche, nous sommes presque tous handicapés devant nos désirs, qu'ils soient physiques, psychologiques ou spirituels.

Des raisons multiples, j'en retiendrai au moins deux. D'abord, nous n'avons pas appris à nous écouter ni à nous connaître. Nous ignorons la nature véritable de nos besoins, ce qui est acceptable et ce qui ne l'est pas. Ensuite, évidemment, nous passons notre vie à attendre que les autres devinent ce dont nous avons besoin, qu'ils changent, eux, et qu'ils prennent soin de nous. Voilà de quoi engendrer déceptions, malentendus, rancœurs... et conflits.

Jusqu'au jour où surviennent maladies, ruptures relationnelles ou perte de sens. Parce que les choses ont été trop loin. Parce que nos désirs ont été trop longtemps bafoués. Parce que nous ne sommes pas écoutés, parce que nous ne sommes pas respectés. Parce que nous ne sommes pas à l'écoute de nous-mêmes et que nous ne nous respectons pas toujours. Par inconscience ou par impuissance, par lâcheté ou par lassitude...

Qui n'a jamais eu la sensation de perdre un peu son âme à force de capituler sous les pressions extérieures, préférant les compromis et les concessions pour gagner un peu de temps, donner le change ou encore vivre un semblant de dignité ?

Aimer, être à l'écoute, vivre l'instant présent, lâcher prise, respirer, être soi-même, pardonner, être responsable, accepter, être dans la joie de l'espérance, se faire plaisir, se faire du bien, se donner, partager...

On a tous droit au bonheur !

Ce programme est si simple qu'il pourrait paraître désuet. Si on y ajoute des notions de prière ou de méditation, d'espérance ou de foi, de résilience ou de synchronicité, le cocktail peut vite devenir explosif, voire hérésiarque, dans un monde rendu à la seule religion matérialiste !

C'est pourtant à ce programme auquel je crois. Je le trouve plus que jamais d'actualité, essentiel pour ne pas dire vital, si on désire vivre debout et dignement, si on désire retrouver le sens de notre existence et retrouver l'harmonie perdue.

Je pense à nouveau à ces Indiens Kogis, exemplaires dans leur respect de l'équilibre du corps et de l'esprit, de la terre et du cosmos et qui mettent la verbalisation et l'écoute comme clé de voûte de l'équilibre. Cette volonté de faire circuler les mots, les énergies, les émotions comme la terre qui se doit d'assurer la circulation de l'air, de l'eau, des courants, et de l'énergie. Comprenons combien la non-verbalisation entraîne la cristallisation de la colère, de la peur, de la souffrance, une cristallisation qui s'autoalimente jusqu'à la rupture. Là où les Kogis essaient d'anticiper ces ruptures, nos sociétés les subissent !

J'ai la preuve quotidienne que bon nombre de pathologies prennent racine dans le manque d'écoute, dans le manque d'amour, dans cette absence de respect et de dignité, dans la désacralisation de la vie, dans le non-pardon, dans la non-acceptation, dans la possession comme dans la possessivité… Nous sommes responsables à part entière de notre vie, de nos désirs et de nos choix, sachons donc les vivre chacun en être libre, libre à l'intérieur de nous et en paix avec notre conscience.

Quand notre corps souffre, quand il est malade, il nous dit quelque chose, il nous parle ! Ce n'est ni une fatalité, ni un hasard, c'est un rendez-vous… et pourquoi pas, un rendez-vous d'amour. Combien de témoignages extraordinaires disent ces processus de prises de conscience et de transformations liés aux maladies, au « mal à dire ». Ils sont légion et, grâce aux médias et aux diverses publications, ils nous sont aujourd'hui transmis. Ces témoins vivants de guérison sont là pour nous éclairer et, par leur éclairage, nous inviter à ouvrir notre conscience et, pourquoi pas, ouvrir notre cœur un peu plus si nous ouvrons les yeux à temps...

> « La vie est prodigue et nous, toujours insatiables, nous avons et aurons toujours l'impression qu'il nous manque quelque chose. Ah ! si seulement nous nous occupions d'être heureux, avant que la mort ne soit en vue... »
>
> Sénèque (62 après J.-C.)
> « Apprendre à vivre » dans *Lettres à Lucilius*.

2. Hygiène de vie

Prendre conscience de la nécessité d'ouvrir les yeux, comme celle de changer d'état d'esprit, c'est permettre de transformer nos habitudes. Ne plus avoir à guérir les pathologies, mais pouvoir enfin les prévenir !

C'est là un vrai changement de mentalité qu'il faut opérer. Bien sûr, une telle attitude préventive impliquerait une démarche personnelle qui ferait de chacun de nous un être responsable. D'ailleurs, si être responsable de soi-même, de son bien-être autant physique que psychique, constituerait une véritable clé pour notre santé individuelle, cela représenterait également un enjeu sur le plan collectif, et un frein potentiel au déficit abyssal de la sécurité sociale ! Il est en effet anormal de voir les sommes d'argent colossales que la maladie rapporte ! Et à qui ? Intéressez-vous donc aux chiffres des arrêts de travail pour une simple lombalgie, par exemple, et vous découvrirez qu'ils sont hallucinants !

Alors, une démarche préventive concrète s'inscrit obligatoirement dans une nouvelle hygiène de vie. L'hygiène de nos pensées, évidemment, comme seront évidentes et indispensables une hygiène alimentaire et une hygiène corporelle.

Pour une nouvelle hygiène alimentaire

« L'alimentation est notre premier remède. »

Hippocrate

Une alimentation juste, saine et équilibrée, est la clé de voûte de l'immunité du corps et de l'esprit.

Petit rappel anatomique : l'estomac et les intestins (qui peuvent mesurer jusqu'à 8 mètres de long...) constituent un véritable écosystème dans le corps humain. Notre bien-être et notre santé dépendent de l'état de notre flore intestinale puisque les défenses immunitaires y puisent leur source à 80 %. Dès que l'équilibre de la microflore intestinale se rompt, l'immunité se dérègle ainsi que le fonctionnement de l'ensemble des organes intérieurs. Les germes pathogènes de la flore intestinale peuvent se multiplier en un temps extrêmement court. Par ailleurs, l'intestin est un organe étroitement lié à notre état d'esprit, notre psyché, notre âme car il est la cible de toutes nos réactions psychiques, de la peur à la joie, du stress au bonheur.

Après vingt-cinq années de pratique et quelques milliers de cas traités, je suis convaincu qu'une mauvaise alimentation est une source d'intoxication génératrice de carences qui vont directement empoisonner le corps dans ses structures organique et osseuse.

Dans ses ouvrages consacrés à l'alimentation, Christopher Vasey[1] rappelle deux aphorismes de la médecine naturelle dont la véracité se constate tous les jours car la détoxication est à la santé ce que la respiration est à la vie :

« La nature profonde des maladies est générale et unique ; c'est l'encrassement du terrain. »

---

1. Voir bibliographie page 313.

« La thérapeutique doit avant tout être générale : la correction du terrain. »

De fait, les notions d'acidité, d'alcalinité, de pH, etc., entrent de plus en plus dans le vocabulaire courant de l'hygiène alimentaire. Pour ma part, je résumerai mes observations à deux facteurs récurrents qui accentuent les symptômes des pathologies de l'appareil locomoteur : l'hyperacidité et la déminéralisation.

J'ajouterai également que non seulement les problèmes de santé liés à l'acidification du terrain sont très fréquents de nos jours, mais que l'action bénéfique de nombreux traitements et remèdes peut être entravée par une modification du pH du terrain vers l'acidité.

L'équilibre acido-basique

Procédons maintenant par ordre. Il existe dans notre corps un terrain organique idéal qui permet un fonctionnement optimum de nos organes. Ce terrain constitué par les liquides organiques que sont le sang, la lymphe et les sérums cellulaires représente 70 % de notre poids corporel. Il se modifie en se carençant ou en se surchargeant. Les toxines que représentent les déchets produits par le corps (acide urique, cholestérol), associées aux poisons extérieurs (parasites, microbes, etc.), vont créer des dommages à l'organisme. Dès lors, le traitement des troubles et des affections du corps passera par le terrain qui leur a permis d'éclore.

S'il est normal d'avoir des acides dans l'organisme, nos modes de vie et notre alimentation conduisent à une acidification accrue de l'organisme et, par conséquent, à une multitude de maux.

Souvenez-vous ! Un terrain acide se mesure à son pH (la puissance à libérer des ions hydrogènes) l'unité de mesure du degré d'acidité ou d'alcalinité (basicité), établi sur une échelle de 0 à 14. Le chiffre 7 indique le point d'équilibre entre acide et base. Plus l'acidité est élevée, plus le pH est faible (de 7 à 0). Plus la basicité est élevée, moins le corps est acide et plus le pH est élevé (de 7 à 14). À titre d'exemple, la salive est basique, pH = 7,1 ; les sucs intestinaux sont basiques, pH = 8 ; l'estomac est acide, pH = entre 1,6 et 3,2.

Par ailleurs, retenez que les déséquilibres du pH vers une hyperacidité sont dus à :

— l'apport exagéré d'acides par l'alimentation,

— la fatigue et le manque de sommeil,

— le surmenage,

— le manque d'oxygénation des tissus (dû à la sédentarité),

— la carence en vitamines et oligo-éléments qui transforment et neutralisent les acides.

Lorsque l'organisme est acidifié, nos nerfs, notre squelette, nos organes baignent dans une mare d'acides ! Voilà une image d'autant plus marquante que les acides en excès ont une action abrasive, agressive et corrosive sur nos tissus. Et comme le disait si justement Hippocrate : « Certainement l'acide est le plus nuisible de tous les états des humeurs. »

En excès, ces acides entraîneront donc des rhumatismes, rhumes chroniques, dépression nerveuse, caries dentaires, ainsi qu'un manque de vitalité. L'alimentation qui, par exemple, associe amidons et fruits, miel et céréales, ou qui s'accompagne d'une consommation excessive de sucre blanc et de café, tient une part importante dans ce déséquilibre.

Un autre facteur parfois ignoré de ce déséquilibre est l'abus de sel. En effet, le chlorure de sodium étant acide, il augmente le risque d'ostéoporose. Il sera donc conseillé de diminuer les apports de sel et d'apporter un complément de potassium (nutriment basique) dans l'alimentation. Cette précaution soulagera le système ostéoarticulaire et préviendra également l'hypertension artérielle et les accidents vasculaires cérébraux. La prescription médicale d'un dosage sodium/potassium sur 24 heures confirmera très souvent cet excès de sodium. Les aliments courants riches en potassium sont : les lentilles, les pois cassés, les amandes, les raisins secs, les dattes, les noix, les figues ou encore les abricots secs. Le potassium se trouve également mais en proportion moindre dans les champignons, les pommes de terre, le thon, la sardine, le chou, les carottes, les bananes et les pommes.

Cet équilibre de santé repose donc lui-même sur une juste proportion entre bases et acides présents dans notre corps.

Je vois dans mon cabinet des personnes qui ignorent trop souvent combien l'hyperacidité de leur organisme constitue une cause majeure de leur pathologie. Voyons les deux exemples suivants :

Monsieur R. a mal partout...

Monsieur R. est un homme d'affaires de trente-huit ans et souffre du dos. De nature plutôt sportive, il accepte difficilement de lever le pied, de se modérer et de ne plus pouvoir chahuter et jouer avec ses enfants. Trois séances permirent à ses douleurs de disparaître, mais nous y avons joint un réglage alimentaire. En effet, cet homme était en hyper acidité dès le petit déjeuner : jus d'orange frais, café noir, pain et miel. Soit un agrume, acide par excellence, associé au café et au miel, des aliments acidifiants. En outre, sachez que le miel, en présence d'aliments glucidiques comme le pain, parce qu'il contient de l'acide formique, inhibe nos enzymes digestives et, de fait, provoque des flatulences, des nausées, des douleurs et de la fatigue. Il demeure un aliment excellent dégusté seul ou pour sucrer le thé ou les infusions.

Monsieur R. consommait également une quantité importante de viande rouge, aliment fortement acidifiant, et ponctuait régulièrement ses journées de prises de café.

Décidé à recouvrer sa santé, il supprima la consommation de viande rouge et diminua sensiblement celle de café. Il se convertit également à la phytothérapie en absorbant des tisanes de plantes dépuratives et drainantes favorables à l'élimination des douleurs rhumatismales.

Monsieur P. souffre de ses deux hanches

Un spécialiste en rhumatologie alerte Monsieur P. sur les dangers d'arthrose qui le menacent et envisage déjà une échéance opératoire. À quarante-neuf ans, ce patient joue au golf, monte régulièrement à cheval et pratique le ski annuellement. Équitation et ski lui sont désormais proscrits. À sa première visite, je constate un fort déséquilibre somatique. Notre conversation m'éclairera également sur la précarité de son hygiène alimentaire. Imaginez un peu ! Il avait pris la fâcheuse habitude de remplacer ses repas d'affaires (trop riches par définition) par une autre hérésie alimentaire : la consommation quotidienne de deux litres de yaourt liquide ! Hérésie à double titre, d'ailleurs : cet excès favorisait l'hyperacidité de son organisme (les produits laitiers appartenant à la famille des aliments acidifiants) et entraînait une déminéralisation réactionnelle. En effet, pour résister à une acidité trop importante, le corps réagit en puisant les bases minérales nécessaires sur les os afin de neutraliser les acides. Démunis, os, vertèbres et articulations sont rongés à leur tour par cette acidité dont l'arthrose et l'arthrite deviennent vite les conséquences.

Pour Monsieur P. le double équilibre de son corps et de son alimentation composeront les deux axes de son traitement. Depuis cinq ans, nous nous voyons deux fois l'an. Il ne souffre plus des hanches et pratique avec régularité et sans douleur les trois sports qu'il affectionne.

Répertoire des aliments

Sans entrer dans leur spécificité, voici une présentation simple des trois familles d'aliments : les aliments acides, les aliments acidifiants et les aliments basifiants (ou alcanilisants).

Les aliments acides

À certains, aisément identifiables à leur goût comme le citron, le vinaigre ou la rhubarbe, s'ajoutent d'autres, moins caractéristiques : les laitages (lait de vache et produits dérivés tels que les fromages), les boissons industrielles (jus de fruits, limonades, boissons à base de cola, etc.), les agrumes (mandarine, pamplemousse, orange...), certains fruits (groseilles, cassis, framboises), certains légumes (tomates, oseille, cresson), ou encore la choucroute et le miel.

Les aliments acidifiants

Le sucre blanc, les sucreries, la viande, la charcuterie, les œufs, les huiles raffinées, certaines céréales et légumineuses (soja, haricots), le café, le thé et le vin, etc., appartiennent à cette catégorie. Le sucre blanc raffiné en est une des pièces maîtresses car, à l'étape technique du raffinage, il perd ses vitamines et ses oligo-éléments.

Les aliments basifiants ou alcalinisants

Les légumes verts crus ou cuits, les carottes, les betteraves, les salades, les haricots verts, les choux, les pommes de terre (aliment clé de la lutte contre l'hyperacidité), les amandes, les châtaignes, les bananes, les fruits secs (excepté l'abricot), le petit lait frais... La liste n'étant pas exhaustive.

Traitement et drainage des toxines

Maintenant que nous comprenons la dimension stratégique de l'équilibre acido-basique pour notre santé et son rôle préventif sinon immunitaire pour notre corps, abordons sept manières de drainer les toxines de l'hyperacidité.

Le réglage des apports acides

— une protéine par repas étant indispensable, préférez les œufs, les viandes blanches ou encore le poisson à la charcuterie et à la viande rouge.

— diminuer ou supprimer les aliments acides ou acidifiants des différents repas. Exemples : jus d'orange, confiture, café, sucre, vinaigre, tomate, miel, etc.

— associez toujours un apport basique à un apport acide. La pomme de terre, par exemple, est un élément basique idéal.

Le réglage des carences en vitamines et oligo-éléments

Substances indispensables aux réactions bio-chimiques du corps, les vitamines et les oligo-éléments sont les véritables activateurs complémentaires des enzymes pour donner de l'énergie. Beaucoup d'acides résultent de mauvaises réactions bio-chimiques dues à une carence en vitamines et oligo-éléments. Pour transformer les substances chimiques, le corps doit les faire passer par une série de transformations préalables qui modifient progressivement la substance de base. La première étape de transformation s'effectue en absence d'oxygène (anaérobie) et produit des acides, l'étape suivante en présence d'oxygène (aérobie) transforme ces acides en eau, en dioxyde de carbone et en énergie. C'est le cas pour le glucose (le sucre) dont nous connaissons la production d'énergie nécessaire à l'organisme. Si nous consommons du sucre blanc raffiné (donc privé de ses vitamines et oligo-éléments), la deuxième phase de transformation n'aura pas lieu par manque d'activateurs. Il n'y aura pas de production d'énergie et les acides se répandront dans l'organisme.

Ce processus se reproduit pour les huiles quand elles sont chauffées industriellement.

Ces deux produits étant indispensables à notre alimentation quotidienne, il est conseillé de privilégier, pour le sucre, celui de canne ou sucre roux et pour les huiles, celles de première pression à froid.

L'oxygénation de l'organisme

Grâce à l'activité physique, l'oxygénation du corps facilitera la transformation des acides. Pour cela, une marche quotidienne (de 30 à 60 mn) reste l'un des meilleurs procédés.

Les compléments minéraux

L'apport de citrates alcalins vendus en pharmacie et dans les magasins diététiques peut être indispensable pour résoudre les problèmes d'acidité. Ceux-ci seront pris 3/4 d'heure avant les repas, dans des tisanes ou directement sur les aliments, pendant les repas.

Le drainage des acides

Il s'opère de deux manières :

— par les reins, à l'aide de plantes diurétiques (décoction de queues de cerises ou d'Aubier de tilleul, infusion de cassis, etc.)

— par la peau, grâce à la méthode du bain hyperthermique (entrez dans un bain à 37°, puis augmentez la température jusqu'à 42° ; le tout pendant un quart d'heure. Il est ensuite fortement conseillé de se reposer en position allongée pendant une demi-heure. L'exercice, à recommencer, dans l'idéal, tous les jours pendant trois semaines, permet une ouverture progressive des pores et rend pérenne l'élimination des déchets au sortir du bain. Certaines plantes favorisent également l'action d'élimination par la peau (le sureau en infusion ou encore la bardane en décoction)

L'hygiène intestinale

Dans son livre *L'Alimentation ou la troisième médecine*[1], le Dr Seignalet constate que la perméabilité de l'intestin grêle est à l'origine de nombreuses pathologies. Organe clé, l'intestin grêle représente une véritable barrière entre l'organisme et certains facteurs polluants de l'environnement (bactéries, déchets alimentaires, etc.). Ainsi, une paroi intestinale fragile facilitera et le transfert de molécules volumineuses (protéines) à travers sa muqueuse et leur propagation dans le sang. Il en résultera, dans le meilleur des cas, des problèmes d'intolérance (lait de vache, gluten, etc.) comme par exemple l'apparition de migraines, que soulagera bienheureusement la suppression de l'aliment responsable.

Toutefois, certaines bactéries comme certains aliments ou médicaments plus nuisibles encore (antibiotiques, anti-inflammatoires non stéroïdiens (AINS), salicylés (aspirine) et corticoïdes, mais également des pesticides, des polluants et le tabac) représentent également un risque potentiel d'hyperperméabilité de l'intestin grêle. Une déficience qui permettrait alors aux déchets bactériens et alimentaires en quantité excessive de pénétrer dans la

1. Voir bibliographie page 313.

circulation générale et de favoriser l'installation de maladies…

La reminéralisation

Quand un organisme souffre d'hyperacidité, les toxines acides généreront une déminéralisation dont souffriront les os et les articulations. Il est donc important, après avoir drainé les toxines, de re-minéraliser l'organisme. C'est une étape réalisable par :

— un apport de protéines, surtout animales (c'est en effet la trame protéique qui capte les minéraux) ;

— un apport de vitamine D nécessaire pour fixer le calcium dans le squelette. Présente dans certains poissons : hareng, morue, flétan, thon et également dans les œufs ;

— un apport de vitamine D par une exposition au soleil. Celui-ci produit en effet de la vitamine D au niveau de la peau en quantité supérieure à celle de l'alimentation (en tout cas dans les régions ensoleillées).

— la pratique d'exercices physiques qui, favorable à l'oxygénation, dynamisera la circulation générale de l'organisme stimulant toutes ses fonctions.

Principes alimentaires et conseils

Aujourd'hui, comprendre le rôle essentiel de l'alimentation dans notre capital santé induit le désir de transformer au quotidien nos habitudes alimentaires. Raison pour laquelle ce chapitre a pour vocation de donner des principes de base, simples et accessibles.

Les aliments se présentent sous deux formes : solide et liquide, répertoriés dans trois catégories : les protides, les glucides et les lipides. Certains aliments peuvent appartenir à deux catégories, comme les légumes par exemple.

Les protides ou protéines (substance constituée d'un ou de plusieurs acides aminés) ont une double origine, animale et végétale. Les protéines animales comprennent les viandes, les œufs, les fruits de mer, les crustacés, les laitages. Les protéines végétales, les pommes de terre, les champignons, les céréales, les légumes secs. Elles représentent 20 % de notre consommation.

Les glucides (composants fondamentaux de la matière vivante constitués de carbone, d'hydrogène et d'oxygène et jouant un rôle énergétique pour l'organisme) sont surtout d'origine végétale. Les sucres lents (ou glucides complexes) ont un indice de glycémie faible permettant au glucose d'atteindre lentement le sang. Les sucres rapides (miel, confitures, fruits, jus de fruits, les limonades ou sodas, les sirops et les pâtisseries) et certains produits laitiers (lait) ont, en revanche, un indice glycémique élevé et permettent au glucose une pénétration rapide dans le sang. Les glucides représentent 50 % de notre alimentation quotidienne. Il est conseillé de privilégier les sucres lents. Certains sucres rapides étant même à proscrire (limonades, sodas…).

Les lipides (autre composant de la matière vivante constitué d'acides gras faisant partie des structures cellulaires et jouant un rôle énergétique) ont une origine animale ou végétale. Ils sont formés par les acides gras insaturés contenus dans les huiles végétales de première pression à froid et dans les poissons des mers froides (morue, flétan, maquereau, sardine) et par les acides gras saturés issus des viandes et des charcuteries. La consommation des lipides représente 30 % de notre ration alimentaire.

Comment s'alimenter ?

« Le petit déjeuner doit être un repas de roi, le déjeuner un repas de prince, le dîner un repas de pauvre. »

La pertinence de cet aphorisme du Dr C. Kousmine[1] nous fait réaliser combien nous avons inversé l'ordre ou l'équilibre de nos repas. Nos petits déjeuners sont en effet bien souvent expédiés, faute de temps et de faim ; les déjeuners ressemblent à du bricolage expéditif ou, *a contrario*, à des repas d'affaires trop riches ; les fins de journées source de grignotage et les soirées d'orgies...

Un dîner trop copieux ou pris trop tardivement provoquera des malaises, des ballonnements ou des flatulences qui altéreront la qualité du sommeil et couperont l'envie d'un bon petit déjeuner, pourtant condition indispensable à une journée pleine d'énergie.

Cette inversion des repas se transforme insidieusement en une spirale infernale, source de fatigue, de coups de pompe et de malaises.

Mes patients adultes connaissent bien ce scénario. Quant aux jeunes qui « zappent » souvent leur petit déjeuner, ils tombent inéluctablement dans le travers du grignotage. Ces entre-repas déclenchent un début de digestion en libérant des sucres bilio-pancréatiques qui agressent la muqueuse intestinale. D'un phénomène naturel, nous faisons par cette multiplication d'amorces de digestion un phénomène excessif. Tout cela conduit à terme à une inflammation chronique des intestins. Ce grignotage permanent peut également être le fait de carences dues à des régimes ou à des pratiques alimentaires sévères (crudivorisme, végétalisme...). Grignoter, c'est donc redémarrer une nouvelle digestion, mais c'est aussi arrêter celle du précédent repas. Deux actions qui, à long terme, fatigueront et affaibliront l'organisme.

Comment équilibrer les repas ?

Sachez qu'un tiers de notre ration quotidienne doit être cru (crudités et fruits). Pour le reste :

---

1. Voir bibliographie page 311.

Les féculents ou sucres lents : pommes de terre, riz, pain, pâtes, etc., sont indispensables aux repas les plus importants : le petit déjeuner (repas de roi) et le déjeuner (repas de prince). Si en consommer au dîner reste parfois incontournable (par respect pour la maîtresse de maison...), essayez de ne pas en prendre plus de 50 grammes.

Les régimes sans féculents dont l'amaigrissement constitue l'objectif mettent en réalité le corps en danger. Je l'ai constaté sur bon nombre de mes patients souffrant de pathologies ostéo-articulaires et tendineuses suite à ce type de démarche alimentaire.

Pour le comprendre, retenez que l'organisme sécrète deux hormones pendant la digestion : l'insuline et le glucagon. L'insuline, majoritaire lors de l'ingestion des farineux, permet au glucose, aux acides gras et aux acides aminés de passer à travers la membrane cellulaire. Sans féculent, le glucagon sera majoritaire et va activer une néo-glycogénèse du foie (formation du glucose par les cellules de l'organisme). La cellule hépatique puisera ce glucose dans les graisses et les parois cellulaires de l'organisme. Alchimie que nous retrouvons dans le principe du jeûne.

Plus simplement, l'absence de féculents entraînera à terme une fonte musculaire, une déminéralisation et favorisera l'ostéoporose, l'anémie ou encore la dépression.

Les protéines animales : viandes, œufs ou poissons, sont nécessaires à deux repas quotidiens pour maintenir tonus et vitalité, rendement général et résistance à l'effort, au froid et aux infections.

Les corps gras d'origine animale ne doivent pas excéder 30 grammes par jour.

Les liquides ou boissons

L'eau

L'Eau, miracle oublié, c'est ainsi que Jacques Collin[1] a intitulé l'un de ses livres consacrés à l'eau. Indispensable à l'émergence de la vie, cette eau porte en elle la marque créatrice de toute la matière vivante et, malheureusement, nous la considérons comme un élément banal parce qu'elle se trouve partout. Pourtant, n'oublions pas que nos premiers instants de vie se déroulent dans un environnement liquide et que, en outre, l'eau représente 70 % de notre corps.

Seule « boisson » offerte par la nature au vivant (végétal, animal et humain), elle nous hydrate, comme elle permet l'élimination de nos toxines. Elle nous permet, entre autres et nous allons y venir, de combattre efficacement nos excès de poids et les rhumatismes.

Elle est donc une source de vie, et s'en voir privé nous conduit à la mort. Aussi, devrait-il être naturel d'aimer s'en « nourrir » et de la respecter…

Les rhumatismes, justement, revenons-y ! Ils se manifestent à la suite de l'accumulation des toxines, ou substances irritantes, produites par l'organisme. Plus la douleur rhumatismale est forte, plus la concentration en toxines est importante. Concentration qui d'ailleurs augmente avec le processus de déshydratation. Boire conduit à l'élimination de ces toxines et favorise la circulation de liquides intra et extra cellulaires qui, à leur tour, agiront sur les cartilages (par nature riches en eau). Cet apport d'eau permettra, en effet, à ceux-ci de s'épaissir. Leur nouvelle densité les aidera à mieux jouer leur rôle de protection de l'os et améliorera le jeu articulaire (les surfaces de contact des pièces osseuses de l'articulation).

---

1. Voir bibliographie page 311.

Quant à l'excès de poids, l'évoquer à ce stade du livre peut surprendre, mais tout comme le mont Blanc qui offre plusieurs faces à son sommet, le surpoids peut être abordé de différentes manières. Ne pouvant pas lui consacrer dans ces pages l'espace nécessaire à l'analyse complète qu'il réclame (souffrances cellulaires, fractures émotionnelles, fragilité de la psyché, solitude, dérèglement du système nerveux, alimentation déséquilibrée et anarchique, etc.), je me bornerais à l'envisager par le biais unique de la soif (sentiment et réalité).

Il existe, en effet, deux manières d'apaiser sa soif : boire ou bien manger... des aliments riches en eau. Dans ce dernier cas, le corps absorbera des liquides, mais également des substances nutritives dont il n'a pas besoin, substances qui lui feront donc prendre du poids. Assoiffée, la personne commettra l'erreur de manger au lieu de boire. Bien que les deux sensations soient distinctes, la soif est souvent amalgamée à la faim. Parce que manger calme la soif, et parce que la déshydratation procure les mêmes sensations de fatigue, de coups de pompe ou de manque de carburant énergétique, et donc de sucre. Lorsque la faim et la soif sont confondues, un cercle vicieux s'installe rapidement car, plus la personne mange, plus elle aura besoin d'eau pour produire des sucs digestifs. Or, avec cet amalgame entre faim et soif, le sujet mangera à nouveau au lieu de boire, accentuant ainsi son besoin en eau interprété par erreur comme une faim.

Pour rompre cette spirale infernale et diminuer la quantité d'aliments ingérés, il est conseillé d'augmenter l'apport d'eau (plus de 2 litres par jour). Les fausses sensations de faim ne se manifesteront plus. Les quantités d'aliments consommés diminueront et s'ajusteront aux besoins et possibilités organiques.

Au bénéfice de la réduction des apports s'ajoute la stimulation des métabolismes en général, stimulation réalisable car la réhydratation des tissus relance l'activité enzymatique, et donc la combustion des graisses tissulaires excédentaires (Christopher Vasey, *L'Eau, source vitale de votre santé*[1]).

Quoi qu'il en soit, pour les questions de surpoids ou d'hyperacidité, il est préférable de choisir les eaux les plus hydratantes et les plus drainantes, celles à faible teneur en résidu sec (indiquée sur l'étiquette de la bouteille, elle correspond à la teneur en minéraux restant dans la bouteille après évaporation de l'eau).

N'en déplaise aux marchands de boissons et à leurs publicitaires, « les eaux sont bonnes pour ce qu'elles emportent et non pour ce qu'elles apportent », J. Collin. Car, en réalité, l'assimilation des minéraux (le calcium en particulier) s'effectue essentiellement grâce à la consommation des légumes, des fruits, des herbes et des algues.

Quelques conseils :

— pour réapprendre à boire de l'eau, il est nécessaire dans un premier temps de se forcer à en consommer. La pratique montre que le plaisir et l'habitude reviennent rapidement ;

— boire un verre d'eau à jeun au réveil ;

— boire un verre 3/4 d'heure avant les repas pour limiter les besoins en eau pendant le repas ;

— boire au moins 2 litres par jour entre les repas, et au verre plutôt qu'au goulot de la bouteille.

Les infusions, les jus de fruits et les jus de légumes nous hydratent également, mais leurs qualités ne valent pas celles exceptionnelles de l'eau. S'agissant des jus, ils présentent de trop forte concentration en nutriments, vitamines et minéraux. Le grand verre de jus d'orange du petit déjeuner, par exemple, correspond (en utilisant une

1. Voir bibliographie page 313.

centrifugeuse) à quatre oranges. Les aurions-nous mangées et, si oui, aurions-nous supporté ces quatre oranges ?

« Pour rester en accord avec la nature, il faudrait, en réalité, considérer ces jus comme des boissons d'appoint, à ne consommer que modérément, purs ou coupés d'eau. » C. Vasey.

Les tisanes

La tisane a parfois une connotation un peu désuète et pourtant elle mérite de retrouver ses lettres de noblesse.

Le *Petit Larousse illustré 2000* la définit comme : « Boisson obtenue par la dissolution dans l'eau de substances faiblement médicamenteuses contenues dans certaines plantes. »

« [...] Autrefois dans la plupart des familles, on pouvait trouver des plantes médicinales traditionnelles, le thym, la menthe, l'aubépine, la camomille, la violette, le tussilage, le bouillon blanc, le sureau, la bourrache, le tilleul [...] L'essentiel des soins par les plantes consistait en l'absorption de tisanes, durant une période allant de quelques jours à une ou deux semaines. L'eau associée aux vertus de la plante entraînait les impuretés à l'extérieur. D'ailleurs le mot "nettoyage" revient souvent dans les paroles des personnes âgées et le souvenir de leurs maladies d'enfant semble définitivement associé aux tisanes. De nombreuses plantes "infusables" étaient préparées en décoction par crainte des microbes et, selon quelques personnes, pour faire "sortir" toutes les vertus de la plante [...] »

« Je vous dis, si on prenait le temps de chercher des tisanes et de les faire bien comme il faut, on pourrait se passer de bien des remèdes qui vous tuent à côté. » Alain Renaux[1].

---

1. Voir bibliographie page 313.

Mais qu'est-ce qu'une plante ?

Particularité du monde étonnant de la nature, la plante médicinale renferme un ou plusieurs principes actifs capables de prévenir, soulager ou guérir des maladies. Comment va-t-elle être capable de tirer du sol les matières nutritives indispensables aux êtres vivants ? Véritable usine, la plante utilise l'eau du sol, l'énergie solaire, le gaz carbonique, les sels minéraux et les nitrates.

La transformation des corps composés sous l'effet de l'énergie solaire s'appelle la photosynthèse et a lieu au niveau des feuilles. C'est par tous ces procédés que les végétaux nous fournissent de façon subtile tous les éléments nécessaires à notre équilibre.

Personnellement, j'ai goûté aux vertus de ce type de drainage. Je le recommande à tous ceux qui ont besoin de se « nettoyer » de leurs toxines. J'utilise pour ma part des tisanes produites au cœur des Cévennes méridionales qui sont exemptes de tout traitement chimique et dont les vertus sont prouvées scientifiquement (www.sevene.fr). Je les utilise en décoction, de la façon suivante : dans de l'eau qui bout, je mets les plantes, je laisse bouillir l'eau trois minutes, puis, feu éteint, je les laisse infuser trois minutes, enfin je filtre, et je mets la tisane dans un thermos. Je ne la garde pas plus de vingt-quatre heures.

Trois minutes car c'est le temps nécessaire à l'absorption de la couleur des fleurs par l'eau (c'est ainsi que les Indiens voient que les principes actifs des plantes ont été captés par l'eau). Quant aux trois minutes d'infusion, elles correspondent au temps nécessaire à l'obtention d'un arôme parfait.

Chacun sait qu'une tisane a un effet bénéfique sur le corps d'une part parce qu'elle draine les toxines et d'autre part parce que les vertus des plantes sont captées par l'eau. Celle-ci les distribuera délicatement et de façon adaptée à celui ou à celle qui prendra sa tisane en fonction de ses besoins.

Il vaut mieux prévenir que guérir, ce vieil adage reste d'actualité, ainsi honorons les vertus d'une bonne tisane…

Sans plante, pas de tisane et sans terre pas de tisane.

En étudiant les sols, on découvre que la terre arable, qui est cette mince couche nourricière d'environ 20 centimètres et qui représente une masse de 3 000 tonnes à l'hectare, a une organisation complexe et vivante réglée au milliardième de millimètres (un mètre carré de bonne terre abrite 150 grammes d'animaux, plus de 260 millions d'individus et une explosion de formes).

Cette extraordinaire vie qu'est la terre du paysan, on ne peut qu'en son âme et conscience la gérer avec respect et amour car elle apporte à chaque plante tout ce que cette dernière requiert pour son développement harmonieux.

Les boissons industrielles

Quant aux boissons industrielles comme les limonades et autres sodas, elles sont certes composées d'eau, mais surtout de substances raffinées et chimiques : sucre blanc, aspartame, arômes, acides, colorants artificiels et, pour celles à base de cola, caféine (issu des noix de cola) !

Ces boissons très prisées par la jeunesse (marketing oblige !) entretiennent les consommateurs dans un leurre d'hydratation car, étancher sa soif avec des limonades riches en caféine équivaut à faire perdre de l'eau au corps ! La caféine, aux propriétés diurétiques reconnues, élève la tension sanguine et intensifie la production et l'élimination d'urine. L'eau absorbée avec ces boissons traversera l'organisme de façon trop précipitée où, à peine entrée dans le courant sanguin, elle sera en partie éliminée par les reins et sans avoir le temps de gagner le milieu intra-cellulaire.

Le caractère peu hydratant de ces limonades industrielles provient également de leur forte teneur en sucre, du sucre blanc raffiné, que le corps a quelques difficultés à métaboliser correctement. Le glucose du sucre blanc pénètre en effet trop rapidement et massivement dans le sang. Cette forte concentration élève brusquement la pression osmotique du sang. Pour la corriger, le corps devra alors céder de l'eau en provenance du sérum extra-cellulaire, ce qui engendrera une nouvelle soif. On se trouve ainsi dans une situation ubuesque puisqu'un apport de limonade entraîne un prélèvement de liquide ! On constatera d'ailleurs que les buveurs réguliers de ces boissons ont toujours soif !

Les laitages...

La publicité et le marketing ont fabriqué un postulat aujourd'hui de plus en plus décrié : « Les produits laitiers sont nécessaires pour apporter le calcium et lutter contre la décalcification. Ce sont des aliments complets, indispensables à une bonne santé. »

Pourtant, trois pays, les États-Unis, la Nouvelle-Zélande et la Suède, détenant le record de consommation de laitage au monde, détiennent également le record du nombre de fractures de hanche dues à l'ostéoporose. Ces pathologies n'existent pas dans les pays qui ne consomment aucun laitage, comme l'Inde et le Japon !

Chez les enfants, la consommation des laitages favorise, voire accentue, les problèmes ORL (otites, angines, rhinopharyngites, etc.), les problèmes d'eczémas et certaines allergies. Supprimer les laitages dans l'alimentation quotidienne des enfants leur permettrait de retrouver leurs défenses naturelles et de renforcer leur immunité.

Le lait de vache est adapté aux besoins du jeune veau qui dispose, pour l'assimiler, de quatre estomacs et d'un arsenal enzymatique autrement mieux adapté que notre unique estomac humain ! De plus, il permet au veau de fabriquer de l'os en quantité et peu de cervelle, au contraire de l'espèce humaine qui a une croissance osseuse lente et un cerveau volumineux et complexe !

Deux informations qui, je l'espère, seront assez convaincantes pour comprendre que le lait de vache est une hérésie pour le petit d'homme.

On sait également que le QI des enfants nourris au sein maternel est en moyenne plus élevé que celui des enfants nourris au lait de vache[1] !

Autre palme à accrocher à ce tableau édifiant, celle du lait UHT (Ultra High Temperature). Des études montrent, en effet, que les molécules de ce type de lait s'attachent entre elles, à haute température, et génèrent des macromolécules dont la gestion échappe à l'organisme. Diffusées dans l'intestin grêle et dans les voies lymphatiques, elles créent des foyers inflammatoires, des caries dentaires et des phénomènes arthritiques !

Il subsiste pourtant une information positive dans ce catalogue laitier un peu sombre : le lait frais, couramment appelé « petit lait » ou « premier lait », possède une qualité reconnue. Une fois caillé, il devient un produit lacto fermenté dont la vocation est de régénérer la flore intestinale !

Existe-t-il une alternative pour les mères de famille après un tel réquisitoire ?

Soyez rassurés, il y en a plusieurs ! Le lait de vache peut facilement être remplacé par du lait de soja, biologique de préférence, du lait d'amandes, du lait de riz ou encore du lait d'avoine. La crème de soja se substituera aisément à la crème fraîche, et souvent vos convives n'y verront rien à redire. Quant au beurre, préférez-lui des huiles vierges de première pression à froid !

Pour les inconditionnels du fromage, apprenez que ceux de chèvre et de brebis sont délicieux, bien sûr, et

1. Voir Dr J. Seignalet, *L'Alimentation ou la troisième médecine*, page 95.

compatibles avec notre organisme ! Je vous les recommande d'ailleurs au petit déjeuner, sur une bonne tranche de pain, semi-complet, avec un subtil filet d'huile d'olive, première pression à froid... un nectar qui mène au déjeuner sans souffrir de fringales au court de la matinée !

Si ce sujet vous captive je vous recommande plusieurs ouvrages en dehors de celui déjà nommé du Dr Seignalet :

— *Le Lait, une sacrée vacherie ?* Dr N. Le Berre[1].

— *Ce lait qui menace les femmes*, Dr R. Nogier[2].

Enfin, je ne pouvais conclure sur un tel sujet sans revenir à une pathologie traitée précédemment : la sclérose en plaques[3]. Il est, en effet, important d'aborder également cette maladie par le biais de l'alimentation. Qu'il s'agisse de son évolution ou de sa stabilisation, la SEP est directement en interaction avec les habitudes alimentaires de celui ou de celle qui en souffre. Les travaux du Dr Kousmine, ceux du Dr Seignalet, comme ceux du Pr Zwank (Oregon, USA), se rejoignent pour montrer la corrélation entre la consommation des laitages et la fréquence de la sclérose en plaques. Selon eux, la suppression des produits laitiers apporte une amélioration sensible, voire une stabilisation durable, pour bon nombre de leurs patients.

D'après leurs différentes études, le traitement conseillé induit une suppression des produits laitiers non lacto fermentés (beurre, lait, crème), un arrêt complet du tabac, du café comme des alcools (à l'exception du vin autorisé modérément aux repas), et, en revanche, incite à une importante consommation de légumes et de fruits, ainsi que de poissons des mers froides riches en acides gras oméga 3 (flétan, morue, maquereau, sardine...). Ajoutons à cette liste non exhaustive les huiles vierges crues, les

1. Voir bibliographie page 312.
2. Idem.
3. Voir page 193.

fromages de chèvre et de brebis, et des compléments vitaminiques et minéraux.

Les modes de cuisson

Le mode de cuisson joue également son rôle dans l'équilibre nutritionnel. En effet, les aliments subissent des transformations importantes à mesure que la température et le temps de cuisson s'élèvent. Cette chaleur engendre un grand nombre de molécules complexes, inexistantes à l'état naturel, et que l'organisme ne sait traiter. Par ailleurs, certaines substances une fois cuites deviennent toxiques voire cancérigènes. Attention, par exemple, aux barbecues et aux grillades calcinées. La cuisson des viandes doit être brève (le temps de saisir chaque côté)... Évitons les fours à 300 °C (thermostat 10) ! La température « idéale » de cuisson avoisinant les 110 °C. Optons plutôt pour des cuissons à l'étouffée ou à la vapeur douce pour conserver le capital qualitatif des aliments.

Quant aux micro-ondes et aux polémiques qu'il suscite, je vous avoue me ranger auprès de ceux qui le condamnent, comme le Pr H. Joyeux (cancérologue et chirurgien à la faculté de médecine de Montpellier et directeur du Laboratoire de nutrition à l'Institut du cancer de Montpellier) dont les expériences vont également dans ce sens. Voici l'une d'entre elles : trois lots de souris nourris avec les mêmes aliments, mais préparés de façon différente :

— pour le premier lot, chauffage au four à micro-ondes ;

— pour le second, cuisson à la cocotte-minute ;

— pour le troisième lot, état cru ou cuisson à la vapeur douce.

Les souris du premier lot refusèrent la nourriture pendant plusieurs jours puis, affamées, finirent par manger. Des cellules cancéreuses ayant été inoculées au préalable à tous les rongeurs, le pourcentage d'animaux développant un cancer fut de 100 % pour le premier lot, 50 % pour le second lot et 0 % pour le troisième !

De nombreux laboratoires[1] ont dénoncé avec la dernière énergie les dangers qu'encourent les bébés dont les biberons sont chauffés aux micro-ondes (risque pour les reins, le foie et les intestins ; chute immunitaire...).

Sans tomber dans un fatalisme irrémédiable, je crois utile aujourd'hui de s'interroger sur nos vieilles habitudes, surtout lorsque nous comprenons qu'elles ne sont pas en phase avec des principes évidents de sagesse, d'équilibre, de santé ou d'harmonie. Notre monde moderne est éprouvant, difficile et stressant. Il est plus que jamais vital de soigner son capital santé et son immunité pour rester debout !

Une de mes patientes, caissière dans un hypermarché, me témoignait récemment du désarroi et de l'inconscience des consommateurs. Les Caddie sont remplis de barquettes de surgelés, destinées au micro-ondes, qui ne nécessitent même plus d'assiettes pour être consommées !

Comme nous nous éloignons de ces plats que cuisinaient nos grand-mères, avec amour et respect et qui mijotaient des heures à feu doux et emplissaient les maisons d'exquises fragrances...

Ce chapitre sur l'hygiène alimentaire n'avait d'autre vocation que celle d'être une simple « mise en bouche » afin de sensibiliser le patient sur sa responsabilité d'acteur principal dans son mieux-être, voire sa guérison.

La respiration

Respirer, c'est vivre.

Inspirer, c'est recevoir. Expirer, c'est redonner...

Cela paraît si simple et si commun. Pourtant, combien d'entre nous n'en ont plus conscience ! Combien d'entre

1. Voir la revue médicale *The Lancet*, mars 1990 pour l'édition française.

nous vivent en apnée ! Et combien d'entre nous manquent de souffle !

Notre manière de respirer étant directement liée à nos émotions, l'exercice respiratoire devient une clé pour harmoniser notre corps et notre esprit. Les états de stress et d'anxiété provoqueront une respiration courte et superficielle, haute en poitrine. Inversement, lorsque nous sommes calmes et relaxés, notre respiration sera longue et profonde et se centrera davantage au niveau du ventre. La colère aura tendance à générer une respiration courte et rapide. Quant à la peur, elle l'accélérera encore un peu plus au point, bien souvent, de tout bloquer. La tristesse nous fera hoqueter et respirer de manière irrégulière. Enfin, s'il nous arrive de nous sentir bien, heureux ou en joie, nous constaterons alors que nous respirons profondément, les poumons bien ouverts, libres de toute tension intérieure.

Un soufi du VIIe siècle, Kariba Ekken[1], écrivait : « Si vous voulez développer un esprit calme, commencez tout d'abord par respirer régulièrement ; lorsque votre respiration est sous contrôle, le cœur tend à s'apaiser. En revanche, si votre respiration est spasmodique, votre rythme cardiaque commence à s'accélérer. Par conséquent, avant tout, commencez par respirer régulièrement, et vous verrez que votre humeur s'adoucira et que votre esprit se sentira plus calme. »

Si respirer régulièrement est en effet important, j'ajouterai que respirer profondément est essentiel. Je conseille à mes patients un exercice simple pour réapprendre à respirer. Mais attention, simple ne signifie pas facile au départ, car au même titre que nous sommes pris en flagrant délit d'inverser le rythme de nos repas, nous commettons la même erreur avec nos rythmes respiratoires.

---

1. *In* Debbie Shapiro, *L'Intelligence du corps*. Voir bibliographie.

En effet, je suis frappé de constater que chaque fois que j'aborde ce sujet avec mes patients, et que nous mettons en pratique ce que je leur conseille de faire, je découvre que la personne est en apnée ou encore respire à « l'envers » (inspirer en rentrant le ventre), souvent elle-même ahurie de découvrir le pot aux roses !

Pour moi, respirer à l'endroit signifie inspirer, lentement, profondément et longuement, en accompagnant « ce travail » d'un gonflement du ventre ; ensuite à l'expiration, elle aussi lente, profonde et longue, rentrer au contraire le ventre le plus possible. D'ailleurs, un bon moyen de s'aider à cette « re-programmation » est de poser une main sur son plexus à l'inspiration et à l'expiration, et de la sentir ou de la voir accompagner ce mouvement du ventre vers l'extérieur puis vers l'intérieur.

Cet exercice respiratoire, simple mais vital, est à faire par série de 5 à 10 inspirations/expirations de suite ; assis, allongé ou debout. Ensuite, la cadence journalière se fera en conscience de ses propres besoins. Si le système nerveux est « tendu », ne pas hésiter à le répéter plusieurs fois !

Avant un grand rendez-vous professionnel, sentimental, scolaire, etc., ce « réflexe respiratoire » aidera à centrer son esprit et à réguler les énergies. Après un rendez-vous difficile ou douloureux, cela permettra de recouvrer ses esprits… et de lâcher prise !

Développer la conscience de la respiration et apprendre comment changer nos habitudes de respiration sont donc des outils qui favoriseront la guérison et libéreront le stress avant qu'il ne se transforme en détresse physique.

La respiration, au-delà de libérer nos tensions ou d'approfondir notre concentration, va aussi être une carte maîtresse pour nous aider à réguler les douleurs (physiques comme psychologiques), et cela, mieux parfois que ne le ferait un médicament ou une distraction !

Pierre Pallardy, dans son ouvrage *Et si ça venait du ventre ?*, fait également de la respiration abdominale une clé de voûte du bien-être du corps. Un ventre décontracté comme un ventre en bonne santé reste en effet primordial pour l'équilibre de l'organisme car il abrite un réseau de neurotransmetteurs en liaison directe avec le cerveau et produit 80 % des cellules immunitaires qui nous protègent contre les maladies. David Servan-Schreiber dans *Guérir*[1] insiste lui aussi sur l'importance de la respiration pour vivre la cohérence cardiaque.

La respiration thoraco-abdominale

Cette respiration constitue pour moi une pierre angulaire entre les soins du bassin et du dos que je prodigue, et la pratique quotidienne d'exercices de maintien.

Sur le plan strictement anatomique, la cage thoracique a pour fonction de protéger le cœur et les poumons. Physiologiquement, le volume thoracique peut s'agrandir en utilisant certains muscles partant de la tête (sterno-cléido-mastoïdiens), de la colonne cervicale (scalènes), des épaules, des colonnes dorsales et lombaires (dentelés), du bassin et des hanches (psoas, carrés des lombes).

Le diaphragme (placé à la base du thorax) augmente le volume du thorax vers le bas. À l'inspiration, la cage thoracique se gonfle, les côtes s'écartent et le diaphragme s'abaisse. À l'expiration, les côtes s'abaissent et le diaphragme remonte en coupole.

— Dans les traitements du diaphragme, on détendra les hanches et la colonne lombaire.

— Pour les lombalgiques chroniques, on détendra le diaphragme[2]. À ce propos, je rappelle juste qu'un travail

1. David Servan-Schreiber, *Guérir*, pp. 68-69

2. Voir page 99.

crânien est souvent nécessaire pour régulariser le diaphragme respiratoire.

— Dans les traitements des hernies hiatales traumatiques : coup du lapin dans un accident ou problème à la naissance – il arrive en effet que, lors du dégagement de la tête du nourrisson, la première inspiration puisse être source de lésion hiatale (à l'origine des régurgitations ou des vomissements dans les premières semaines voire premiers mois du bébé) – dans ces cas traumatiques donc, blocage de l'estomac dans le diaphragme ou hyper extension de la tête, je travaillerai sur l'abdomen et l'estomac, en préambule à toute rééducation ou éducation respiratoire.

Enfin, si nous acceptons l'idée ou plutôt la conscience que nous sommes, nous, êtres humains, le microcosme du macrocosme, alors abandonnons-nous à cette respiration dont le rythme n'est autre que celui de l'univers : les marées, les saisons, le soleil, la lune... Chaque organisme vivant respire.

3. Le sport

Le mouvement, n'est-ce pas la vie !

Le sport permet de faire vivre son corps, de le faire bouger, mais également de libérer son esprit. Certains le pratiquent pour la détente et le plaisir, d'autres pour évacuer leur stress, d'autres enfin, sportifs de haut niveau, l'exercent en professionnels.

Quoi qu'il en soit, et quel que soit le niveau ou l'esprit qu'on lui prête, le sport se divise en deux catégories : les sports symétriques (qui sollicitent en même temps, ou en alternance, les parties droite et gauche du corps) et les sports asymétriques (qui sollicitent une partie du corps plus que l'autre).

Par ailleurs, retenez que le corps du sportif, et cela quelle que soit sa pratique, sera en danger si son bassin n'est pas en équilibre. Une remarque d'autant plus valable pour les sports asymétriques, comme le tennis ou le golf, qu'ils génèrent plus de pathologies à cause du déséquilibre dans la latéralité.

En revanche, les sports symétriques, dont les plus bénéfiques pour le corps et le dos restent la marche, le vélo, le ski (le ski de fond surtout), la natation et l'équitation, sollicitent, eux, le corps dans sa globalité, avec un équilibre de la latéralité.

Aujourd'hui, de nombreux sportifs, amateurs ou professionnels, se voient frappés de contre-indications, voire d'interdits. Certains sont justifiés, d'autres pas ! Et, là encore, quelques idées reçues sont à corriger, car enfin, tout sport est bénéfique, s'il libère « la tête » de celui qui le pratique...

Le sport pour tous

Les sports asymétriques : le tennis et le golf

Le tennis

Sport individuel par excellence, le tennis se pratique habituellement pendant de nombreuses années. Outre les efforts physiques qu'il exige, il réclame beaucoup au sportif sur le plan du mental et de la concentration.

En outre, remarquez comment notre attitude sur un court est bien souvent le reflet de notre comportement dans l'existence. C'est ce que me confirmait Arnaud de M., mon professeur de tennis qui a vécu dix ans en Floride, séjournant notamment chez Nick Bolieteri, l'emblématique « faiseur » de champions américains. Dans cette fameuse école d'entraînement qui a donc fait largement ses preuves, la sophrologie, le yoga, les médecines alternatives, etc., sont associées à l'entraînement technique. Les sportifs travaillent donc simultanément tous les plans physique, physiologique, psychosomatique, matériel et mental, ainsi que concentration, respiration, prévention.

Nombreux, me confiait-il encore, sont les joueurs en apnée lorsqu'ils « montent au filet ». Les mêmes le seront également dans leur quotidien. Comme d'autres, qui subissent la cadence ou le rythme de leur adversaire, subiront leur environnement ; et d'autres encore prendront inlassablement des trajectoires longues au lieu de plus rapides, etc. Vous pouvez réellement considérer le court de tennis comme une vidéo, avec arrêt sur image des réactions et du comportement dans la vie courante de celui, ou de celle, qui joue… au tennis.

Quant aux souffrances physiques inhérentes à sa pratique, elles se localisent essentiellement sur le dos et les membres : « tennis elbow » au coude, entorse à la cheville, épanchement aux genoux ou encore claquage musculaire. Et cela, quel que soit l'âge et le niveau du joueur.

Leur dénominateur commun, même pour un tennis-elbow, si surprenant que cela puisse paraître, reste invariablement un déséquilibre du bassin. Ainsi, avant même de libérer les vertèbres C5 et C6, responsables du tennis-elbow, je travaille toujours sur le bassin dont la bascule, à l'origine le plus souvent bien antérieure à toute pratique sportive, aura perfidement usé l'organisme.

De même, je rencontre fréquemment des cas de paralysie du nerf sus scapulaire. Ceux que j'ai soignés étaient tous droitiers et présentaient un déséquilibre du bassin côté gauche de plus d'un centimètre. En effet, lors du service, le joueur lance sa balle au-dessus de sa tête, pour la suivre du regard et préparer sa frappe. Il devra pour ce faire opérer une flexion cervicale forcée et plus accentuée sur les étages C4, C5, C6 et les espaces nerveux correspondants. Cette flexion, liée à une forte bascule du bassin, s'effectuera avec une inclinaison de la tête vers la droite et des pincements vertébraux du même côté. Dès lors, et de façon mécanique, il y aura comme un coupe circuit du nerf sus scapulaire en C4/C5. Par conséquent, le joueur ne pourra pas terminer son geste (le courant ne passant plus) et la musculature postérieure de son épaule va fondre peu à peu. Une contracture au niveau des muscles postérieurs, alors moins bien irrigués, entretiendra également une pression au passage du nerf. Cette pathologie, traitée à temps et de cette manière (MPO), devient réversible et permet d'éviter l'opération.

Autre facteur capital à une bonne pratique du tennis, la respiration. Au fil des années, lors des retransmissions télévisées de divers tournois du Grand Chelem, nous avons tous entendu les cris ou les soupirs de certains champions, et championnes, en plein effort ! Je ne crois pas qu'il soit utile d'expirer aussi fortement, mais cela prouve pour le moins que l'expiration demeure capitale pour accompagner un effort.

En réalité, voici un conseil pertinent que m'avait prodigué en son temps Arnaud, mon professeur : commencez à inspirer quand votre adversaire frappe la balle, et cela jusqu'au moment où celle-ci arrive vers vous et touche le sol de votre côté ; à cet instant précis du rebond, démarrez votre expiration. Vous sentirez alors qu'au moment de frapper à votre tour la balle, vous serez en pleine expiration et là, c'est magique... votre balle, par l'énergie reçue, prend un tel poids, que, d'une part, vous lui ajoutez une autre puissance et, d'autre part, vous sécurisez sa longueur. En effet, si vous êtes bien en phase avec ce principe, vos balles ne sortiront pas du court ! Un exercice aisément vérifiable et accessible à tous !

Le golf

Le « swing », mouvement privilégié du golfeur, sollicite l'organisme par un travail d'enroulement spécifique, des hanches et des genoux. C'est un mouvement précis et technique qui nécessite plus que tout autre une base solide et constante, pour ne pas dire un bassin en équilibre !

Le Dr Dominique Poux, médecin du sport, relate dans son livre *Technopathie du golf*[1], combien – en sortie de bunker notamment – le blocage du club dans le sol crée de blessures. Les joueurs débutants ou de niveau moyen répéteront bien souvent sur le parcours cette erreur technique, maladresse qui chaque fois provoquera

1. Voir bibliographie page 312.

d'intenses vibrations qui peu à peu useront les tendons et les articulations.

Les séquences de pratice, lorsque le club se bloque sur le paillasson d'usage, et peu importe que ce soit un seau de 25 ou de 50 balles, finiront également par occasionner des « dégâts »…

Si de surcroît ces golfeurs n'ont pas leur bassin en équilibre… imaginez la suite !

Bien sûr, certains d'entre eux souffrent de pathologies au coude, mais les maux les plus récurrents restent ceux du dos car celui-ci emmagasine les chocs à répétition. Nous avions évoqué le cas du champion espagnol José-Maria Olazabal qui, souffrant terriblement du pied, faillit être opéré avant qu'un thérapeute allemand découvre l'origine véritable de ses douleurs : un problème lombaire ! On se rappellera qu'il évita l'opération et poursuivit brillamment sa carrière !

N'oublions pas une règle d'or : la respiration. Comme nous l'avons évoqué pour le tennis, l'inspiration et l'expiration sont deux atouts stratégiques. Au golf, l'inspiration se fera dans la montée du club (inspirer au niveau du ventre plutôt que du thorax pour ne pas gêner la montée des bras) et l'expiration sera enclenchée dans la partie descendante du swing. Au moment de la frappe de la balle le joueur de golf ressentira les mêmes sensations que celles évoquées précédemment pour le joueur de tennis.

Les sports symétriques : l'équitation, le ski, la marche, le vélo, la natation, le basket, le volley et le rugby

L'équitation

L'équitation est un sport symétrique, idéal pour la rééducation du dos ! J'y reviendrai plus longuement dans le chapitre suivant (consacré au sport de haut niveau) car les résultats obtenus sur nos meilleurs cavaliers en témoignent les bienfaits. Bénéfices reconnus d'ailleurs par le Dr Sagnet, chirurgien orthopédiste, qui vante plus particulièrement les vertus de l'équitation pour le dos des enfants [1].

Mes patients cavaliers, une fois le travail de rééquilibrage du bassin opéré, pérennisent leur acquis grâce aux repositionnements réflexes des muscles profonds du dos lors des secousses et sollicitations pour le maintien en selle.

De façon générale, relativement fréquentes et parfois mauvaises, les chutes constitueront les risques majeurs encourus par les cavaliers. Des chutes qu'il faudra soigner. Auxquelles s'ajouteront les problèmes somatiques du cheval qui, si étonnant que cela puisse paraître, sont potentiellement transmissibles. Je soigne ainsi certains chevaux qui souffrent au niveau de leur structure. Dès qu'ils retrouvent l'équilibre, leurs cavaliers le ressentent immédiatement car ils n'ont plus à compenser la pathologie de leur monture.

Quant aux jeunes cavaliers, je leur conseille un bilan annuel, voire deux, du bassin et du dos, pendant leur croissance.

Le ski

De toutes les disciplines liées au ski, le ski de fond reste la plus bénéfique pour le corps grâce à son mouvement glissé et à l'analogie avec la course à pied. Tout le corps y travaille de manière symétrique et dans des gestes d'allongement. Quant au ski alpin, il présente les mêmes avantages pour le dos que l'équitation… quand le sujet a son bassin en équilibre. En effet, la répartition des efforts est excellente : les virages sont pris autant à droite qu'à gauche. Lors des schuss, la répartition du poids du corps sur les deux pieds est juste. Quant aux secousses

---

1. Revue *Cheval Star*, n° 132.

enregistrées, elles permettent à la musculature du dos de jouer son rôle de maintien réflexe et de vigilance.

Nombre de mes patients, anciens lombalgiques, qui ont adopté ma méthode et viennent me voir une ou deux fois avant leurs séjours à la montagne, ne souffrent plus ni pendant, ni après leurs vacances...

La marche et la course

La marche pratiquée quotidiennement, à une cadence dynamique, et rythmée par la respiration reste pour moi le meilleur des sports. Celui qui permet véritablement d'harmoniser le corps et l'esprit.

L'idéal est de marcher au moins 3/4 d'heure par jour, en intégrant dans cet exercice 3 à 4 séries de 10 respirations décrites au chapitre précédent.

Quant à la course à pied, si elle libère la tête, elle peut également devenir une source de problèmes pour le dos et les articulations si le bassin est en déséquilibre. En effet, les articulations d'un membre portant subissent, lors d'une foulée, une contrainte équivalente à 2 à 3 fois le poids du corps !

Je conseillerais donc à ceux qui courent de façon répétée une révision du dos et du bassin deux fois par an.

Le vélo

Le vélo est un sport excellent si le corps est bien placé sur un vélo parfait...

Nous l'avons évoqué à propos d'Arnaud Tournant, médaillé d'argent à Athènes[1], et dans les chapitres dédiés aux pathologies du nerf honteux et des sciatiques[2].

J'ajouterai simplement que les articulations du genou et des hanches ne font pas d'efforts traumatisants car elles ne sont pas en appui directement sur le sol.

---

1. Voir page 94.
2. Voir pages 221 et 165.

Le vélo est d'ailleurs conseillé dans les cas d'arthrose de hanche.

La natation

Nous avons encore en mémoire la beauté de ces images retransmises d'Athènes, à l'occasion des derniers Jeux olympiques. D'une certaine manière, elles balayent les idées reçues concernant la brasse que l'on taxe de dangereuse pour le dos. Certains la proscrivent prétextant qu'elle favorise la lordose, c'est-à-dire la cambrure. Or, cette nage se pratique avec une angulation du corps de 30° par rapport à la ligne de flottaison, et entraîne donc peu de risque de cambrure ; en tout cas, moins que le crawl pour lequel les pieds du nageur s'animent quasiment au niveau de l'eau.

J'ajouterai même que la brasse permet de passer de la flexion de la hanche à l'extension en apesanteur, et donc, d'entretenir les mouvements du bassin et des hanches. En fait, c'est ce passage de flexion de hanche qui va momentanément cambrer le nageur.

À mon avis, le vrai problème se situe au niveau des cervicales. Leur atteinte ne vient pas de la cambrure, mais d'un mauvais positionnement de la tête et des cervicales souvent consécutif… à une bascule du bassin !

Je considère donc la brasse comme une excellente activité à condition que le bassin soit là encore en équilibre ; la musculation du dos se développant alors de manière parfaitement symétrique et harmonieuse. Si cette nage reste douloureuse pour certains, je les invite à décoder le message de leurs douleurs et à comprendre le facteur déclenchant.

En revanche, je mets en garde les adeptes du dos crawlé, comme les professionnels de santé qui en conseillent la pratique pour soulager des sciatiques, dont certaines avec hernie discale ! Je considère, en effet, cette nage dangereuse car elle associe des torsions opposées des épaules et du bassin.

Je recommanderai plutôt aux personnes convalescentes, ou en traitement pour leur dos, de pratiquer la nage sur le dos avec une planchette sous la tête, soit en battant des jambes, soit en faisant les mouvements de brasse. Par ailleurs, l'usage d'une palme unique (pour les deux pieds), toujours avec une planche sous la nuque, favorisera un travail ondulatoire lombaire parfaitement symétrique et bénéfique.

Le basket et le volley

Les deux sont conseillés pendant la croissance pour les gestes d'extension qui font vivre le corps. Néanmoins, si ces mouvements sont magnifiques, les retombées sur le sol n'en sont pas moins traumatisantes. Et le bassin, très sollicité, encaisse les chocs. Il vous est maintenant aisé d'imaginer les effets sur un bassin en déséquilibre de ces milliers d'atterrissages effectués dans la bousculade, la précipitation et la force, et dont les lombaires seront les principales victimes.

Exemple ! Un homme de cinquante-quatre ans, de bonne constitution, ex-volleyeur de haut niveau, aujourd'hui dans l'encadrement d'une équipe, vint me trouver fin 2003 pour une tendinite d'Achille rebelle. Les deux premières séances servirent à libérer son bassin et l'espace lombaire innervant le muscle de son mollet. Trois mois plus tard, à l'occasion de la troisième séance, une forte douleur de la 5e lombaire se déclara sous mes doigts, une douleur térébrante. Eh bien, c'était, en quelque sorte, les milliers de chocs mémorisés par cette vertèbre stratégique qui s'exprimaient enfin et se libéraient grâce à ce travail initial d'équilibrage.

Le rugby

C'est un sport de combat fait de contacts et de chocs, de chutes et de courses. Après un match, le corps est souvent perclus de douleurs musculaires et osseuses dues aux hématomes, et les entorses y sont fréquentes (surtout aux chevilles, genoux, épaules et vertèbres cervicales).

Damien a trente ans et pratique ce sport depuis son enfance. En 2003, je l'ai reçu à trois reprises pour ses douleurs de dos. Il présentait par ailleurs des antécédents d'une pubalgie opérée et une bascule du bassin. Jouant à un haut niveau (pour les connaisseurs, en fédérale 1), il devait s'entraîner jusqu'à quatre fois par semaine. Positionné en n° 10, ou demi d'ouverture, il a obligation de taper et de buter dans le ballon, explication des inflammations du pubis dont il souffrait. Un an et demi plus tard, il revint me voir sans pourtant se plaindre du dos et le bassin toujours en place (il aura donc joué tous ses matchs sans se blesser !) mais la pubalgie, elle, s'était réveillée. L'origine relevait d'une alimentation trop acide !

Le sport de haut niveau

Les sports équestres

> « Plus ça va et mieux ça va, malgré des visites qui s'espacent, ce qui tend à prouver que le travail de Nicolas Bounine est efficace sur le long terme et ne s'apparente pas à du “cache misère”. »
>
> Hervé Godignon, cavalier professionnel, membre de l'équipe de France de jumping.

Mes débuts dans le monde de l'équitation de haut niveau remontent à l'année 1992, peu de temps avant les Jeux olympiques de Barcelone. Une amie, Adeline Wirth, cavalière de compétition, m'avait adressé Michel Robert (cavalier de l'Équipe de France d'équitation) qui, alors, souffrait d'une pathologie discale tenace pour laquelle une opération était envisagée avant ou après les Jeux. Cela signifiait pour lui une improbable participation ou, au mieux, une faible possibilité de disputer ses chances. Il arriva à mon cabinet deux mois avant la cérémonie d'ouverture des Jeux. Je l'ai vu à deux reprises et cela lui suffit pour qu'il se rende à Barcelone... et décroche une médaille de bronze par équipe. Depuis, il s'astreint à une hygiène de vie alliant yoga et diététique, et n'a plus connu d'épisodes aussi aigus. Soulignons qu'à cinquante-cinq ans, il a été champion de France de saut d'obstacles (en 2003) !

Adeline Wirth : cavalière de compétition

« En 1988, j'étais en Équipe de France et, à trente-trois ans, je commençais à avoir des douleurs dans la région lombaire.

Au début, mon kiné me remettait d'aplomb en me faisant "craquer", puis je reçus un traitement à base d'ultrasons et d'aimants qui me fit du bien. Mais en 1989, les problèmes s'accentuèrent. Je vivais avec des emplâtres américains sur mon dos. Je ne pouvais plus être assise et il m'était impossible de rester dans une salle de cinéma ou de théâtre.

Quant aux dîners, au restaurant ou chez des amis, je les refusais systématiquement. Je n'étais bien qu'allongée sur le dos, genoux repliés, ou, en selle, à califourchon sur mon cheval.

La vie quotidienne m'était donc de plus en plus pénible quant un jour j'entendis parler de Nicolas Bounine.

La première fois qu'il me soigna, il m'appuya sur différents points du dos, me parla de déséquilibre de mon bassin, ne parut pas plus inquiet que ça et m'expliqua qu'on ne pouvait aller bien qu'en respectant la symétrie du corps et qu'il fallait être en permanence centré, au milieu de ses deux pieds, de ses deux fesses, et de ses deux épaules.

Je repartis troublée car il ne m'avait pas fait "craquer", et son discours sur l'équilibre et le développement musculaire symétrique était le même que le mien quand je parlais du travail de mes chevaux…

Je disais que pour muscler correctement un cheval, il était primordial de le travailler de manière égale aux deux mains et de répéter les mêmes exercices des deux côtés pour ne pas le "déséquilibrer"…

Et voilà que cet homme employait les mêmes arguments que pour mon propre corps…

De ce jour-là, une révolution s'opéra en moi et les postures de yoga que je répétais tous les jours sur mon tapis se prolongèrent dans ma vie quotidienne, quand je me brossais les dents, que je faisais des courses dans un magasin ou que je passais deux heures debout dans un musée.

J'avais pris conscience, que je me tenais mal, et que je n'étais jamais "au milieu" de moi-même. Ma perception s'affina et ma "tenue" dans la vie courante devint ma plus grande préoccupation.

Cependant mon enthousiasme s'effrita car, après six semaines et trois séances, le mal de dos n'avait pas disparu et revenait, moins permanent certes, mais tout de même…

Presque trois mois s'étaient écoulés depuis ma première visite chez lui… Je pestais, l'insultant presque, me permettant de mettre en doute son traitement sur le thème de "c'est bien joli les points et les belles phrases mais ça ne marche pas !". Il resta très calme, souriant et presque moqueur. “Il faut donner du temps au corps pour oublier…”, me dit-il. “Ça devrait aller maintenant ! Ça fait trois mois !” lui rétorquai-je, sèchement.

“Libre à toi de croire ou de ne pas croire, me répondit-il. Ton corps a une mémoire et il faut lui laisser le temps de se rééduquer. Tu ne changeras pas la morphologie d’un cheval en une semaine !”

Cela me parut sensé, mais je partis furieuse tout de même. Ce soir-là, je me dis que je n’avais pas d’autres choix que d’accepter mon état avec ses hauts et ses bas, qu’il n’existait pas d’alternative miracle et, qu’après tout, ça ne me faisait pas de mal de me tenir bien et de penser à mon maintien. J’étais plus élégante et moins fatiguée. Il me soulageait, c’était déjà pas mal… Beaucoup de gens vivaient avec des douleurs dans le dos…

Ce ne fut pas une résignation, mais une acceptation, un lâcher prise. J’allais faire ce qui était en mon pouvoir. Pour le reste, j’acceptais de n’avoir aucun contrôle. Et puis zut !

Trois jours plus tard, les douleurs disparurent pour de bon et ne revinrent jamais.

J’exerce maintenant sur mon corps une discipline stricte. Maintien, centrage, gymnastique abdominale quotidienne prescrite par Nicolas et contrôles réguliers chez lui, trois fois par an, même si tout va bien.

Comme tout édifice, la colonne vertébrale et le bassin peuvent se déséquilibrer légèrement avant de lâcher et de faire souffrir.

C’est là que cette méthode intervient. Dans cette phase de vigilance, pour rééquilibrer avant le problème.

Depuis 1989, je lui ai envoyé de nombreux cavaliers qui pensaient leur carrière compromise.

Les résultats furent spectaculaires pour la majorité d'entre eux et beaucoup d'opérations du dos furent évitées grâce à ses soins !

Nicolas Bounine m'a appris à respecter mon corps. Il m'a montré qu'en plus de sa "mécanique", il possède des composantes qui ont à voir avec une autre dimension.

À nous d'accepter qu'on ne peut pas tout comprendre avec notre tête. »

Nombreux sont les cavaliers que je suis en thérapie, et je retiendrai encore ici le cas de deux d'entre eux : celui d'Édouard Couperie et celui de Willi Melliger.

Édouard Couperie

Édouard, outre ses qualités équestres, est un homme qui allie le sérieux du professionnel à une discrétion légendaire.

Nous nous voyons depuis dix ans. Les deux premières années, il nous a fallu huit séances pour rééquilibrer et stabiliser son bassin et son dos. Depuis, il associe à l'évolution de sa carrière une véritable démarche de prévention et vient me voir, systématiquement, une à deux fois par an. Cette conscience de la prévention est une vraie valeur ajoutée dans ce métier exigeant et je le remercie de la confiance qu'il me porte et de son sérieux.

Willi Melliger

Willi Melliger est suisse, cavalier de niveau international. Au printemps 2002, au cours du Grand Prix international de Genève, il dut renoncer à la compétition à cause de douleurs terribles au dos. Le diagnostic médical annonça une hernie discale avec nécessité d'opérer. Éric Navet (autre cavalier de renom) lui conseilla de venir me voir. Lors de notre premier rendez-vous, fixé en avril 2002, à une semaine de son opération, je constatai une bascule de son bassin excédant un cm et demi. Trois jours après cette séance, il se sentit mieux au point de remonter à cheval et d'annuler l'opération ! Je le revis dix jours après. Le bassin ayant tenu, je lui travaillai le crâne, relançant notamment le rythme du liquide céphalo-rachidien par une compression du 4e ventricule. Quelques jours après cette séance, alors qu'il embarquait dans un avion, il vécut une expérience particulière. Assis, tranquille, une forte chaleur l'envahit, partant du bas des reins et remontant le long de sa colonne jusqu'au sommet du crâne. Il transpira fortement. Puis, tout rentra dans l'ordre. Bien que surpris par cette réaction physiologique, il fit de lui-même la connexion avec le travail que nous avions fait ensemble. Il comprit en effet que l'énergie s'était mise à nouveau à circuler librement dans son corps nouvellement libéré de toute entrave.

Les deux années suivantes lui furent propices, comme à sa carrière. En mai 2004, il revint me voir suite à un blocage, mais une séance suffira à le libérer et lui permettre de remporter deux épreuves internationales dans les jours suivants.

Le tennis

Le tennis de haut niveau, comme nous l'avons vu dans la névralgie de hanche, peut entraîner des pathologies de surcharge, elles aussi alourdies par le problème du déséquilibre du bassin.

J'ai soigné, par exemple, une des meilleures joueuses cadettes françaises qui, pour des problèmes lombaires, avait eu obligation d'être mise au repos. Décision justifiée par la croissance de cette jeune fille (treize ans) et le surmenage occasionné par son talent ! Évidemment, après examen, je n'ai pu que constater, sous le regard de ses parents ahuris, un décalage du bassin de plus d'un centimètre, avec deux forts blocages lombaires L4 L5, L5 S1 du côté de la bascule. Malgré ces blocages, aucune sciatique ne se manifestait, mais des douleurs térébrantes au toucher laissaient augurer un avenir douloureux pour son dos et, du fait de ce déséquilibre somatique, l'éventualité de futures blessures aux membres (genoux, chevilles, etc.). Nous avons donc programmé trois séances consécutives. C'était il y a deux ans. Depuis une séance annuelle suffit pour vérification et consolidation. Aujourd'hui, elle poursuit sa carrière avec brio et sans douleur !

Pour compléter l'exemple précédent, le suivant témoignera des possibilités extraordinaires que possède le corps quand sa structure est en équilibre, et cela, même la cinquantaine passée.

Brigitte : joueuse de tennis

> « Je suis mariée et j'ai trois enfants. J'étais, dernièrement, Responsable de la communication d'une entreprise de formation continue, et je me suis arrêtée de travailler pour me consacrer à mes différentes passions : ma famille et le sport.
>
> J'ai joué très jeune au tennis et au hockey sur gazon où j'ai été sacrée meilleure hockeyeuse cadette de France.
>
> Malgré les contraintes d'une vie familiale et professionnelle très remplie, j'ai réussi à atteindre le

classement de 2/6 au tennis et me suis plus ou moins maintenue à ce niveau.

J'ai aujourd'hui cinquante ans et j'ai remporté en 2003 le titre de vice-championne de France de ma catégorie. Cette année, je dois représenter la France aux championnats du monde en Turquie.

La difficulté que rencontrent tous les champions est un problème physique et, à cinquante ans, ce sont les meilleures parmi les moins cassées qui gagnent.

Mon point faible est le dos qui provoque une sciatique à certains moments. Je suis habituellement suivie par différents médecins et kinésithérapeutes, mais j'ai été amenée à consulter un ami de mon mari, Nicolas Bounine, qui a mis au point une technique réparatrice non traumatisante. Ces trois dernières années, je l'ai rencontré six fois, soit environ deux fois par an.

Sa technique est surprenante : il ne fait pas craquer les vertèbres. Il me met en position assise, puis couchée sur le côté et appuie fortement sur certains points précis du bassin et de la colonne vertébrale pendant quelques minutes.

En 20 minutes, je sens se dénouer les nœuds qui causent mes souffrances.

En me mettant debout, j'ai l'impression d'avoir trouvé une stabilité nouvelle. Mes pieds sont comme plus fermement plantés sur le sol. Et ma douleur lancinante a fortement diminué. Certaines fois, elle a même disparu en une seule séance.

Pendant deux à trois jours, j'éprouve encore une douleur résiduelle, souvent provoquée par la pression de ses doigts sur mes points douloureux ; puis je ne sens plus rien. Je retrouve ma forme d'adolescente et la garde de nombreux mois. Alors qu'auparavant, il me fallait plusieurs séances pour me mettre d'aplomb, avec Nicolas, une seule séance peut suffire. »

Un témoignage qui en appelle un autre, pour conclure par un petit clin d'œil à ce Mexique cher à mon cœur, en citant deux de mes patientes et amies, Patti et Rosie Reyes, qui après une belle carrière tennistique internationale continuent à soixante ans de défendre les couleurs de leur pays dans le championnat du monde des vétérans !

L'athlétisme

Quand je travaillais à l'INSEP, je restais toujours sur une sensation de travaux inachevés, surtout sur les athlètes de saut en longueur et triple saut. Les bassins de ces athlètes, quoique replacés, ne se stabilisaient pas dans la durée. Bien sûr, la raison évoquée était leur sur-sollicitation, ajoutée aux chutes endémiques sur leur fessiers, entraînements et compétitions confondus. Mais entre temps, l'élaboration de cette méthode du MPO m'a fait comprendre ce sentiment d'inachevé que j'éprouvais alors. En effet, j'ai réalisé simplement que les traitements que recevaient ces sportifs ne s'arrêtaient qu'au plan mécanique. Or, l'élasticité et la souplesse des tissus reposent également sur l'énergie. Remettre une structure en place ne suffit pas, surtout si ce travail est trop rapide, brusque ou encore violent. L'organisme, habitué à un schéma de déséquilibre inscrit depuis longtemps, doit donner lui-même le feu vert. C'est ce qui se produit lorsque je travaille sur les points osseux et c'est ce qui fonctionne sur tous les athlètes que je soigne de cette manière. À dessein, je publie in extenso le témoignage d'un ami entraîneur.

Régis Prost : entraîneur national d'athlétisme

« Après plus de quarante années passées au service de "l'Athlétisme Français" (d'abord comme athlète international, puis comme entraîneur de club, puis entraîneur national de saut en longueur et triple saut pendant trente ans), j'ai longuement médité sur les causes de blessures rencontrées dans ces deux disciplines. J'en ai tiré quelques réflexions et constatations :

Les temps de repos sont plus importants que les temps de travail. Plus on s'entraîne, plus il faut pouvoir et savoir récupérer.

Il vaut mieux privilégier la qualité que la quantité de travail pour certains individus. L'entraînement doit être personnel. Il doit être adapté à chacun en fonction de ses qualités physiques, psychologiques et psychiques.

Quand un athlète s'entraîne pour atteindre le haut niveau, il doit avoir une hygiène de vie exemplaire. Un déficit de sommeil ne peut apporter que des ennuis, par exemple une modification de la composition du sang. Une carence en magnésium, et surtout en fer, sont la cause d'une très grande fatigue soudaine et inexpliquée pour un entraîneur inexpérimenté. Etc.

Les douleurs d'un athlète sont généralement musculaires, traumatiques, mais peuvent être nerveuses et psychologiques. Si trop de répétitions d'impulsions sur un sol dur peuvent amener à des tendinites et périostites, la principale cause de ces désagréments est due à une bascule du bassin avec des conséquences fâcheuses sur la stabilité de l'édifice corporel (pieds, genoux, tendons, élongations, vertèbres lombaires, dorsales et cervicales déplacées, etc.). Les douleurs vont s'estomper lorsque le bassin aura repris sa place et que l'athlète se sentira d'aplomb. Un travail sur les énergies peut lui apporter la confiance et le relâchement : "Être bien dans son corps."

Un suivi par un kiné-ostéo compétent est absolument nécessaire pour un athlète de haut niveau. Nicolas a bien voulu suivre, dans la mesure du possible, quelques-uns de mes athlètes, et les résultats ont été remarquables. Quand "tout est en place", que l'influx nerveux passe à vitesse grand V, que l'athlète se sent bien dans sa peau et dans sa tête, tout est possible. »

Le handball

Quelques lignes sur ce sport collectif, considéré d'ailleurs quasiment comme un sport de combat, pour introduire la technique préventive d'étirements développée au chapitre suivant.

Dans les années 80 (à l'INSEP), je suivais l'équipe de France junior féminine, dans ses stages, tournois et championnats. Faire partie de l'encadrement de cette équipe m'a beaucoup appris car le handball est un sport de contact où le corps vit plus fortement les coups, les chutes et les blocages répétitifs. Les articulations sont très exposées, voire en danger (particulièrement les genoux, les chevilles, les épaules les coudes et les poignets), le dos également.

Nous formions avec l'entraîneur un binôme en phase et nous avions concocté à ces jeunes athlètes un programme d'étirements sur mesure, un travail préventif basé sur les postures Mézières.

Étirant le corps dans sa globalité, dos et membres, de longues minutes avec une ventilation forcée, avant et après les matchs, les filles ont véritablement été protégées de lombalgies et de tendinites classiques et récurrentes. C'est donc à partir de cette expérience que j'ai réellement pris la mesure de la justesse et de l'efficacité de ces techniques d'étirements intimement associées aux bienfaits de la respiration. Ce qui n'est pas toujours le cas de certaines gymnastiques et techniques de musculation.

Les arts martiaux

Entre l'équilibre esprit/corps d'un côté, et le contact avec le tellurique de l'autre, les arts martiaux sont en parfaite résonance avec l'esprit de ma pratique. Grâce à cette connexion tellurique, mes patients adeptes de ces sports se nourrissent de l'énergie du sol et dynamisent leur propre corps énergétique.

Par ailleurs, ces pratiques millénaires, inventées non seulement pour se défendre, activent et dynamisent le corps énergétique comme le corps matière. Le principe de base des arts martiaux est le développement de la force intérieure et de l'équilibre à travers la pratique régulière de mouvements spécifiques, jusqu'à ce que ces derniers deviennent complètement naturels. Les formes les plus extérieures peuvent être ainsi utilisées pour combattre, bien qu'elles soient principalement employées comme une expression de la discipline et de la responsabilité. Le véritable combat s'effectue avec soi-même et avec ses propres limites plutôt qu'avec un adversaire ! Ainsi :

— le Chi-kong, pratiqué quotidiennement par des milliers de Chinois, est considéré comme un moyen de soigner les affections, de prévenir les maladies et de prolonger la vie. Le corps et le souffle aident l'esprit à s'harmoniser et à se libérer des blocages énergétiques qui enferment l'individu dans des modèles fixes, émotionnels et psychologiques.

— le Tai-chi est l'une des formes les plus spirituelles des arts martiaux ainsi que l'une des pratiques les plus douces et des plus méditatives. Les mouvements y sont lents, gracieux et cohérents ; une sorte de danse détendue et recueillie. Ils n'améliorent pas seulement le corps physique, ils développent également la concentration, la résolution et la sensibilité, ouvrant l'esprit et le corps à la liberté intérieure. Recommandé pour toutes les formes de stress, le Tai-chi favorise une profonde relaxation de l'ensemble du système nerveux. Tout à la fois apaisant et énergisant sur le système nerveux, la digestion, le métabolisme et la circulation, les Chinois le pratiquent comme une médecine préventive et thérapeutique pour de nombreux problèmes physiques et émotionnels.

À travers la pratique des arts martiaux, nous offrons donc à notre corps la possibilité de se régénérer, et de retrouver un équilibre corps/esprit. Nous le préservons également d'une dette potentielle qui dans le futur pourrait lui coûter cher.

J'observe systématiquement l'efficacité et la pérennité de mes soins sur les patients partisans de ce type de disciplines.

Conclusion

À cause de tous les pièges et menaces de ruptures que génère notre société moderne : stress, sédentarité, matérialisme, mal-bouffe, hyperacidité, pollutions abyssales, etc., je continue de marteler qu'il est vital pour chacun, petit et grand, jeune ou vieux, de faire bouger et vivre son corps en pratiquant des exercices régulièrement.

Mais permettez-moi de conclure ce propos en insistant sur deux conditions *sine qua non* au maintien de l'équilibre dans notre corps : intégrer les exercices respiratoires quotidiennement et comprendre et vivre le concept de la prévention.

Tous les sports sont bons, s'ils nous donnent du plaisir et de la détente. Aucun n'est mauvais si nous le pratiquons en bonne intelligence, dans le respect de notre état de santé et de notre rythme de vie. Soyons donc à son écoute, et faisons preuve de sagesse et d'humilité !

Conclusion

L'espérance !

Je crois que de tout ce que m'apporte mon métier l'espérance, que je lis dans les regards, ou celle qui m'est exprimée dans la spontanéité de la joie retrouvée, est ce qui me touche le plus.

Le gazouillis du bébé, la détente de ses parents, l'enfant qui retrouve les activités « normales » de son âge, l'adolescent les deux pieds à nouveau sur terre apte à transformer ses problèmes existentiels, le jeune ou moins jeune cadre si dynamique et stressé qui prend finalement le temps de s'interroger sur le cours de sa vie, la maman débordée ou épuisée mais finalement apaisée, le sportif cassé remis d'aplomb, les soi-disant « has been » du 3e et 4e âge retrouvant une nouvelle jeunesse… c'est une joie pour moi d'apporter « un plus » dans cette quête si naturelle de vivre debout, l'équilibre entre terre et ciel.

Retrouver l'équilibre, n'est-ce pas également faire la paix avec le temps ? Retrouver le temps de vivre en vivant le temps présent ! Et vivre le temps présent ne serait-ce pas le cadeau que nous nous faisons d'être simplement heureux là où nous sommes et dans ce que nous sommes en train de vivre ? Ne serait-ce pas une nouvelle façon de vivre mieux ce que nous avons à vivre ?

Un dénominateur commun à tous ceux qui sont stressés ou qui ont peur est une mauvaise gestion du temps. La peur de le perdre comme d'en manquer.

Pourtant, nombre de situations douloureuses, complexes et parfois désespérées restent réversibles, à l'image des témoignages qui ponctuent ce livre.

Alors finalement, la maladie ne serait-elle pas un cri d'alarme ? L'expression d'une souffrance trop longtemps tue, d'un ras-le-bol ou d'un débordement ? Alors, ne tomberions-nous pas malades pour arrêter un processus perfide et lent d'autodestruction, pour finalement, de guerre lasse, devant l'évidente vacuité de notre vie, accepter, accepter simplement de changer d'état d'esprit et se convertir à l'art de vivre en équilibre dans un monde bien souvent déstabilisé ?

Prendre le temps de vivre, prendre le temps de regarder une fleur ; le renard ne disait-il pas au Petit Prince : « c'est le temps que tu donnes à ta rose qui fait ta rose si importante », prendre le temps d'écouter, de respirer et d'aimer et prendre le temps de le manifester par des mots ou par de la tendresse…

Ne serait-ce pas guérir en quelque sorte l'hypertrophie de notre mental en ouvrant enfin notre conscience et notre cœur ?

Un jour, je participais à un colloque dont le thème était : L'homme, la terre, la vie [1]. Un des intervenants, physicien et professeur de médecine, faisait son exposé sur la médecine ayurvédique. *Ayur*, la vie ou la force vitale et *véda*, la connaissance. D'après lui, et selon les principes de la médecine indienne, les difficultés de l'existence relevaient plutôt de problèmes liés à l'harmonie. Dès qu'il n'y a plus harmonie, commence le déséquilibre. Par ailleurs, il constatait qu'il y avait bien une évolution, du minéral vers la plante, de la plante vers l'animal, de

---

1. Voir bibliographie page 311.

l'animal vers l'homme. Mais, selon lui, l'homme n'était pas le point final. Il y avait, au-delà de l'homme, une conscience, que l'on pourrait presque appeler la supra conscience ou le divin. Notre physicien questionnant son auditoire lui demanda si cette évolution vers le divin, ou Dieu, ou le supra mental, était possible en soi ? Puis sa réponse fut la suivante : « Non. Il est dit dans les védas que rien ne peut évoluer s'il ne pré-existe dans son essence, dès le commencement... »

Dans sa quête personnelle de spiritualité, cet homme s'interrogeait sur l'essence même du divin et de l'endroit où le trouver. Il nous éclaira à sa façon en nous contant une histoire simple que sa grand-mère lui avait un jour racontée : « Il y avait une grande réunion. Ce n'était pas sur la Terre, mais dans le paradis. C'était un congrès où étaient convoqués tous les dieux et toutes les déesses, et vous savez qu'en Inde il y en a plus de trente millions ! Mais ils n'étaient pas limités à ces trente millions, ils en avaient invité d'autres, et il y avait aussi des forces hostiles ou des forces noires de même que des représentants des règnes végétal, animal, mais... pas celui de l'être humain. C'était un congrès contre l'être humain qui lui voulait se développer au détriment du monde subtil et supérieur des dieux et des déesses. Un monde plus ou moins parfait mais avec ses propres règles. Le problème pour Dieu était de trouver un moyen de se cacher de cet être humain qui avait pris toutes les libertés y compris celle de faire des erreurs, y compris celle de ne pas croire en Dieu. On a alors proposé à Dieu de se cacher au fond de l'océan. Sur le pôle Nord, puis le pôle Sud. Sur la lune. Mais l'homme savait, ou tôt ou tard allait savoir se déplacer partout, dans les océans, sur les planètes proches comme dans le cosmos. La cause semblait perdue sans lieu où s'échapper à l'orgueil de l'homme. Finalement, une toute petite voix, d'une toute petite déesse qui s'appelait la gratitude, dit timidement : “Si tu veux vraiment te cacher, il y a un endroit très doux où il n'osera pas aller te chercher car il a peur de lui-même..." »

Vous avez certainement deviné : c'est le cœur de l'homme !

ANNEXES

Annexes

Exercices physiques et étirements

Les exercices physiques sont indispensables au maintien de l'équilibre du corps et de l'esprit. Les pratiquer au quotidien représente une valeur ajoutée pour une meilleure dynamisation de l'organisme.

Je propose donc différents exercices à distinguer en deux groupes :

— les exercices du lever : étirements destinés à l'éveil du corps

— les exercices abdominaux : tonification de l'abdomen et étirement du dos

Les exercices du lever

Ce sont des mouvements simples qui s'effectuent au bord du lit. Au nombre de 7, ils favorisent l'entretien de l'équilibre du bassin et de sa souplesse. Quotidienne de préférence, leur exécution dans l'expiration (ni en apnée, ni dans l'inspiration) n'excédera pas 5 mn.

À notre réveil, nous passons d'un état passif de sommeil et de repos à un état actif. L'éveil de la région lombaire et du bassin nous permettra d'accéder aux étapes de la salle de bains et de la cuisine. En effet, qui ne s'est jamais bloqué ou fait mal un jour en ramassant son savon ou en sortant une casserole d'un placard ?

Voici donc ces 7 mouvements ! Quels que soient celui ou ceux que vous choisirez d'exécuter, je vous recommanderai toujours en préambule d'effectuer des exercices respiratoires car, pour commencer sa journée et avoir les idées claires, il est bon de s'oxygéner le cerveau. Cette respiration consiste en 3 apnées inspiratoires successives, maintenues le plus longtemps possible. Vous êtes sur le dos, les bras le long du corps, les jambes repliées ou en crochet, ou assis au bord du lit. Inspirez à fond en gonflant le ventre au maximum, bloquez la respiration, tenez l'apnée le plus longtemps possible, mais sans forcer, puis expirez.

Exercice n° 1 : objectif : étirer le plan postérieur du dos et spécifiquement la partie lombo-pelvienne souvent tendue au réveil.

Vous êtes assis au bord du lit. Placez les bras pendants entre vos cuisses. En expirant, penchez-vous en avant comme si vous souhaitiez regarder sous le lit, tête et dos enroulés en touchant le sol avec vos mains. Inspirez quand vos mains sont posées au sol, puis expirez à nouveau en vous relevant pour retrouver votre position initiale. Reproduisez cet exercice à trois reprises.

EXERCICE 1

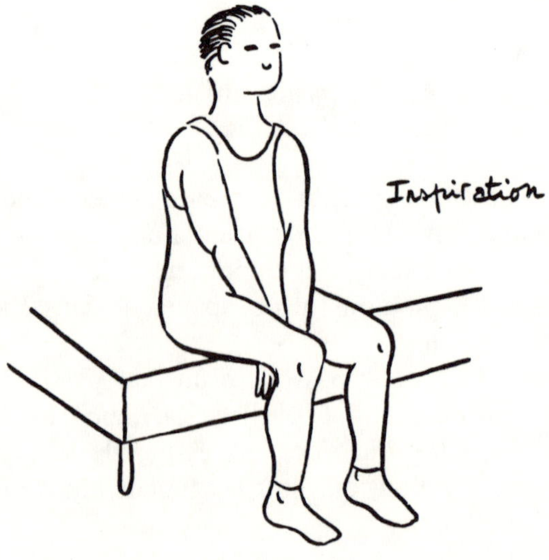

Exercice n° 2 : objectif : libérer la musculature postérieure du bassin et des hanches.

Toujours en position assise au bord du lit, tournez votre tronc. Posez sur le lit et en crochet sur sa partie externe la jambe du côté de la rotation. Les deux bras allongés de chaque côté du genou, inclinez le tronc vers ce genou en essayant de le toucher avec l'épaule opposée. Vous devriez sentir une mise en tension des muscles postérieurs du bassin et de la fesse. Ces muscles étant souvent rétractés et fibreux, votre souplesse progressera peu à peu. Restez 30 secondes dans cette position d'étirement en respirant plusieurs fois, puis exécutez l'exercice de l'autre côté.

EXERCICE 2

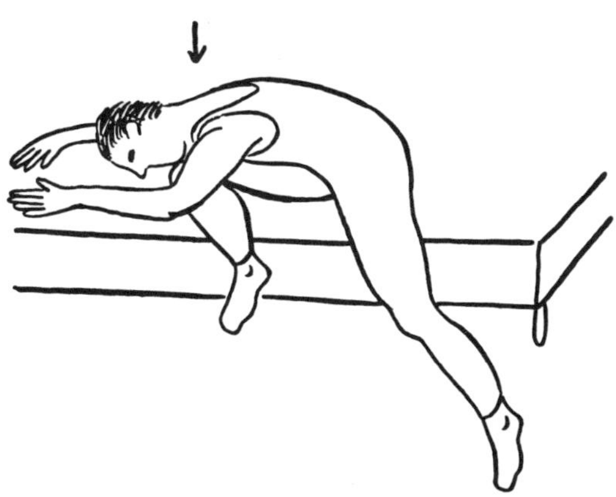

Exercice n° 3 : objectif : étirer le dos et les côtés du buste en rotation.

Toujours dans cette position assise, tournez le tronc d'un côté, posez les mains sur le lit, puis en pliant les coudes parvenez à les poser également sur le lit. Cette torsion du tronc et de la colonne sera majorée en tournant la tête du même côté et le plus loin possible. Maintenez les pieds posés sur le sol. Restez dans cette position 30 sec. et respirez plusieurs fois à votre rythme. Puis reproduisez cet exercice de l'autre côté.

EXERCICE 3

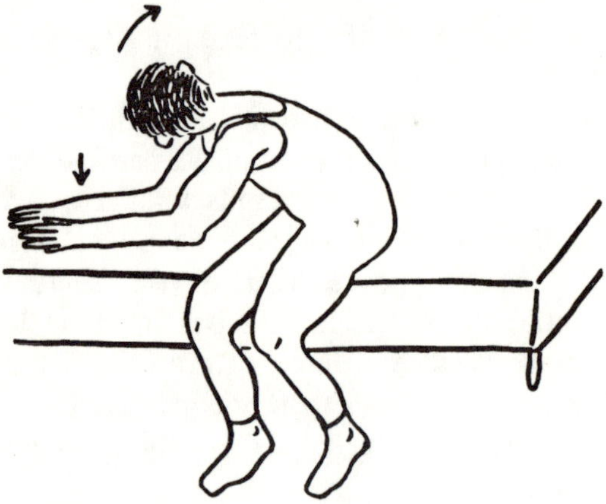

Exercice n° 4 : objectif : étirer la musculature postérieure de la cuisse et de la jambe.

Ces étirements des muscles se font par l'exercice dit « du passeur de haies ». Toujours assis au bord du lit, tournez le buste et mettez le pied concerné par cette rotation sur le lit, genou fléchi, talon planté et pied redressé. Le dos est maintenu droit, les épaules en arrière, les deux mains prenant appui derrière le tronc. Inspirez dans cette position et dans l'expiration qui suivra conduisez vos mains le long de la jambe jusqu'au pied si possible, en enroulant le buste et en descendant la tête vers le genou. Dans cette position de mise en tension des muscles postérieurs de la jambe et du dos, restez 30 sec. en respirant à son rythme. Idem de l'autre côté.

Exercice 4

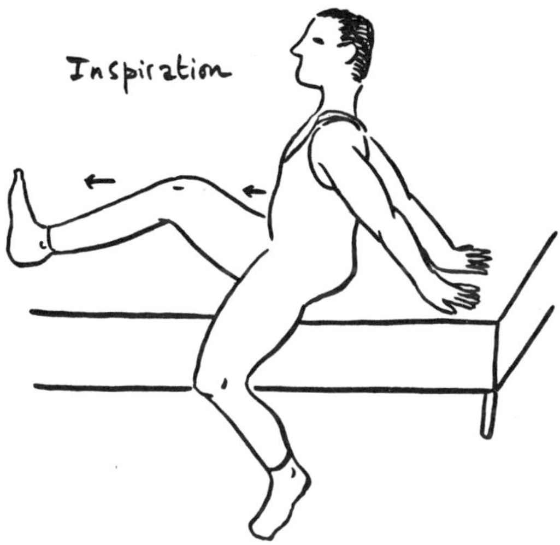

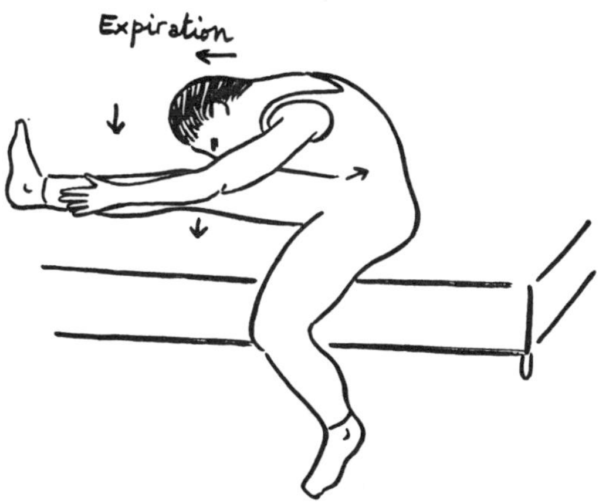

Exercice n° 5 : objectif : en dissociant les deux hanches, étirer le compartiment interne (les adducteurs) de l'une pendant que l'autre sera étirée dans sa partie postérieure tout en étirant le dos.

Levez-vous et mettez-vous face au lit. Posez un pied sur le lit et, en soufflant, descendez le tronc, posez les mains sur le lit et descendez le plus bas possible en pliant les coudes, la tête vers le lit. Restez 30 sec. dans la position maximale d'étirements, respirez à votre rythme. Faites ensuite la même chose de l'autre côté.

EXERCICE 5

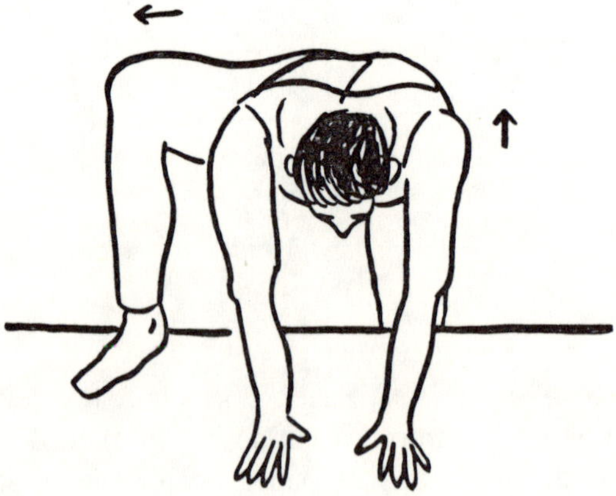

Exercice n° 6 : objectif : permettre d'étirer tout le plan musculaire postérieur de la tête aux pieds.

Face au lit, vos deux pieds au sol, les genoux légèrement fléchis, inspirez, puis tout en expirant, baissez-vous en enroulant le dos vers l'avant pour poser vos mains sur le lit, puis descendez dans cette position d'enroulement jusqu'à poser votre tête sur le lit. Restez 30 sec. en essayant de lever les fesses en tendant les genoux.

Attention : les exercices 5 et 6 sont à proscrire pour les personnes souffrant de problèmes orthostatiques.

EXERCICE 6

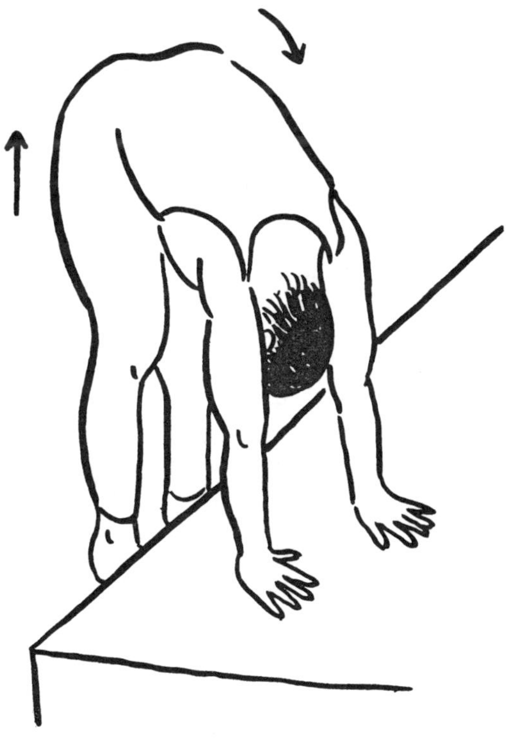

Exercice n° 7 : objectif : conserver une bonne extension de hanche.

Asseyez-vous au bout du lit et prenez un genou entre les mains, vous l'amenez au maximum au contact du corps. En expirant, vous basculez sur le dos tout en conservant le genou en flexion et au contact du corps. La hanche opposée à ce genou sera maintenue en extension pied dans le vide. Maintenir cette posture 1 mn en faisant plusieurs respirations. Exécutez le même effort avec l'autre genou.

EXERCICE 7

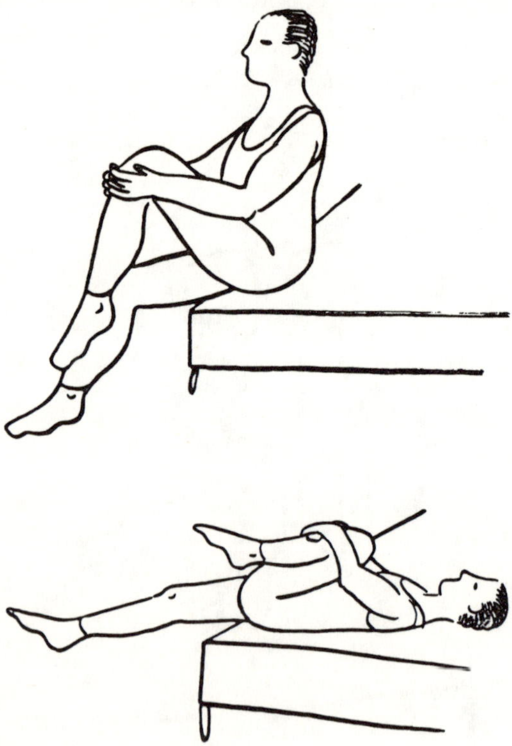

Les exercices abdominaux

Petit rappel anatomique : les muscles abdominaux sont situés entre le thorax et le bassin. Ils sont composés des muscles droits (descendant verticalement du sternum au pubis), des muscles obliques (des côtes au bassin, tout en traversant l'abdomen en diagonale) et du muscle transverse de l'abdomen qui, comme son nom l'indique, ceinture l'abdomen transversalement (en fait, surtout sollicité dans l'expiration forcée). Les abdominaux sont des muscles expirateurs. Ils nous aident à passer de la position allongée à la position assise et à nous lever en entraînant le buste vers l'avant. Ils nous permettent également de démarrer ou d'accélérer une allure. Ils sont trop souvent travaillés en force dans des séries d'exercices souvent excessives. Un travail abdominal trop important peut être à l'origine d'une pathologie comme la pubalgie. Enfin, avoir « des tablettes de chocolat » n'a de valeur qu'esthétique, figurant un abdomen certes dur et figé, mais inefficace contre le stress et inutile pour faciliter la digestion.

Je propose plutôt un travail stato-dynamique simple, facile à exécuter et surtout non traumatisant pour le dos. Les abdominaux appartiennent à la chaîne antérieure du tronc (du menton au pubis), bien plus faible que la chaîne postérieure du dos et seront sollicités sur un plan global.

Exercice n° 8 : objectif : musculation des muscles droits.

Allongez-vous sur le dos (sur un lit s'il est ferme, sinon sur un tapis ou une moquette). Les jambes repliées sur le ventre, menton rentré, les yeux regardent vers les genoux et les pieds obligeant à corriger la nuque ; les bras sont le long du corps. Inspirez amplement en gonflant le ventre, puis en expirant sur 10 sec., décollez le front (toujours avec le menton rentré) et le bassin de 1 cm seulement. Renouvelez trois fois l'exercice. Le but est de contracter cette chaîne musculaire en décollant légèrement ses extrémités en dynamique, puis de maintenir l'exercice en statique. Les exercices peuvent se faire également les bras allongés de chaque côté de la tête. Dans le temps d'expiration, il est aussi possible de faire des ciseaux lents,

EXERCICE 8

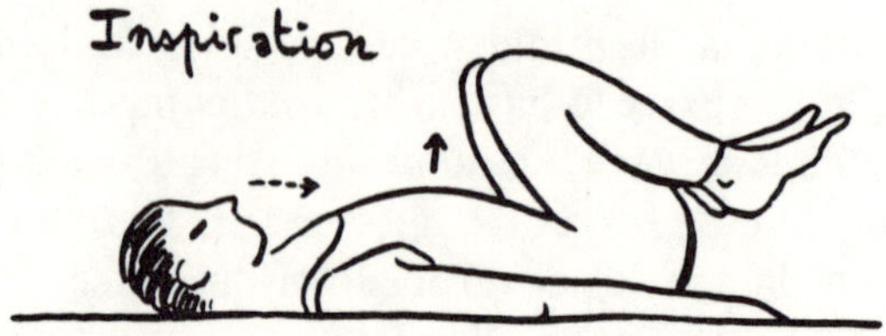

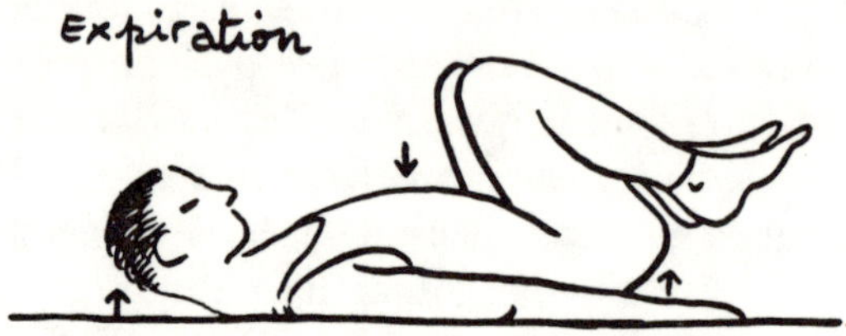

jambes à la verticale légèrement fléchies. Une jambe ira en direction de la tête pendant que l'autre ira vers le sol. Il est également possible de pratiquer du pédalage dans cette position toujours lentement.

Si la nuque est trop raide et trop cambrée, démarrez l'exercice en mettant un livre sous la tête pour diriger le regard vers les genoux et les pieds.

Exercice n° 9 : objectif : musculation des muscles obliques.

Toujours allongé sur le dos, inspirez en tendant une jambe à la verticale, genou légèrement fléchi. Dans une expiration de 10 sec., décollez la tête ainsi que l'épaule et la main opposées à cette jambe tendue. Tout en tournant la tête du côté de cette jambe, maintenez dans l'expiration la main au contact de la jambe, l'épaule décollée au maximum de 5 cm. Maintenez l'exercice en statique jusqu'à la fin de l'expiration. Puis changez de côté et reproduisez l'exercice encore deux fois.

EXERCICE 9

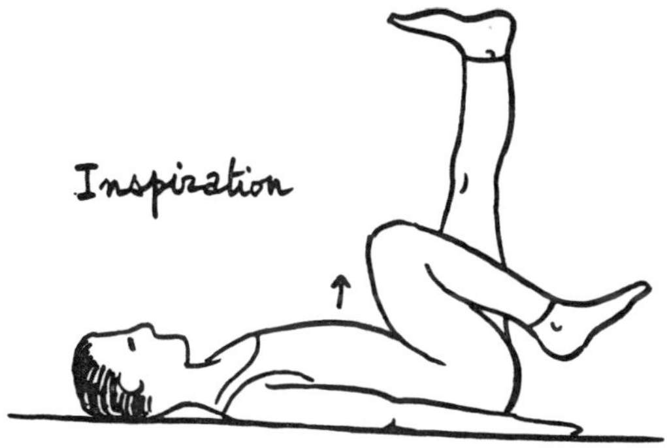

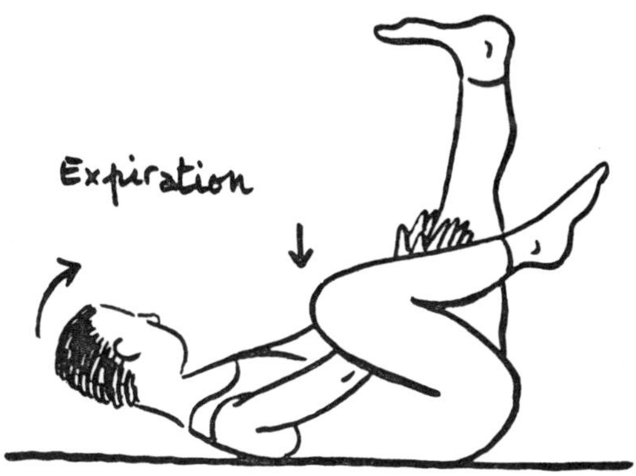

BIBLIOGRAPHIE

Actes du colloque de Séville, *L'homme, la terre, la vie*, éditions Gast, 1995.
Association médicale Kousmine, *La Méthode Kousmine*, éditions Jouvence, 2002.
Ancelin Schützenberger, Anne, *Aïe, mes aïeux !*, éditions La Méridienne/Desclée de Brouwer, 1998.
Aubry, Jocelyne / Chang, Ho-Han, *La Guérison au bout des doigts : les bienfaits du do-hin*, Presses du Châtelet, 1997.
Bourbeau, Lise, *Écoute ton corps*, éditions ETC, 1994.
Brousse, Simone, *Médecine : le grand tournant vers la médecine quantique*, éditions du Dauphin, 2004.
Busquet, Léopold, *Les Chaînes musculaires*, Vol. 1 à 4, éditions Frison-Roche, 1995-2003.
Chast, Michel / Paccalet, Yves, *Soigner l'homme, soigner la Terre*, Lattès, 2003.
Cohen, Jean-Michel / Sérog, Patrick, *Savoir manger : le guide des aliments*, Flammarion, 2004.
Collectif, *Invités à vivre*, L'Harmattan, 2003.
Collin, Jacques, *L'Insoutenable Vérité de l'eau*, éditions G. Trédaniel, 1997.
Collin, Jacques, *L'Eau, miracle oublié*, éditions G. Trédaniel, 1998.
Corneau, Guy, *N'y a-t-il pas d'amour heureux ?*, J'ai lu, 2004.
Dambricourt, Anne, *La Légende maudite du XXe siècle*, éditions Nuée bleue, 2000.

Emoto, Masaru, *Les Messages cachés de l'eau*, éditions G. Trédaniel, 2004.

Ereira, Alan, *Le Cœur du monde*, Albin Michel, 1994.

Ferguson, Marylin, *Les Enfants du verseau*, Calmann-Lévy, 1981.

Ferret, Jean-Marcel / Koleckar, Henri, *Médecine du sport*, éditions Boiron, 2000.

Hulot, Nicolas, *Le Syndrome du Titanic*, Calmann-Lévy, 2004.

Issartel, Lionnelle / Issartel, Marielle, *L'Ostéopathie exactement*, Robert Laffont, 1983.

Julien, Éric, *Le Chemin des neuf mondes*, Albin Michel, 2001.

Jung, Carl Gustav, *Synchronicité et Paracelsica*, Albin Michel, 1988.

Jung, Carl Gustav, *Psychologie de l'inconscient*, LGF, 2003.

Jung, Carl Gustav, *L'Âme et la vie*, LGF, 2003.

Labonté, Marie-Lise, *Le Déclic*, Les Éditions de l'Homme, 2004.

Le Berre, Nicolas, *Le Lait, une sacrée vacherie ?*, éditions Équilibres, 1990.

Masson, Robert, *Plus jamais d'enfants malades*, Albin Michel, 1984.

Masson, Robert, *Mythes et mensonges des régimes classiques des diététiques naturelles*, Albin Michel, 1993.

Nogier, Raphaël, *Ce lait qui menace les femmes*, éditions du Rocher, 1994.

Odoul, Michel, *Dis-moi où tu as mal, je te dirai pourquoi*, Albin Michel, 2002.

Pallardy, Pierre, *Et si ça venait du ventre ?*, Robert Laffont, 2002.

Pelt, Jean-Marie, *Dieu de l'Univers : science et foi*, Fayard, 1995.

Pelt, Jean-Marie, *De l'Univers à l'être*, Fayard, 1996.

Platzer, Werner, *Atlas de poche d'anatomie*, Vol. 1, Flammarion médecine-sciences, 2001.

Pourtalet, Georges, *Le Corps a ses raisons que la médecine ignore*, éditions du Dauphin, 2001.

Poux, Dominique, *Technopathie du golf*, Laboratoires Ciba-Geigy, 1995.

Rees, Martin, *Notre Dernier Siècle ?*, Lattès, 2004.

Renaux, Alain, *Le Savoir en herbe*, Les Presses du Languedoc, 1998.

Saint-Exupéry (de), Antoine, *Le Petit Prince*, Gallimard-Jeunesse, 2002.

Salomé, Jacques, *Une Vie à se dire* et *Le Courage d'être soi*, Pocket, 2003.

Seignalet, Jean, *L'Alimentation ou la troisième médecine*, éditions François-Xavier de Guibert, 2004.

Sénèque, *Apprendre à vivre, Lettres à Lucilius*, édité et traduit du latin par Alain Golomb, éditions Arléa, 2001.

Servan-Schreiber, David, *Guérir le stress, l'anxiété, la dépression sans médicaments ni psychanalyse*, Robert Laffont, 2003.

Shapiro, Debbie, *L'Intelligence du corps*, Dangles, 1998.

Souchard, Philippe-Emmanuel, *Le Diaphragme*, éditions Maloine, 1980.

Souzenelle (de), Annick, *Le Symbolisme du corps humain*, Albin Michel, 1991.

Strehlow, Wighard, *Hildegarde de Bingen : prévention et guérison des maladies*, Dangles, 2002.

Tisseron, Serge, *Secrets de famille, mode d'emploi*, Marabout, 1997.

Van Eersel, Patrice / Maillard, Catherine, *J'ai mal à mes ancêtres !*, Albin Michel, 2002.

Vasey, Christopher, *L'Équilibre acido-basique*, éditions Jouvence, 2002.

Vasey, Christopher, *L'Eau, source vitale de votre santé*, éditions Jouvence, 2002.

Vasey, Christopher, *Manuel de détoxication*, éditions Jouvence, 2003.

Remerciements

Merci à Lorène, mon épouse, pour son soutien et ses qualités littéraires. À nos enfants Adèle, Eugénie, Margaux, Victoire, Colomban et Aimée pour leur patience et leur amour.

Je tiens aussi à exprimer toute ma gratitude à Yvonne Trubert dont la rencontre m'a permis de porter un nouveau regard sur l'être humain et sur le sens de la vie.

Un grand merci à notre complice Jean-Pierre Delest pour ses conseils avisés quant à la rédaction de cet ouvrage. À tous ceux de nos proches, Albertine Gentou, François Delaroière, Monique Prévôt, Richard Ségalowitch, Maud André, Sylvia Piedelièvre, notre tante Nicole, Dominique Fresnes, Thierry et Marie-Caroline Combaudon qui grâce à leur relecture assidue ont permis à ce livre de s'enrichir.

Merci pour tous les encouragements reçus.

J'adresse également ma reconnaissance à deux amis, Christopher Wise et l'ethnologue Claire Laurant, tous deux œuvrant pour Le Vivant, association internationale qui a permis notamment la réalisation du centre médical dans lequel j'exerce.

Enfin, je tiens à remercier Isabelle Laffont, mon éditeur, pour sa confiance et son amitié.

Ce volume a été composé
par Facompo à Lisieux
et achevé d'imprimer en janvier 2005
par **Bussière** *à Saint-Amand-Montrond (Cher)*
pour le compte des éditions Lattès

N° d'Édition : 61656/01. — N° d'Impression : 050313/4.
Dépôt légal : janvier 2005.

Imprimé en France